U0740702

全民健身的理论与实践研究

商海伟　云鹏宇　著

中国纺织出版社有限公司

图书在版编目（CIP）数据

全民健身的理论与实践研究 / 商海伟, 云鹏宇著
. -- 北京：中国纺织出版社有限公司, 2023.8
ISBN 978-7-5229-0925-7

Ⅰ.①全…　Ⅱ.①商…②云…　Ⅲ.①全民健身—研
究—中国　Ⅳ.①G812.4

中国国家版本馆CIP数据核字（2023）第167225号

责任编辑：张　宏　　责任校对：江思飞　　责任印制：储志伟

中国纺织出版社有限公司出版发行
地址：北京市朝阳区百子湾东里A407号楼　邮政编码：100124
销售电话：010—67004422　传真：010—87155801
http://www.c—textilep.com
中国纺织出版社天猫旗舰店
官方微博http://weibo.com/2119887771
河北延风印务有限公司印刷　各地新华书店经销
2023年8月第1版第1次印刷
开本：787×1092　1 / 32　印张：14.75
字数：290千字　定价：98.00元

凡购本书，如有缺页、倒页、脱页，由本社图书营销中心调换

前　言

2014 年 10 月，国务院印发了《关于加快发展体育产业促进体育消费的若干意见》，明确指出将全民健身上升为国家战略。2015 年 3 月，国务院总理李克强在第十二届全国人民代表大会第三次会议的政府工作报告中提出打造"健康中国"，"健康中国"首次被写进政府工作报告。同年 10 月，中国共产党第十八届中央委员会第五次全体会议提出推进健康中国建设，标志着"健康中国"上升为国家战略。习近平总书记在党的十九大报告中指出，实施健康中国战略，要完善国民健康政策，为人民群众提供全方位全周期健康服务。作为全民健康的筑基石，促进全民健康是今后 15 年推进健康中国建设的行动纲领。

全民健身是健康中国建设的重要基石，在 2016 年 8 月 20 日召开的全国卫生与健康大会上，习近平总书记全面深入阐述了推进健康中国发展战略的重大意义，做出了加快推进健康中国建设的发展战略和总体部署。同年 8 月 26 日，中共中央、国务院印发了《"健康中国 2030"规划纲要》，明确了全民健身的国家战略地位，为有效实施全民健身工程进行了顶层设计。提高国人身体素质，为国民提供全面的医疗保障服务，增进人民健康福祉是国家实施"健康中国"战略的重要内容。全民健身工程是实现"健康中国"战略的有效举措，在为人们提供舒适安全的锻炼场所以及基础设施的同时，也为人们构建了和谐健康的社会环境。

本书第一章是全民健身概论，其内容包括全民健身的概念和内涵及分类、作用与措施，以及全民健身公平的必要性和实现途径。第二～第七章分别研究了全民健身活动与社会发展的关系、全民健身服务体系的构建、全民健身管理，通过这几个方面的研究，能为我国全民健身提供重要的理论和实践指导。第八～第十一章分别对民俗体育、球类运动、传统体育以及青岛特色项目的健身与运动方法进行了研究，旨在为群众参与全民健身提供科学的实践指导。第十二章提出了一系列促进"互联网＋体育"与全民健身新常态融合的创新途径。

本书编写过程中，虽经推敲核证，但限于著者的专业水平和实践经验，仍难免有疏漏或不妥之处，恳请广大读者指正。

商海伟　云鹏宇

2023 年 8 月

目　录

第一章　全民健身概论

第一节　全民健身的概念和内涵

一、全民健身的概念、作用与地位

我国社会经济从 20 世纪 80 年代开始进入快速发展期，尤其是进入 21 世纪以来，我国年均 GDP 以超过 10% 的速度高速发展。在综合国力快速增强的同时，国民也享受到了改革开放和经济快速发展的成果。同时，随着我国 20 世纪开始实施五日工作制和法定节假日的增多，人民群众的闲暇时间也日益增多。但总体上看，我国国民的健身意识没有跟上经济快速发展和闲暇时间日益增多带来变化的步伐。尤其是近两次国民体质调查，青少年的身体素质连续 20 年下降，已经引起了我国最高领导层的极大关注。

（一）全民健身的概念

什么是"全民健身"？"全民健身"的概念如何界定？这是本书首先要回答的问题。

《全民健身计划纲要》开宗明义，首先就明确指出："为了更广泛地开展群众性体育活动，增强人民体质，推动我国社会主义现代化建设事业发展，特制定本纲要。"这里有三个关键词：群众性体育活动、人民体质、社会主义现代化建设事业。从这里我们能够看出"全民健身"的主体、内容和目的。

我国全民健身的功能和作用也已经不仅局限于强身健体，它所倡导的积极向上、团结合作、崇尚规则、公平竞争、人与自然和谐共生的精神与和谐社会的理念是完全一致的。所以，要深入研究和思考在以人为本、加快发展社会事业、全面改善人民生活中，如何更好地发挥全民健身的综合功能和作用，使全民健身不仅成为身体运动，更要成为一种生活方式，一种促进人的全面进步和发展的巨大动力，一个推动社风和谐、邻里和顺、家庭和睦的有效手段。

因此，"全民健身"已经被演义、延伸为"中国特色的大众体育"的含义，内容包括全民健身活动的法规法律、全民健身活动的组织、全民健身活动设施与资源开发、全民健身活动分类与基本内容、中国社会体育指导员、市民健身、农民健身、学生健身、特殊人群健身、全民健身效果评价以及全民健身的国际借鉴等。

（二）全民健身的地位和作用

1. 全民健身在促进社会发展中的地位和作用

社会发展本质上是人的全面发展。我国全民健身事业是社会发展总体内容的有机组成部分。随着生活节奏加快，社会竞争加剧，人们常常处在紧张状态之中，导致精神压力过大，使得各种"现代文明病"滋生蔓延，困扰着人们的生活。在这种情况下，全民范围内的运动健身悄然兴起。大量的科学研究和实践表明，体育运动是防止现代文明病的有效手段，正如原国际运动医学联合会主席普罗科普所说："机械化和自动化越来越多地夺去了人们的体力活动机会，由于缺乏运动，人体机能会逐渐消退，适当的体育活动是预防文明病的最好方法。"体育与科技、教育、文化、卫生共同在经济和社会发展中起到了推动社会良性运行的作用，而全民健身是体育的"助推器"。因此，全民健身在加速体育事业发展的同时，促进了社会的良性运行。

2. 全民健身在促进社会精神文明中的地位和作用

全民健身在一定意义上可以起到化解、缓和社会矛盾，维护社会稳定的作用。人类社会的文明，包括物质文明、精神文明、政治文明和制度文明。其中精神文明表现为人类精神活动的进步状态，反映人类精神生活和精神财富的成果。现代社会竞争激烈、人们精神压力很大，如果不及时释放压力，就会产生心理问题，甚至引发社会矛盾。而全民健身作为社会的"安全阀"，可以起到缓解、宣泄、减少利益冲突带来的社会动荡和各种矛盾的作用，广泛开展全民健身活动，不仅可以解决此类社会问题，还可以使人们受到健康美、形态美、道德美的文化陶冶，形成合理的生活方式，营造一种积极向上、健康活泼的文化氛围，以此促进社会主义精神文明建设。同时，全民健身在营造人与人之间、人与社会之间、人与自然之间的和谐氛围也具有十分重要的地位和作用。全民健身活动是人的一种积极生活的活动，在活动或竞赛中，一般都有公认的规则和道德标准。在健身活动中，每个人可扮演不同的社会"角色"，在公认的规则和道德标准下，体会竞争、集体的归属感和服从感，由此使人与人之间形成在一定规则"统治下"的良好的人际关系。

3. 全民健身在促进体育经济和产业发展中的地位和作用

体育产业，是指为社会提供体育产品的同一类经济活动的集合以及同类经济部门的总和。全民健身能为体育产业创造巨大的体育消费群体，目前城市社区化和农村城镇化进一步培养和发展体育市场。有关资料显示，从现在到21世纪中叶，中国社会将实现由第二步发展战略向第三步发展战略转变，即由小康社会向中等发达国家过渡。人民对物质消费的要求逐渐减弱，而对服务业和消费品，即与人民健康生活息息相关的行业的需求逐年上升。人们对健康的需求和对生活质量的需求是无限制的，因此，人们对体育消费要求也是无限制的，由此带来体育健身、体育娱乐、体育康复、体育表演、体育广告市场、体育彩票等巨大的体育消费市场，全民健身将大大推动体育产业发展。全民健身还可以带动相关服务行业的发展，诸如旅游、商业、交通、新闻出版等，从而促进国民生产总值（GDP）的提高，最终取得经济收入。

4.全民健身在我国国民健康观中的地位和作用

由于中国人生活方式的转变发生得十分突然，我们在很多问题上没有足够的思想准备，也给社会体育提出了新的问题。钟南山院士指出：体质健康与身体健康是两个概念。所谓身体健康，是指身体各器官都没有病痛；而体质是指人的有机体在机能和形态上相对稳定的特征。体质包括体格、体能和适应能力等几个方面。其中，体格包括人体生长发育的水平和体型等；体能包括力量、速度、灵敏、柔韧、耐力等身体素质；适应能力则包括对外界环境的适应力和对疾病的抵抗力。

全民健身活动在国民生活方式转变的过程中，促进了城乡居民的健康观、健身观的重大变化，越来越多的人把健康问题放在了价值观的首位，把通过运动健身的手段获取健康看得越来越重要，越来越多的人开始接受了"花钱买健康"的概念。这也给我国全民健身活动的发展提供了良好的思想基础。

5.全民健身在我国体育事业中的地位和作用

"全民健身计划"和"奥运争光计划"是我国体育事业的两条主线。全民健身是体育事业的基础和主体，是我国体育工作之本，也是竞技体育工作之源。

二、全民健身的特征

（一）全民性和公益性

全民健身以人为本，以全国国民为服务对象，竭诚为大众服务，惠及十几亿人口，保障公民平等参加体育活动的权利，让全体国民享受到体育的乐趣，而不是惠及一部分人，体现了全民性。同时，全民健身也体现了全民参与的社会性。全民健身活动不仅在于人人都有参与的权力，也有社会道德和公共规则的约束。

群众性体育事业属于公益性事业，所谓公益就是指公共的利益，而公共则是指属于社会公众的。全民健身事业作为一项公益性的社会事业，其在社会主义市场经济体制下的发展，并不是要求国家大包大揽，成为完全福利性的事业，而是要求政府、社会、公民各自承担相应的责任。

（二）多元性和灵活性

第一，服务对象的多元性和灵活性。健身服务体系面向全体国民，包括少儿、青年、中年、老年，不同阶层、不同文化程度、不同职业的所有人群。因此，全民健身活动应该针对不同的对象，服务不同人群。

第二，投资主体的多元性和灵活性。实施全民健身计划，要有必要的资金投入保障。《全民健身计划纲要》提出："体育部门要改善资金支出结构，逐步增加群众体育事业费用在预算中的支出比重，鼓励企事业单位、社会团体、个人资助体育健身活动。"这是一种政府拨款、社会筹集和个人投入相组合的多元化资金投入格局。随着我国社会经济的快速发展，投资主体的多元性和吸收资金的方式也愈加灵活。

第三，工作方式的多元性和灵活性。随着全民健身活动不断深化，政府组织、社团组织、单位组织、社区组织以及民间健身俱乐部组织构成了多元的工作体系和工作方式。在体育组织中，政府体育机构、体育社会团体、社会体育指导中心、群众健身辅导站、各种健身项目俱乐部都在发挥各自的功能。

（三）健身性和娱乐性

健身性和娱乐性是群众体育的本质追求。群众体育的健身性是指经常参加体育活动，有利于人们保持健康、增强体质、发展体能、保持活力。群众体育的娱乐性是指人们在体育活动中可以抒情养心、松弛心灵、振奋精神。群众体育的健身性和娱乐性是相辅相成的，健全的精神寓于健全的身体之中，身体乃精神之载体。亿万群众作为参与群众体育的主体，在自愿、自主的基础上，通过直接的身体活动，达到愉悦身心、强身健体、陶冶情操、促进人际交流的目的。

第二节　全民健身的内容及分类

一、全民健身的分类

全民健身的形式多样，内容繁多。因此，为了更好地管理全民健身运动以及方便大众的运动选择，对全民健身活动进行分类就显得很有必要。对全民健身内容的分类可以从不同的出发点进行，以适应不同人群的多种需求。目前，最常见的分类主要有以下十个角度。

（一）按照内容分类

根据运动内容进行分类是最为基本的分类方式。常见的如球类运动、田径运动、操类运动、武术运动、游泳及水上运动，以及体育游戏等。这种分类方式的优点在于可以直接了解运动项目的运动特征。

（二）按照性别分类

按照性别分类，顾名思义就是根据参与运动的大众的性别进行的分类。这种分类方式有利于对某项运动的参与性别人群进行指向，如健美操、普拉提、大秧歌等更适合于女性，而大球类、搏击类项目更适合于男性。不过这只是一种运动的性别指向而已，并不是说某项运动只能是男性或女性开展，即便上述提到的健美操、普拉提等更适合女性，但男性也是可以参与的，并且同样能获得良好的健身效果。

（三）按照目标优先级分类

大众健身者参与运动的目标大多不止一个，然而众多的目标自然就存在"轻重缓急"的分别。因此，按照运动目标优先级进行分类也是一种分类的方法。

例如，如果休闲目标是优先级，而锻炼目标是其次，那么，锻炼者可以选择体育休闲类项目如跑步、滑雪、滑冰、登山等。相反，则可以优先选择体育类项目，如乒乓球、羽毛球、网球等。

（四）按照活动组织规模分类

不同运动项目有不同的规模和组织方式，一些集体性项目的组织工作就较为复杂，涉及的环节更多，如足球、篮球、排球、操类、跑步等运动。这种分类的方式可以让人们更明显地了解自身更适合哪种方式的体育运动。

目前比较流行的全民健身很多都是以家庭为单位开展的，如亲子运动等。这些项目一般为体育游戏类，需要两三个人互动来完成。

（五）按照体育消费分类

全民健身活动尽管是大众化的体育运动，但一些对场地和设备要求较高的运动项目仍旧需要健身者支付一定的费用才能享受到服务。因此，这也就成为一种对全民健身运动内容进行分类的方法。例如，当前流行的跆拳道、搏击操等就是商业健身房有偿服务的项目。而练习大秧歌、健走等就属于低消费健身类项目。但是，鉴于体育健身价值的趋同性，也就决定了无论健身者花钱与否都能获得理想的健身效果，其区别仅仅就是健身体验的舒适性高低的问题，如在健身俱乐部中健身完毕后有更衣室和浴室使用，但跳广场舞的群众就没有这种待遇。这种分类方法便于人们看清楚健身活动的商业开发价值。

（六）按照运动项目的运动强度分类

每种运动项目的运动强度各有不同，而参与全民健身的人们恰好需要不同强度的运动，因此根据这个条件进行分类，有利于人们正确选择适合自身运动强度的运动。例如，足球、篮球、短跑等运动的强度较大，这些运动更适合身体素质较好的中青年、青少年群体参加。而如太极拳、健走等强度较弱的项目更适合女性群体和中老年人参加。尽管运动强度不同，但都可以给适当选择的人群带来不错的运动效果。如果选择了不恰当的运动强度，一方面可能无法获得满意的运动效果，另一方面还可能带来运动伤病，得不偿失。

（七）按照有无体育器材分类

许多全民健身运动的开展都需要使用一定的体育器材，以此就可以作为对全民健身运动进行分类的标准之一。无器械项目，如：健身走跑、太极拳、健身气功等锻炼形式。有器械的项目，如：羽毛球、太极柔力球、全民健身路径的锻炼等。从这个角度进行分类，就可以了解哪些运动项目更加符合自身的需要。

（八）按照参与人群活动地域分类

我国幅员辽阔，身居不同地区的人们拥有不同的生活方式乃至锻炼习惯。按照参与人群活动地域分类是根据我国地广，地方与少数民族体育项目多的特征对健身活动进行的分类。实际上，根据地域对全民健身进行的分类其主要的本质还是对地域范围内的自然环境和人文环境的一种分类。例如，内蒙古地区蒙古族的摔跤、延边朝鲜族自治州朝鲜族的荡秋千以及舞龙、舞狮等。从这个角度分类，有利于看清楚不同地区开展体育活动的传统优势，也有利于观察与学习其他地区健身活动的特点。

（九）按照健身活动的含义广度来分类

健身活动不仅仅包含着诸多健身运动项目，这只是它狭义的含义。广义的健身活动则包括一切健身活动以及体质检测、运动竞赛等所有与健身保健相关的活动，这是促进全民体育健康发展的重要因素。从这个角度分类，有利于从系统的角度出发观察健身活动，组织健身活动，管理健身活动，提高体育锻炼的效益，实现最本真的健身目标。

（十）按照参与锻炼人群的年龄特征分类

按照参与锻炼人群的年龄特征分类与前面提到的按性别分类有着些许类似，都属于一种意识导向类的分类。

对于全民健身来说，其参与的人群非常广泛，几乎涉及社会所有群体和年龄层。就年龄段来说，不同年龄段由于身心发育阶段不同，就必然存在与年龄相适应的运动项目，人在不同的年龄段，喜爱的体育锻炼项目可能是不一样的，很少有人终身只喜爱一个项目、从事一个项目。例如，青少年和中青年更青睐对抗激烈、节奏较快的大球类运动项目，而中老年更喜爱运动强度可控，玩法有趣的乒乓球、门球、太极拳、大秧歌等运动。

二、全民健身的内容

（一）我国大众健身活动内容

1. 个体健身活动内容的选择

根据近些年开展的《中国群众体育现状调查结果报告》显示，我国体育人口选择的健身活动排名前列的分别是长走与跑步、羽毛球、游泳、足篮排球、乒乓球、体操、登山、舞蹈、台球、保龄球以及跳绳。近年来，体育人口的增幅明显，中老年体育人口的上浮最为显著。为此，适合中老年人参与的项目也逐渐增多，如气排球、高尔夫、门球以及地掷球等。备受青睐的益智类项目如麻将、棋牌等参与的人数有所减少。

2.群体锻炼点健身活动的内容

随着全民健身运动的深入发展，大众健身从过去几个单调的项目发展到现在在全民健身路径上锻炼。不仅如此，更多有趣又具备十足健身功能的项目不断被引入和创新出来，如现在非常热门的太极柔力球运动，它是结合了羽毛球与太极拳的技术和思想设计出的一套合理的健身方法，这项运动目前在我国的中老年群体中非常受欢迎。

（二）我国商业健身活动内容

商业健身服务业是通过向客户提供优质的体育健身产品和优良的服务，从而满足客户健身需求的服务行业。目前，这一行业在我国的发展势头迅猛，随着人们消费意识、健身意识和健身体验要求的提升，商业健身人群的数量也在逐渐增多。

商业健身服务业是体育产业的重要组成部分，也是全民健身的重要组成部分。但是，一种反对声音认为，这是一种更倾向于服务富人阶层的运动形式，并不能代表全民健身。仔细来看，其实这种说法也有一定的局限性。

第一，无论是商业健身机构还是参与其中的健身者，他们一方的目的是提供优质的体育服务，另一方是希望通过获得这种优质的体育服务来达到健身的目的。

第二，其目的决定了商业健身是大众健身的组成部分之一。

第三，尽管更多的参与商业健身的群体是那些有一定经济实力的人群，但如果他们能保证足够的运动时间，他们也绝对是优质的体育人口。

第四，接受商业健身服务的人群可以得到更为专业的健身指导，如果再额外支付一定费用的话，还可以由私人教练制订个人健身计划。

第五，商业健身活动可以提供更为优越的健身环境（健身场地、器材以及其他舒适性服务）。

第六，商业健身组织机构是营利组织，他们以提供健身服务作为盈利的核心内容。

第七，参与商业健身的人需要支付更多的经济成本。

通过上面的论述可以发掘到商业健身服务的几点优势。

第一，可以满足特定社会阶层健身的需要和心理的需要，这也是"市场细分"的结果，当然现今商业健身的门槛已经降低，会费逐渐不再高昂，一般民众通常也可以支付得起。

第二，由于健身俱乐部的健身器材与服务条件较好，因此对健身者健身目标的达成可以提供更加积极的帮助。

第三，商业健身是体育产业发展的重要部分。

第四，商业健身机构的运作增加了对人力资源的需求，提供了更多的就业岗位。

第五，可以弥补公益性大众健身的不足。

商业健身活动中包含的运动项目主要有以下几类。健身操类，包括健美操、普拉提、肚皮舞以及瑜伽课程。此外还有常见的动感单车、跆拳道以及太空漫步机等。在一些高档健身会所中还有壁球、网球、沙狐球、高尔夫球等项目。当然项目中还包括最为基本的跑步机以及各部位肌肉的练习器械。从发展人的健康体能角度来看，这些产品中，有的更有利于发展人的力量，有的更有利于发展人的柔韧，有的更有利于发展人的有氧耐力。如果在合理的计划下，健身者在商业健身中心可以获得非常全面的锻炼。

（三）我国全民健身竞赛内容

体育活动最为普遍的形式就是竞赛，因此其自然也就成为全民健身活动中的重要组织手段。

随着近些年全民健身的发展，已经有一些具有一定规模的赛事举办起来，成为全民健身运动的标杆，如"全国体育大会""民族传统体育运动会"等。除这种综合性的全民运动赛事外，全国单项群众体育竞赛活动更多，如全民健身路径的比赛、全国门球比赛、全国舞龙、舞狮比赛等。

虽然竞赛作为主要的组织手段，但是需要注意的是，全民健身中的竞赛不能够简单地用竞技体育竞赛的方法来处理，它的竞赛理念应该是更健康和更具有文化性。在我国多数的大众体育竞赛中，盲目使用竞技体育的竞赛办法套用在大众体育的竞赛中的情况还是比较多的，这就需要从意识和手段上再加以改正和完善，力求更加突出全民健身的本质。

第三节　全民健身的作用与措施

一、全民健身的作用

"全民健身计划"的提出和实施，对提高劳动者的全面素质，建立科学、文明、健康的生活方式，促进竞技体育与群众体育的协调发展，推动社会主义的物质文明和精神文明建设等都将产生积极的作用。同时，它还为我国未来的体育事业发展指明了道路，对指导我国群众体育实践，促进体育理论建设，全面提高中华民族乃至全人类的健康水平和整体素质都带来了巨大的作用。具体来看，全民健身的作用主要包括以下几点。

（一）有利于社会主义精神文明建设

社会主义精神文明建设是我国重要工程之一，其开展形式众多，体育活动就是其中重要的组成部分。之所以如此，在于体育活动因其有严格的秩序规则和文明礼貌要求，一直被作为重要的社会教育手段。因此对于各级精神文明建设工作来说，体育活动的组织与开展都是不可缺少的指标。现代生活方式中的休闲体育活动，因其积极向上、健康活泼、修身养性的性质特征，对提高市民修养水平也有积极的作用。

（二）有利于维系社会活力

只有充满活力的社会才更容易接受新的事物，从而获得更好的发展。目前，从总体上看，我国已经进入小康阶段，但一系列社会问题仍旧没有消除，有些甚至还会给人们的生活带来诸多隐患，如超负荷工作、应试教育、养老与育子问题等。因此，在新形势下，对曾经流行过的"身体是革命的本钱"有必要赋予新的内涵，因为健康的身体不仅关系个人发展、家庭幸福，更是构建和谐社会的基础。全民健身活动的目的就包括通过运动激发人的活力，舒缓紧张心情，使人们回归更加规律和从容的生活，进而带动整个社会也充满活力，获得可持续的发展。

（三）有利于维护社会安定

如果不同社会阶层的人劳有所得，并且在闲暇之余还能享受休闲活动的话，那么这个社会的发展一定是良性的，充实的余暇活动也是人们排解压力、释放情绪的良好渠道，否则负面情绪的积压会导致人易出现极端行为，危害社会安定。人们通过参与全民健身活动，可以使身体的各个器官得到充分供血及适宜刺激，产生舒适感，加上体育具有的轻松愉快氛围，人们的精神紧张和心理压力会得到较大程度的释放，因此健身运动被称作调节身心健康的"安全阀"。

（四）有利于改善社会人际关系

现代社会中，人们的竞争和压力都相较以往更大，为此，人们逐渐变得冷漠，人与人之间的防范更严密，造成社会中不断出现一些由于人的冷漠造成的悲剧。全民健身活动的出现有利于人际关系的改善，这主要是由于它的主要开展形式是家庭体育、社区体育、学校体育和俱乐部体育等，这些开展单位几乎包含了所有人们日常能够遇到的人际关系。由于健身活动时的组织形式有别于正式组织的结构形式，组织氛围比较轻松，因此更容易获得融洽的情感，使得参与活动的人们彼此能够更加敞开心胸地交流，对改善亲子关系、邻里关系、同事同学关系都有重要的作用。

二、全民健身的实施措施

为了保障全民健身活动顺利发展，需要采取多种措施，保证全民健身运动的有效开展。

（一）充分发挥学校的体育功能，培养青少年的参与兴趣

学校是教书育人的重要场所，体育作为学校教育的重要组成部分，承担着对学生的体育卫生教育、体育方法的传授、体育场所的安排和体育活动的指导任务。学生是

我国未来的栋梁，更是社会主义的建设者和接班人。因此，他们也必须要成为全民健身的主体。为了实现这一目标，就需要培养学生的体育意识，改进和完善体育教学的内容和方法，充分利用体育场馆和设施资源，开展各种各样的丰富新颖的体育活动，改良体育学习评价方法，促进学生的主动学习，提高学生参与的兴趣，使学生真正感受到体育带给他们身心等多方面的益处。另外，体育教师也要有相应的改变，秉承终身学习理念，不断完善自身在体育教学方面的专业素养。

（二）重视传统体育活动，全面提升市民整体素质

在 21 世纪的今天，全民健身可选择的体育运动项目可谓繁多，这里就存在一个传统体育运动和主流体育运动的选择问题。实际上，对待这个问题一定是二者兼顾的，既不能丢弃传统体育项目，更不能抵制主流项目。而是应该取其精华，共同为全民健身服务，力争做到每个学校、每个社区、每个机关和企事业单位都有一项以上特色体育健身项目，从而吸引更多的市民参与健身运动。

在实际中我们发现，全民健身活动中的民族传统项目式微，忽视民族传统项目的组织和宣传显然不能满足全民健身内容全面性的要求。为此，就需要进一步重视对传统体育项目的扶持，加强财力、物力和人力的投入，并通过竞赛、奖励等手段提高开展传统体育项目的积极性，吸引更多健身者主动参与传统体育项目的锻炼。在社区体育中要进一步积极发展社区体育，发挥居民委员会和基层体育组织的作用，要在原有的基础上进一步搞好社区特色团队建设，正常开展活动。

（三）以科学发展观为指导，切实加强组织领导和宣传力度

在全民健身发展中要秉承科学发展的理念，本着"以人为本，一切为造福人民"的宗旨，坚持群众体育与竞技体育协调发展的方针，把推行全民健身计划特别是加强青少年体育工作摆上重要议事日程，切实抓出成效。为了促进地方能够真正把全民健身活动的组织工作落到实处，特将一个地区、一个单位的体育工作状况纳入年度考核标准中，如此就从制度上保障了全民健身活动的开展。除此之外，各地区各单位还要进一步解放思想，改变长期在计划经济体制下管体育、办体育的工作模式和思维方式，树立服从和服务于大局的观念，增强市场意识，以社会化为突破口，进一步协调好有关部门和单位的关系，精心打造群体活动品牌，努力构建具有特色的全民健身服务体系，最大限度地满足大众的实际需要。

（四）以体育设施建设为基础，以健全机制为保障，努力优化开展全民健身工作的条件

就全国的体育资源分配情况来看，主要的体育资源分布于各大城市中，特别是一二线城市。其余地区的体育资源的总量尚不能满足群众的使用需要，整体分布呈现出不平衡性，由此给全民健身活动的开展带来了较大影响。因此，各地各部门要从转

变政府职能、构建和谐社会的战略高度，充分认识加强城乡社区体育设施建设的重要性，将体育场地设施建设纳入整体发展规划，真正落实国家关于城市公共体育设施用地定额和学校体育场地设施的规定。同时，要完善体育场馆和资源的全面布局，谋求公共体育场馆与社区体育设施的联动，最大限度地为群众提供健身场地与设施。为获得更多的资金用于购置体育资源，可以以鼓励企事业单位、社会团体、个人资助体育健身活动的形式筹措。要提倡家庭和个人为体育健身投资，引导群众进行体育消费，拓宽体育消费领域，开发适应群众消费水平的体育竞赛表演、健身娱乐、体育咨询、体育培训等体育市场。

（五）加快体育市场所需人才的培养

我国在当今世界上的发展速度可谓有目共睹，这一切都来自有充足的人力资源充斥在各个领域之中。我国的体育事业也是如此，要想获得发展，就需要培养一大批体育专业人才，这不仅包括体育运动人才，还应包括体育管理、体育营销、体育用品、体育传播、社会体育以及休闲体育等方面的人才。社会对体育、健身娱乐业的需求逐渐增加，体育市场的扩大只是个时间问题，做好相应的人才储备则是未雨绸缪之举，而体育专科院校则要承担起培养各种体育专业人才的重任，不断满足我国体育事业对各类体育人才的需求。

第四节　全民健身公平的必要性和实现途径

一、全民健身公平的内涵

全民健身是指政府倡导、大众参与，以增进身心健康为目的的健身活动。全民健身不可能独立存在，它需要一系列服务和保障支撑。因此，"全民健身"是指"全民健身服务和保障"，统称"全民健身服务"。经济学认为，消费上具有非竞争性和受益上具有非排他性的产品是公共产品；反之，则是私人产品；只具备两个特征中的一个特征的产品是准公共产品。从实践来看，我国全民健身服务既有公共产品和准公共产品性质的服务（也称公共服务），也有私人产品性质的服务。

"全民健身公平"中的"全民健身服务"是指"全民健身公共服务"，这是因为：从理论来看，作为全民健身服务资源配置的主体，政府追求的是公平，维护的是公共利益，市场追求的是效率，维护的是经济利益。全民健身保障的是公民的健康权，健康权不能也不应该由市场保障，大多数发达国家的全民健身计划都有国家支持，而不是完全由市场主导。我国是社会主义国家，政府在保障公民健身和健康权利，促进全民健身公平发展方面更应义不容辞。

正义属于价值判断的最高层，公平、平等、均等在正义统摄下依次逐渐侧重于数量判断，即公平是价值判断，其思辨属于规范研究，均等是在公平价值理念指导下的数量判断，其论证属于经验研究。均等化既是名词，也是动词，名词是"平均或相等的状态"，动词是"使之平均或相等"。从概念辨析出发，结合我国全民健身服务领域的具体情况，将全民健身公平界定为政府在公平价值理念指导下，通过统一的制度安排，为公民提供基本的、有保障的、差距控制在可接受范围之内的全民健身公共服务过程，即政府在公平价值理念指导下所进行的全民健身公共服务均等化过程，包括观念层面的权利均等、现实层面的机会均等和国家管理层面的制度均等三个方面。

二、我国实现全民健身公平的必要性

（一）体育健身服务需求与健身服务供给不足的矛盾

一方面，改革开放使我国经济快速发展，居民收入不断增加，贫困人口大幅下降，社会总体从温饱迈入小康，人们生活也从追求物质享受转向追求精神享受。另一方面，工业化、城市化在使人们享受便捷、舒适生活的同时，也给人们带来了因缺乏运动、营养过剩、工作压力过大、人际关系疏远等原因造成的肥胖、抑郁等"现代文化病"。体育运动有益身心健康，因此，人们的体育健身需求日益旺盛。虽然相关的法规条例在保障公民体育健身权利、提高国民身体素质方面发挥了重要作用，但是，也应当看到，我国全民健身服务仍难以满足公众需求。

（二）体育行政部门职能转变与全民健身服务效率低下的矛盾

当前，我国政府改革的目标就是建设"服务型政府"，政府的主要职能是"公共服务"。一系列改革也在体育行政部门展开，如 2009 年国务院颁布的《国家体育总局主要职责内设机构和人员编制规定》提到："要加强公共体育服务，促进多元化体育服务体系建设，推动全民健身的职责"，同时将"推进公共体育服务和体育体制改革"作为主要职责。然而，在全民健身推行力度不断加大的同时，我国全民健身公共服务效率却不高，从而导致居民体育锻炼和国民体质状况均不容乐观。

（三）公民享有平等体育权利与全民健身服务供给失衡的矛盾

公民体育权利作为人权之一已经被世界大多数国家认可，《世界人权宣言》《体育运动国际宪章》《奥林匹克宪章》等国际法和我国《宪法》《体育法》《教育法》《全民健身条例》等相关法律法规对于公民体育权利都有所保障。尽管我国的法律法规没有明确规定国家应当保障公民实现平等体育权利，但在"法律面前人人平等"原则下，政府应该担负起实现全民健身公平的责任和义务，以保障公民享有体育健身的权利。

三、我国实现全民健身公平的途径

（一）建立和健全全民健身公共服务体系

1. 制定总体发展规划

在经济、社会和体育发展总体发展规划的框架下，制定全民健身公共服务体系建设总体发展规划，并且使之与构建社会主义和谐社会等综合考评体系相衔接，然后有步骤、有重点地加以实施。制定和实施总体发展规划时应注意以下几点：一是明确全民健身公共服务体系的范围和内容；二是制定全民健身公共服务的国家最低标准；三是明确实施总体发展规划的进度和保障措施；四是制度安排方面要结合各地全民健身公共服务水平的差距，要因地制宜，不搞一刀切。

2. 确定供给内容和标准

我国全民健身公共服务均等化供给缺乏参照依据的主要原因是全民健身公共服务供给内容和标准的不明确、不统一。当前时期，确定我国全民健身公共服务内容和标准时应把握以下几点：一是以广大社会成员的健身需要为基础；二是要注意梯度性，全面顾及各地区、城乡之间发展水平的差异；三是遵照"起点均等"原则，明确"国家标准"，以此引导和协调"地方标准"；四是根据形势的变化不断调整修订，增加其现实性和可操作性；五是实物标准和货币标准相结合。当然，制定货币标准要以各地经济发展水平、物价水平和消费水平为依据。

3. 加强绩效评价和监督管理

从某种意义上来说，绩效评价是监督管理的组成部分，全民健身公共服务的监督是指供给内容和标准的监督，管理是指供给程序和过程的管理，而在全民健身公共服务监督管理的整个过程中都贯穿了绩效评价。绩效评价时应把握以下几点：一是在干部考核评价指标体系中纳入全民健身公共服务指标的内容，并且以此为基础，建立起相应的问责机制，在政府绩效考核中强化全民健身服务；二是在多元评估主体参与的基础上，坚持公众满意度评判标准，强化公众在全民健身公共服务绩效评估中的主体地位；三是建立一套科学有效的评价指标体系。

（二）建设"服务行政"，增强政府公共服务职能

"服务型政府"是公正、高效、透明的政府，只有在"服务型政府"理念的引导下，政府才能够履行好包括全民健身公共服务在内的公共服务职能，才能够实现包括全民健身公共服务均等化在内的公共服务均等化。从理论上讲，政府在基本公共服务的供给中发挥着主体和主导作用，全民健身公共服务属于基本公共服务，政府服务意识的强弱、履行服务职能的好坏直接关系到全民健身公共服务的供给效果。因此，政府首先需要转变职能，也就是要加强政府的"公共服务"职能，才能够保证全民健身公平的实现。

（三）制定和完善全民健身公共服务法律制度

1.建立规范统一的全民健身公共服务法规体系

全民健身公共服务的立法有三种模式，一是提升立法层次。在条件许可的情况下，整合全民健身公共服务的一系列规章条例，然后上升到法律层面，确定全民健身公共服务的范围、内容、标准以及各级政府的供给责任；二是推进专项立法。为了规范和监督全民健身公共服务的均等化供给，要推行全民健身公共服务专项立法；三是修改和完善现行法律。在现行法律法规中增加全民健身公共服务均衡发展的内容。

2.建立城乡统筹的全民健身公共服务供给制度

一方面，政府要把农村全民健身公共服务供给纳入整个国家全民健身公共服务制度之中，使农村全民健身公共服务供给制度化。另一方面，要加强农村全民健身公共服务供给，把更多的人力、物力、财力投向农村基层社区，加强农村基层社区全民健身公共服务网络的建设。

（四）形成全民健身公共服务机制

1.形成稳定增长的财政保障机制

首先，要加大全民健身公共服务的财政投入。投入重点应该主要放在加强公共体育场地设施建设和加大体育教育、体育技能培训两个方面。其次，各级政府要以事权划分为基础划分财权，以保证各级政府全民健身公共服务的支出责任。最后，要完善体育财政转移支付制度。不仅要加大对经济落后地区和农村地区的体育财政转移支付力度，而且还要加强对体育财政转移支付的监督和管理，另外还要加大对地方体育财政的拨款力度。

2.成多元主体的服务供给机制

为了节约成本和提高效率，要建立政府主导，社会多种主体共同参与的全民健身公共服务供给机制，鼓励各种类型部门之间和内部展开竞争。政府主要通过政策引导和适当的公共资源支持，鼓励市场和社会组织健康发展。政府、市场和社会组织者要合理分工，对于一些全民健身公共服务，政府可以通过鼓励私营部门和社会组织的方式提供，也可以通过政府采购的方式提供，还可以通过委托代理私营部门和社会组织的方式提供。

3.形成广泛联系的分工协作机制

一是政府部门之间分工、协作。我国体育场地设施中的 60% 以上都在各级学校，另外学校也拥有丰富的体育人力资源，所以教育部门应与体育部门配合，为学校周边社区居民提供全民健身服务。除此之外，其他政府部门，如卫生部门、旅游部门、交通部门等也应当积极配合。二是多个公共服务领域之间分工、协作。健康知识的传播在很大程度上有赖于学校体育教育，社区体育工作可以整合到社区文化站的工作中去，以及社区卫生工作可以与体质监测工作相结合。

第二章　全民健身活动与社会发展

第一节　全民健身活动的目标和任务

一、发展目标

到 2025 年，全民健身公共服务体系更加完善，人民群众体育健身更加便利，健身热情进一步提高，各运动项目参与人数持续提升，经常参加体育锻炼人数比例达到 38.5%，县（市、区）、乡镇（街道）、行政村（社区）三级公共健身设施和社区 15 分钟健身圈实现全覆盖，每千人拥有社会体育指导员 2.16 名，带动全国体育产业总规模达到 5 万亿元。

到 2030 年，城乡居民体育健身的"大健康"意识将深入人心，全民健身社会氛围浓厚，民众体育参与行为日趋自觉，体育与休闲生活方式带来的生活质量明显提升，全民健身的科学化程度大幅度提高。参加体育锻炼的人数比例达到发达国家水平，群众身体素质和健康水平明显增强。青少年儿童体质状况进入良性发展阶段，成年人因运动缺乏造成的亚健康和心脑血管慢性疾病得到初步控制，老年人平均预期寿命和健康寿命明显延长。

全民健身的健康、教育、经济和社会等功能显著发挥与各项社会事业共生发展的局面全面形成。健身消费快速增长，体育产业和体育消费总规模明显增加，全民健身成为引领体育产业发展、拉动内需和形成新的经济增长点的助推器。

建立与国家发展目标、人民幸福建设、实现中国梦的伟大目标相适应的全民健身公共服务体系，形成政府、社会和市场的有机结合体系，全民健身纳入政府公共服务、社会组织建设、市场网络完善的社会和经济发展新格局。

二、主要任务

（一）加大全民健身场地设施供给

制订国家步道体系建设总体方案和体育公园建设指导意见，督导各地制订健身设施建设补短板五年行动计划，实施全民健身设施补短板工程。盘活城市空闲土地，用好公益性建设用地，支持以租赁方式供地，倡导土地复合利用，充分挖掘存量建设用地潜力，规划建设贴近社区、方便可达的场地设施。新建或改扩建 2000 个以上体育公园、全民健身中心、公共体育场馆等健身场地设施，补齐 5000 个以上乡镇（街道）全民健身场地器材，配建一批群众滑冰场，数字化升级改造 1000 个以上公共体育场馆。

开展公共体育场馆开放服务提升行动，控制大型场馆数量，建立健全场馆运营管理机制，改造完善场馆硬件设施，做好场馆应急避难（险）功能转换预案，提升场馆使用效益。加强对公共体育场馆开放使用的评估督导，优化场馆免费或低收费开放绩效管理方式，加大场馆向青少年、老年人、残疾人开放的绩效考核力度。

（二）广泛开展全民健身赛事活动

开展全国运动会群众赛事活动，举办全民健身大会、全国社区运动会，持续开展全民健身主题活动。巩固拓展"三亿人参与冰雪运动"成果，大力发展"三大球"运动，推动县域足球推广普及。制定运动项目办赛指南和参赛指引，举办运动项目业余联赛，普及运动项目文化，发展运动项目人口。支持举办各类残疾人体育赛事，开展残健融合体育健身活动。支持各地利用自身资源优势培育全民健身赛事活动品牌，鼓励京津冀、长三角、粤港澳大湾区、成渝地区双城经济圈等区域联合打造全民健身赛事活动品牌，促进区域间全民健身协同发展。

（三）提升科学健身指导服务水平

落实国民体质监测、国家体育锻炼标准和全民健身活动状况调查制度。开设线上科学健身大讲堂。鼓励体育明星等体育专业技术人才参加健身科普活动。征集推广体育科普作品，促进科学健身知识、方法的研究和普及。制定面向大众的体育运动水平等级标准及评定体系。深化社会体育指导员管理制度改革，适当降低准入门槛，扩大队伍规模，提高指导服务率和科学健身指导服务水平。弘扬全民健身志愿服务精神，开展线上线下志愿服务，推出具有地方特色的全民健身志愿服务项目，打造全民健身志愿服务品牌。

（四）激发体育社会组织活

完善以各级体育总会为枢纽，各级各类单项、行业和人群体育协会为支撑，基层体育组织为主体的全民健身组织网络。重点加强基层体育组织建设，鼓励体育总会向乡镇（街道）延伸、各类体育社会组织下沉行政村（社区）。加大政府购买体育社会组织服务力度，引导体育社会组织参与承接政府购买全民健身公共服务。对队伍稳定、组织活跃、专业素养高的"三大球"、乒乓球、羽毛球、骑行、跑步等自发性全民健身社会组织给予场地、教练、培训、等级评定等支持。将运动项目推广普及作为单项体育协会的主要评价指标。

（五）促进重点人群健身活动开展

实施青少年体育活动促进计划，推进青少年体育"健康包"工程，开展针对青少年近视、肥胖等问题的体育干预，合理调整适合未成年人使用的设施器材标准，在配备公共体育设施的社区、公园、绿地等公共场所，配备适合学龄前儿童动作发展和身体锻炼的设备设施。提高健身设施适老化程度，研究推广适合老年人的体育健身休闲项目，组织开展适合老年人的赛事活动。完善公共健身设施无障碍环境，开展残疾人康复健身活动。推动不同年龄、不同职业健身活动的开展。

（六）推进全民健身融合发展

深化体教融合。完善学校体育教学模式，保障每天校内、校外各1小时体育活动时间。整合各级各类青少年体育赛事，健全分学段、跨区域的青少年体育赛事体系。加大体育传统特色学校、各级各类体校和高校高水平运动队建设力度，大力培养体育教师和教练员队伍。规范青少年体育社会组织建设，鼓励支持青少年体育俱乐部发展。

推动体卫融合。探索建立体育和卫生健康等部门协同、全社会共同参与的运动促进健康模式。推动体卫融合服务机构向基层覆盖延伸，支持在社区医疗卫生机构中设立科学健身门诊。推进体卫融合理论、科技和实践创新，推广常见慢性病运动干预项目和方法。推广体卫融合发展典型经验。

促进体旅融合。通过普及推广冰雪、山地户外、航空、水上、马拉松、自行车、汽车摩托车等户外运动项目，建设完善相关设施，拓展体育旅游产品和服务供给。打造一批有影响力的体育旅游精品线路、精品赛事和示范基地，引导国家体育旅游示范区建设，助力乡村振兴。

（七）营造全民健身社会氛围

普及全民健身文化，加大公益广告创作和投放力度，大力弘扬体育精神，讲好群众健身故事。强化全民健身激励，探索建立全国统一的"运动银行"制度和个人运动码，开发标准统一的科学运动积分体系，向国家体育锻炼标准和体育运动水平等级标准达标者颁发证书，鼓励向群众发放体育消费券。开展全民运动健身模范市和模范县（市、区）创建。加强全民健身国际交流，与共建"一带一路"国家共同举办全民健身赛事活动，推动武术、龙舟、围棋、健身气功等中华传统体育项目"走出去"，鼓励支持各地与国外友好城市进行全民健身交流。

第二节　全民健身活动与教育发展的关系

一、教育是塑造人的身心素质的活动

教育是有目的地培养人的活动，这是教育的本质所规定的。教育对人的培养过程是促进人的身心素质发展的过程。细分起来，塑造人的身心素质应有三层含义：

第一，人生下来就具有在进化历程中沉淀下来的先天烙印，即为人类所特有而不为其他动物所具有的生理和心理素质。教育的重要内容之一，就是"引发"人的生理、心理素质，使人原始的、丰富的素质呈现出来。这可以称为人的本质的"外化"。

第二，人不仅是自然实体，还是社会实体。人既然是社会实体，他就必然会在后天生活中获得人类在历史进程中所形成的人们共有的文化。人总是在一定的文化环境中生活的，人所处的环境中的文化给人的心理以潜移默化的影响，并形成人的社会属性。这种影响完全是一种不自觉的过程，即"文化无意识"作用，广义的教育就是"引发"这一过程，或称"文化化"。

第三，人在其现实性上，又是社会关系的总和。人总是具体的人，而不是抽象的人。教育的特定职能，就是按照社会要求造就一定社会所要求的人。这一过程，也就是将一定的社会本质内化于个体，这可以叫作社会本质的"内化"。人的本质的"外化"、后天社会生活的"文化化"与社会本质的"内化"，都是相对意义上的用语。没有"内化"和"文化化"，也就谈不上"外化"。它们之间的关系是矛盾的运动，矛盾的发展，矛盾的转化。教育的过程就是教师凭借一定的手段，将特定的内容转化于受教育者的主体之中的过程，教育过程以动态的形式表现出来，而结果则以静态的形式存在于受教育者的主体内部，教育对象化了，而对象被加工了。教育者的教育结果就是促进人的身心发展达到不同的发展水平，培养社会所需要的社会成员。教育的普及水平越高，受教育的面就越大；教育水平越高，受教育者的身心素质发展程度也越高。从这个角度讲，教育活动与全民健身活动有高度的一致性，都是要促进人的身心素质发展，只是各自的着力点和侧重点不同。

二、青少年和儿童是全民健身活动的重点

青少年和儿童时期不仅是增长知识的最佳时期，也是长身体、增强体质的最佳时期。《全民健身计划纲要》指出："全民健身计划以全国人民为实施对象，以青少年和儿童为重点。青少年和儿童的健康成长关系到国家的富强和民族的昌盛，要发动全社会关心他们的体质和健康。各级各类学校要全面贯彻党的教育方针，努力做好学校体育工作。要对学生进行终身体育的教育，培养学生体育锻炼的意识、技能与习惯。"青少年和儿童为全民健身活动重点。主要是由两个方面的原因决定的：一是青少年和儿童的人数在我国总人口中占的比例较大。根据第七次全国人口普查公布的数据，我国现有 14 岁以下人口 25338 万人，占人口总数的 17.95%。抓好青少年和儿童的健身活动，就等于全国三分之一的人口参与了全民健身活动。二是青少年和儿童处于接受学校教育时期，他们中的大多数人都在接受全日制教育。根据《2021 年全国教育事业发展统计公报》的数据，我国从幼儿园到研究生在校人数为 2.91 亿人，占人口总数的 20%。学校教育的特点决定了在学校中开展健身活动的系统性、规范性和科学性。因此，抓好青少年和儿童的健身活动，与搞好学校体育工作是从不同角度提出的同一问题，其目标是一致的，不仅有利于青少年和儿童的健康成长，也将为他们的终身体育奠定良好的基础。

三、健身运动是素质教育的重要内容

素质教育自 20 世纪 80 年代中期在国内兴起，现在已成为深化教育改革的手段和目的。对素质教育有很多不尽一致的具体解释，但其要义至少有三种：一是面向全体学生；二是学生德、智、体、美全面发展；三是学生主动发展，形成健全的个性。健身活动成为素质教育的重要内容是素质教育的本质和目的所决定的。《中共中央、国务院关于深化教育改革全面推进素质教育的决定》中指出："实施素质教育，就是全面贯彻党的教育方针，以提高国民素质为根本宗旨，以培养学生的创新精神和实践能力为重点，造就有理想、有道德、有文化、有纪律的、德智体美等全面发展的社会主义事业建设者和接班人。"这一段话揭示了现阶段我国实施素质教育的依据、宗旨、重点和目标。要实现素质教育的目标，"必须把德育、智育、体育、美育等有机地统一在教育活动的各个环节中。学校教育不仅要抓好智育，更要重视德育，还要加强体育、美育、劳动技术教育和社会实践，使诸方面教育相互渗透、协调发展，促进学生的全面发展和健康成长"。只有一切实按照德、智、体、美等全面发展的人才标准开展素质教育，才能保证人才培养的正确方向和人才的健康成长，使人才培养目标顺利实现。

提高教育质量是当前我国教育急待解决的核心问题。教育质量是德、智、体、美、劳诸方面教育质量的总和，不是单单一"育"所能代替的。只有通过实施素质教育，才能从根本上提高教育质量，使学生得到全面和谐的发展。因此，各级各类学校都要真正树立起德智体美并重的全面发展的教育观，坚持德智体美一起抓，坚持以全面的观点去进行德智体美等方面的素质教育，把促进学生素质全面发展的教育目的真正落到教育的每一个方面，贯彻于整个教育过程的始终，并以此作为检验和考核教育教学工作的标准。由此，"学校教育要树立健康第一的指导思想，切实加强体育工作，使学生掌握基本的运动技能，养成坚持锻炼身体的良好习惯"，始终把增强学生的体质，促进学生的健康放在素质教育的重要位置。

第三节　全民健身活动与经济发展的关系

一、全民健身活动对经济发展的作用

（一）全民健身活动促进生产力的发展

生产力是具有一定的生产经验和劳动技能的劳动者与生产资料相结合，所形成的征服自然和改造自然的能力，包括参与生产过程的劳动者的劳动力和生产资料的自然力。劳动力，即劳动者的体力和智力。劳动者的素质影响着劳动力的能力大小，是生产力水平的主体尺度，它包括劳动者受教育的程度，劳动者的身体素质、精神面貌以及劳动者的积极性和创造性等。全民健身活动对生产力的促进作用，主要通过劳动力的再生产来实现。

1. 健身活动可以培养劳动力

全民健身活动在促进人体机能的生长发育、防止疾病和推迟生命衰老、全面提高劳动者的身心素质，特别是身体素质方面具有无可替代的作用。影响青少年、儿童身体素质的有遗传、卫生保健等因素，而科学地进行体育锻炼对提高青少年的身体素质具有独特作用。体育运动可以改善青少年的身体形态，改善神经系统、内脏、器官和机能，提高身体的基本活动能力和运动能力。身高、体重、胸围、坐高等身体发育指标，是影响体质的重要因素，能反映人体格健壮的程度。经常性的体育锻炼，可以促进血液循环，给骨骼供应更多的血液和养料，还可以刺激骨骼的生长。体育锻炼还可以增加对肌肉的血液供应，使肌肉的毛细血管网增多，肌纤维变粗，使青少年体重增加，身体显得强壮结实。

2. 健身活动可以发展劳动力

人们经常参加体育运动可以提高心血管的机能，使心脏出现运动性肥大，心脏每搏输出量增加，安静时心搏频率减慢。训练有素的运动员在剧烈运动时心搏率最大值较一般人高，供血量可比安静时增加 10 倍左右。体育锻炼还可以改善呼吸系统的功能，为人的机体提供更多的氧气。坚持长期锻炼对增大肺活量，提高吸氧量最为明显。一般人吸氧量每分钟 2 ~ 3 升，而优秀长跑运动员最大吸氧量每分钟可达 5 升以上。坚持体育运动可以促进神经系统机能的发展。在体育锻炼时，人的各器官系统和肌肉的活动都是受神经系统支配和调节的。无论是形成动作技能的条件反射，还是对外界刺激作出相应的反应，协调人体的动作技能，以及对外界的适应能力等方面，都能使神经系统的功能得到改善。正是由于神经系统机能的提高，人体活动才能在一系列功能上表现出动态的平衡。体育运动能提高人的体质水平，使人不但体格健壮，而且身体素质得到改善，体力充沛，精力旺盛，因而会提高劳动能力。

3. 健身活动可以保护劳动力

体育运动可以保护劳动力，主要表现在：第一，降低发病率。体育运动可以增强人的体质，改善人体的机能，提高人体对自然界的适应能力和对疾病的抵抗力，减少疾病的发生。第二，可以减少工伤事故。体育运动可以使劳动者体力旺盛，肢体灵活，精力充沛，在生产过程中减少疲乏感，注意力可以高度集中，操作机器时动作敏捷、灵活、协调，能够减少生产事故和工伤事故。第三，可以防止或减少职业病的发生。在现代生产分工条件下，劳动分工较细，劳动过程中人们往往重复单调、机械的动作，容易使人的肢体局部过度疲劳而造成局部机体组织的损伤和病变，或片面、畸形地发展，而形成"职业病"。某些体力劳动者长期缺乏全身性的活动，心、肺等内脏功能下降，也会使体质变弱。坚持体育锻炼，会使全身肌肉和关节得到活动，促进血液循环和新陈代谢，可以防止和减少职业病的发生。从事脑力劳动的知识分子，一般都长时间在办公室内伏案工作，持续地进行高度紧张的思维活动，体力活动较少。如果脑力劳动时间过长，大脑过分紧张超过了负荷能力，缺乏必要的休息，就容易引起神经衰弱。由于长期伏案工作，体力活动不足，还容易发生高血压、冠心病等慢性病。健身活动对这些"运动缺乏症"能起到有效的防治作用。

4. 健身活动可以延长劳动力

人到 40 岁以上，随着年龄的增长，机体不可避免走向衰老，各器官系统的功能趋于减弱，身体活动能力和运动能力逐渐降低。身体对自然界的适应能力和对疾病的抵抗力也逐渐降低。坚持合理的、科学的体育锻炼，可以使心脏的收缩力加强，从而保证心脏冠状动脉的血液循环量及对心脏所需要的营养物质相匹配的氧气供应量增加，还可以锻炼血管的收缩和舒张机能，保持血管的弹性，防止血管硬化。坚持体育锻炼可以保持呼吸肌的力量不致衰退，改善肺的换气功能和身体吸氧的能力；可以防止腹壁肌肉松弛无力，保持胃肠的蠕动能力和消化能力；可以延缓脑动脉硬化过程，改善脑部的氧气供应，延缓脑功能的下降，改善大脑对器官系统的调节功能。坚持适当的体育锻炼，可以延缓衰老过程，维持机体功能，不但可以预防老年疾病发生，延长劳动寿命，保持劳动能力（主要指体力和精力），使之不明显下降，而且还可以充实老年人的精神生活，增强信心，从而获得快乐，延年益寿。据生理学家研究，经常参加体育锻炼的 60 岁男子的心脏输血量，可相当于 40 岁不进行体育锻炼者。

5. 健身活动可以恢复劳动力

科学的体育锻炼具有一定的医疗作用，不但能治疗一些慢性病，对人体内脏器官和肢体等局部机能的恢复起到强有力的促进作用，而且对全身也有积极影响。适当的体育运动可以提高大脑皮层的功能，恢复失调的人体内部的平衡，提高防病治病的能力。体育锻炼可以利用动静结合的方法，调整和改善内脏器官的功能，如心跳的快慢，血压的升降等，从而减轻以至消除人体的病理状态，治疗心血管疾病。体育锻炼可以增加每搏输血量，加快血流，促进全身和局部的血液循环，加快局部组织系统的功能，增强体质。体育锻炼由于对人体具有以上诸方面的影响，因而可以提升劳动力，促进劳动者恢复健康。健身活动对一些慢性病的医疗作用十分明显。太极拳以及各种医疗体操，对患有颈椎病、肩周炎、腰腿病、胃下垂、肠功能紊乱等疾病的人，有特别显著的效果。

（二）全民健身活动扩大就业机会

我国的社会主义制度为劳动者的充分就业创造了条件，但我国目前的劳动力资源并未得到充分利用，处于非充分就业状态。在总需求不足的宏观条件下，非充分就业必然伴随机器设备和技术的闲置。这时，只有刺激总需求，才能实现充分就业，而在短缺经济中，非充分就业是由于非人力资本的不足引起的。以我国目前的情况而言，主要是由于社会提供的劳动岗位不足造成的。劳动力资源的巨大浪费，成为劳动效率低下的主要原因。由市场来调节劳动力的合理流动，从而使劳动力资源得到充分而有效的利用。第三产业因其劳动力进入的资金要求比较低，而在现阶段人民群众生活质量的提高将越来越依赖于服务业的发展，因此，第三产业是就业容量最大的部门。大力发展第三产业，对于扩大就业和提高人民生活质量都是十分有利的。

体育产业作为第三产业的新兴产业，将发挥越来越重要的作用。全民健身服务体系的形成可为社会创造一定的就业岗位。

1. 全民健身工程实施提供了新的就业岗位

目前全国各个省、市的全民健身工程设施的数量与参加锻炼的人数相比显得严重不足。因此，很有必要加强健身工程设施的建设，而大量的工程建设无形中为社会提供了许多的就业机会。为了保证全民健身设施的正常使用，延长健身设备和器械的使用寿命，这些设施需要有具备专业知识的人来负责管理和维护，这也给了人们新的就业选择。

2. 全民健身活动需要大量的体育指导员

在建设全民健身工程硬件设施的同时，我们也应该加强相关的软件（如锻炼方法、组织形式、竞赛活动等）建设，特别是应该加强体育指导员的培养、培训，在数量和质量上都应有大的发展。据统计，我国目前只有不到五分之一的人在锻炼时有人进行指导，而另外的锻炼者是在无人指导下进行的。由于缺乏足够的体育指导员，修建的健身工程不能最大限度地发挥应有的作用，群众在健身时也缺乏专门的人员进行技术指导。因此，全民健身活动需要大量的社会体育指导员。

3. 全民健身活动为老年劳动者提供了合适的职业

老年劳动者由于精力和体力已处于下降阶段，因而不适宜从事反应敏捷和消耗精力、体力较大的劳动。但是，老年劳动者通常积累了丰富的知识、技能和经验，只要有合适的职业，他们还能够发挥巨大的作用，为社会继续作出贡献。全民健身活动恰恰能够为老年劳动者提供合适的职业，例如，对健身场馆、器材进行管理，提供咨询服务等工作。这些工作符合老年人的特点，有利于老年劳动者发挥自身的优势。

（三）全民健身活动拉动消费

市场需求首先是消费需求，消费满足了需求以后，又会形成新的需求，新的需求推动生产不断发展，促进经济增长，而经济增长的结果又会增加居民的收入，扩大消费需求，从而形成消费需求与经济增长之间的良性循环，促进整个国民经济的发展。由此可见。消费始终贯穿于整个经济活动的起点和终点。目前，我国市场存在着消费需求不足的情况，而消费需求才是经济增长的持久的拉动力量，特别是经济启动以后，必须有消费增长的配合，才能把行政启动变为市场启动，促进经济持续增长。如果按照支出法计算国内生产总值，居民的最终消费是 GDP 的重要组成部分。消费每增长一个百分点，就能拉动经济 0.5 个百分点。

开展全民健身活动能够拉动体育健身消费，刺激内需的增长。在健身领域里，无论是运动场地还是运动器材，无论是球衣还是球鞋，都能够为商家提供丰富的市场切入点。首先，全民健身活动刺激了体育产品的需求。如今，全国各大城市运动场所人气极旺，体育用品在淡季依然热销，居民购买健身器材以及营养保健品的支出大幅度增加。其次，全民健身活动拉动了人们对体育产品的消费。全民健身活动不仅推动了体育用品市场的发展，还拉动了人们对非体育产品的消费。

二、经济发展趋势与健身活动发展

健身活动的发展从根本上来讲，要靠经济增长来拉动，没有 GDP 的持续增长和人们收入水平的不断提高，健身活动的发展和繁荣是不可能的。我国经济目前仍处于工业化发展初期，居民收入水平还会保持比较快的增长。随着 GDP 和居民收入总量的不断增加，健身消费市场的发展环境还会改善，这就为其发育和发展奠定了必要的经济基础。人民群众消费水平的提高为体育健身市场的发展创造了良好的条件，多层次、多项类、多形式的需求，为健身市场提供了无限空间。

随着社会生产力的发展，社会消费基金的增长，人们收入水平的提高，生活质量的改善，必将导致我国居民消费结构的重大变革，这样整个社会消费需求在范围和内容上，数量和质量上部随之扩大和提高，从而引起体育娱乐服务消费需求的增长。体育健身消费需求的增长将极大地刺激健身市场的发展。与此同时，健身活动的发展是拉动居民消费需求的重要方面，有的也得到了政府的大力扶持。体育体制改革，尤其是社会体育和运动项目管理体制以市场为取向的改革，将进一步促进体育资源的市场配置，推动整个市场的培育和成长。随着国家消费结构和产业结构的变迁，结构效益将得到进一步释放，这种结构效益不仅有利于激活体育健身性消费，还能够带动社会资本流向市场，从而带动健身市场的繁荣。

三、经济发展对健身活动的影响

我国经济和社会发展已经进入全面小康社会阶段，在加快推进社会主义现代化建设过程中，也为我国体育的改革和发展带来了积极影响，为健身娱乐市场的形成与完善奠定了坚实的基础。众所周知，全民健身活动的广泛开展客观上要求体育健身娱乐市场的繁荣发展，而体育健身娱乐市场的繁荣与整个社会的经济文化等诸多因素密切相关。受经济发展水平的制约，只有在经济发展达到一定水平、经济投入达到一定规模、体育产品生产和经营达到一定程度时，体育市场才会有充足的商品供应，才有丰富的品种挑选，才能达到市场的繁荣。只有人民生活水平的不断提高。才能有体育消费需求和消费水平的不断增长。当前我国宏观经济发展特征对全民健身活动产生的影响，可以从以下两个方面来进行探讨。

（一）扩大内需政策对体育健身活动的影响

我国是有超14亿人口的发展中国家，城乡居民的消费结构在不断升级，消费市场潜力巨大。从国家宏观政策的取向上看，今后几年将继续执行积极的财政政策和稳健的货币政策，以促进国民经济的平稳增长。财政收入的高度增长，为执行积极的财政政策创造了物质条件。同时还要努力扩大消费需求。从当前和未来发展趋势来看，旅游消费等热点消费将继续保持对我国消费需求的强劲拉动作用，从而带动社会消费的稳定增长。此外，还要围绕其他服务消费的热点，完善鼓励消费的政策。积极引导居民增加体育健身消费作为扩大内需、促进经济增长的一项重要举措也将被应用，为我们的生活带来便利。

简单地说，体育健身消费就是让消费者花钱买健康、花钱看体育比赛、花钱进行体育娱乐活动。百姓肯不肯投钱于体育健身消费，要取决于有没有精彩的比赛及有没有价值适宜、服务好的健身场所、俱乐部等提供消费。要实现这一点，关键在于转变体育的传统观念及尊重市场经济的"游戏规则"。在这个过程中，一个十分重要的环节就是要积极主动地引导消费、培育市场。没有体育需求，就没有体育消费，没有体育消费，就没有体育市场。培育和发展体育消费市场是开发体育市场的基础工作，也应当是今后相当长一段时期的工作重点。

（二）居民收入的增加对健身活动的影响

我国尚处在社会主义初级阶段，社会生产力水平还不高，人均国民收入还不在世界前列，对绝大部分劳动者来说，生产资料，特别是"吃"的部分在消费支出中占相当大的比重，但随着社会经济的发展和人民生活水平的不断提高，我国居民的消费结构将发生深刻的变化。第三产业、服务业、包括体育健身消费支出的真正活跃要到富裕状态的时期，体育消费才可能在消费需求当中活跃起来。体育消费作为一个市场消费，是属于弹性比较大的消费。随着收入的增长，它的增长速度非常快。随着价格的变化，它的需求变化也会很明显。体育作为服务行业，是围绕人类本身这个消费主体展开的，消费价格比较低，弹性比较大。要成为消费热点，就要充分考虑到居民目前的收入。社会生产力的发展，居民收入的增加，是满足我国体育消费需求不断增长的主要条件。在社会主义初级阶段，人们对体育消费需求的满足程度、人均体育消费水平的高低，主要取决于人们的消费收入水平。人均消费收入越多，能够用于体育消费的支出也就越多，反之则越少。在其他条件不变的情况下，人均消费收入的增加，取决于消费基础的增长。消费基础的增长，从根本上来说是取决于国民收入的增长。因此，大力发展社会生产力，提高劳动生产率和经济效益，不断增加国民收入总量，是提高体育消费水平的主要条件，也是满足体育消费需求增长的重要条件。

现代社会生活方式变化，居民对生活质量的期望值提高，社会的发展对体育的需求必将更加迫切，而体育消费需求的增长也是现代社会生活方式变化、提高我国居民生活质量的迫切要求。人均收入水平的稳步增长，城乡居民物质文化生活水平的大幅提高，为体育消费需求增长奠定了的稳定基础，从而有利于居民进行健身娱乐消费。

当前国家政策是想尽办法增加农民收入，千方百计创造就业机会，妥善解决城镇低收入居民的基本生活困难，并切实把符合条件的城镇贫困居民全部纳入最低生活保障范围，形成扩大需求同培育需求良性互动的局面。国家调整居民收入政策有利于扩大居民的消费，增加居民收入，从而提升居民购买力。在完善社会保障制度的同时，政府将稳步提高国家工作人员工资，用收入政策来刺激社会消费需求的增长。同时，将进一步完善社会保障体系，确保国有企业下岗职工、离退休人员、优抚对象的收入水平，满足他们一定的生活要求。这一措施将会有力地放开中低收入者的消费信心和购买力，促进城乡居民可支配收入的增长。

第四节　全民健身活动与文化发展的关系

一、健身活动属于精神文明建设范畴

体育作为一种特殊的社会现象，属于大文化的范畴。人们广义理解的文化，指的是人类所创造的物质文明和精神文明的总和。对文化做最狭义的解释是单指"精神文化"。实际上，文化是人类创造的产物，是人类社会实践活动的结晶，是构成社会各种现象的事物的复合体。它除了以教育、科学、艺术等为重要组成部分之外，还包括体现在人们物质生活和社会生活关系中的饮食文化、衣着文化、住宿文化、游乐文化、体育文化等。健身活动作为体育范畴中最本质、最核心的内容，自然是人类文化现象的组成部分之一。人们已经认识到，作为一种特殊的文化现象，健身活动最为人们喜闻乐见、广为接受、积极参与。随着社会的进步，它越来越成为人们生活中必不可少的重要组成部分，而且已为人们从意识和观念上定位人们生活水平和文明程度的重要标志。换句话说，健身在丰富文化内容、充实文化生活、促进社会文明的进程中越来越多地显示出重要的作用。

在中国特色社会主义现代化建设发展的今天，作为文化组成部分的体育健身活动，应当从体育"强身健体"的本质出发，按照"三个面向"和两个文明建设的要求，从以下几个方面把握好发展和前进的方向。一是能代表世界先进的体育健身水平，树立和倡导一种科学、先进的健康理念。通过各种科学、有效的方法和手段，积极推进全民健身活动的开展，促进国民体质的极大提高，使中华民族全民体质达到世界较高水平。二是体育健身活动要与其他领域的内容相协调、相结合、相适应。比如，体育与文艺，体育与旅游，体育与休闲，体育与生态、环保，以及与其他文化形式的协同，从而提升和增加它的吸引力和含金量，不断满足人民群众日益增长的精神文化需求。三是在体育健身内容和形式上要有鲜明的民族特色，要能充分展现中华民族体育深厚的文化底蕴。

同时要倡导和推行科学先进的健身方法与手段，坚决抵制各种封建、腐朽、庸俗行为的侵蚀。总而言之，就是要充分发挥体育在社会主义精神文明建设中的作用，努力实现体育与社会事业的协调发展，全面提高中华民族的体质与健康水平，以此实现和实践先进的、科学的体育健身观的发展方向。

先进文化的前进方向与社会主义精神文明建设是一致的。认真抓好全民健身活动，促进国民体质的提高，这一发展方向符合要求。《全民健身计划纲要》实施以来，极大地推进了全民健身活动的蓬勃开展，国民体质普遍增强，广大人民群众的健康水平明显提高。

基层群众体育组织网络发展迅速，省、区、市设体育总会，全行业设体协，乡镇设体育指导站。

全民健身活动越来越受到地方各级部门的重视，各级党委政府都大力开展群众体育活动，将实施全民健身计划工作列为重要议事日程，列入当地经济发展计划，纳入社会主义精神文明和小康社会建设的重要内容，作为政府为群众办实事、办好事的重要方面予以落实。

全民健身活动之所以能蓬勃发展，是因为它确实是一项利国利民的民心工程。它符合时代发展的需要，促进了人们身心健康发展和素质的提高，进而有力地促进了社会主义精神文明建设。

二、健身活动是现代健康文明的生活方式

一定的社会生活方式，可以反映出一定社会发展的文明程度。当前和今后一段时期，引起我国社会生活方式变化的因素，一是生活环境更加开放，影响和带动社会生活方式多样化；二是物质生活更加富裕，从而促使社会生活方式由温饱型走向小康型，由产品型走向商品型，由节约型走向消费型；三是思想文化氛围更加宽松，人们的现代生活观念不断更新，使社会生活方式在意识层面发生深刻的变化。

全民健身的理论与实践研究

现代社会的高速发展，不只是科技和经济的高速发展和增长，也不只是人类财富的增加，还会伴随着人的思想观念、思维方式、行为方式以及人类生活方式的更大变革。人们充分感受到改革开放带来的生活水平的快速提升，与传统的家庭生活和消费结构相比，现在的生活方式已经发生了很大的变化。毋庸置疑，今天中国人民的生活方式已经告别过去，正进入一种与时代发展进步相适应的现代生活方式。

生活方式的变化与确立，与人们的生活需求和人们的思想观念是息息相关的，从某种意义上讲，也是与人们的经济条件相关的。改革开放以前，中国人较为贫穷，机械、单调的传统生活方式是同中国总体生产力水平不发达的经济状况是相一致的。而今，人们已经不再满足于业余时间就做家务，或去商场购物、去影院看电影，代之以内容更加丰富多彩的各种活动方式。各种"吧"屋、"休闲"屋、"健身"屋大量出现，高、中、低各档次的消费场所应有尽有。"以人为本，健康第一"已成为人们意识中的应有之义，"花钱买健康""请客吃饭不如请客流汗"成了人们的口头禅。一家人或几家人，甚至一个单位集体登山旅游或进行户外健身活动，中、老年人以个人或集体形式骑自行车甚至徒步环游已是家常便饭，国际大赛招引成千上万国人兴致勃勃包机出国观赏已不是新闻。人们的生活方式日新月异，内容繁多。但是，不难发现健身活动始终是其中很重要的内容之一。人们喜欢在业余时间到体育俱乐部或健身场所，参加各种健身锻炼和各种文娱体育活动。在城市社区，广大健身爱好者丰富多彩的锻炼活动，俨如一道别致的城市风景线，吸引了越来越多的人们。如今各阶层各群体的人利用节假日组织进行各种体育活动，内容繁多，形式多样，体育锻炼已经成为人们生活中不可或缺的组成部分。有的人将体育称为自己生活中的另一个"伴儿"。不少人认为，现在生活水平提高了，"现代文明病"也增多了，健身需求越来越迫切。另外，林立的高楼、紧锁的铁门阻碍了人与人之间的交流。因此，从某种意义上说，体育锻炼既能达到健身的目的，又能成为人们交流沟通最有效的方式。

社会生活方式的多样化，是经济发展和社会进步的结果。开放的社会环境、富裕的物质生活、轻松的文化氛围有利于社会主义市场经济的发展，增强人们的竞争意识、效率意识、民主法律意识和开拓进取精神，增加人们的独立性、选择性、多变性和差异性。但是，改革开放和市场经济对社会生活方式的消极影响也是不容忽视的。个人自由度增加，社会交往规则出现了无序化倾向，社会信任度降低，利己主义、享乐主义泛滥，封建主义的落后习俗也在抬头蔓延，一些社会丑恶行为成为某些人津津乐道的事情。因此，社会主义精神文明建设的一条重要任务要求我们，必须倡导文明、健康、科学的生活方式。

社会生活方式是社会主义精神文明的重要组成部分，社会能否良性运行和充满活

· 28 ·

力，归根到底取决于它是否向人们提供符合人的本性与发展的生活方式。提倡"以人为本"，强化人的重要性，必须要有社会责任感，要遵守社会公德和公民道德，必须将个人的利益与社会的、国家的利益协调和结合，要弘扬文明、健康、科学的社会生活方式，抵制和批判丑恶落后的生活方式。人们喜闻乐见并热衷参与的健身活动正是一种利国利民、功在当代、利在千秋的健康文明的生活方式，因此应当予以大力提倡和鼓励支持。

三、健身活动已成为闲暇活动的重要内容

现代社会的生活节奏逐步加快，闲暇、休闲时间逐渐增多。我国实行的每周五天工作制和小长假、长假制度，使我国人民享有的国家法定假日天数增加，这也意味着人们有很多时间是在闲暇中度过的。当人们在享受这些闲暇时日的时候，自然会考虑这些休息活动的安排问题。毋庸置疑，休闲在今天人们的生活中已经处于越来越重要的位置，越来越成为人们十分热衷和关心的话题。

谈到闲暇，人们往往容易想到休闲（两者虽不完全同义，但也比较近义、相似），也容易想到休息、消遣、消费，甚至会想到工作之余睡大觉、看电视、逛商场或去旅游等，总之，对闲暇这一概念已不再陌生。如今休闲去处多了，休闲时间多了，休闲者兜里的钱也多了。休闲与社会生活方式有着紧密联系，休闲活动应当属于人们生活方式的一个重要内容，生活方式是多样化的，休闲活动内容也是多样化的。比如，有的喜欢听音乐，有的喜欢看体育比赛，有的喜欢在安静的环境中读书，有的喜欢在热闹的场合歌唱跳舞，真可谓各有所好。但是应当指出，休闲内容存在着高低雅俗之分，也存在着高级享受与低级享受之分。从休闲价值观看，从精神文化层面给身心带来益处的活动当然要高雅得多，是最值得加以提倡的。

休闲已经涉及广大人民群众的切身利益，是我国一种新兴的社会文化现象。发达国家的经验表明，当休闲娱乐越来越成为人们日常生活中的重要组成部分时，政府就必须承担相关的责任。提供形式多样、内容健康的休闲，致力于创造出一种良好的社会氛围，人们可以在休闲的轻松之中，愉悦精神、陶冶情操、强健体魄。从政府有关部门来说，引导、组织、服务好群众的休闲生活，是促进社会安定、推进文化发展的重要课题。

如何安排好闲暇活动，如何使人们的休闲更健康、更科学、更文明呢？毫无疑问，体育健身活动应当成为人们闲暇活动的重要内容。近年的长假，不少人在选择外出活动时，更多地把目光从旅游热点地区转向了参与体育锻炼，并作为节日消闲的一项重要活动。人们认为，节日期间选择同家人或同事或朋友一起参与体育活动是很好的休

闲方式。人们不难发现，文明、健康的体育健身活动已经正在悄然占据着我们的闲暇时间，成为人们生活方式中不可缺少的组成部分。这是时代发展的结果，也是社会文明进步的结果。

第三章　全民健身服务体系构建

第一节　全民健身服务运行体系构成目标

一、构建的目标

根据《"十四五"体育发展规划》确定的战略目标和总体部署，结合城市发展、城市建设、全民健身计划实施情况及体育公共事业发展的现实，经过几年的艰苦奋斗，营造良好的体育锻炼环境，提高居民的健康素质。初步建成全民健身服务体系，要创建一个科学、文明、健康的体育生活环境，做到设施基本齐全、指导基本到位、信息基本畅通，切实保障居民平等享有参加健身活动的权利，满足居民日常生活的体育需求。

二、构建的原则

（一）科学性原则

构建的全民健身服务体系必须能够明确地反映居民体育需求与各指标的支配关系。指标体系的设置应有一定的科学性，应是实现体育需求的可行性路径。指标体系的设置要简单、合理，要切实符合政治、经济、文化等的发展现实，能够有效地应用到全民健身服务实践中，充分体现出科学性构建原则。

（二）导向性原则

全民健身服务体系的构建要与城乡综合配套改革、全民健身工程、雪炭工程、群众体育健身工程等政策法规相协调、相统一，具有鲜明的导向作用，能充分反映全民健身服务发展的目标和内涵。

（三）区域性原则

全民健身服务体系是一个区域性概念，应从区域范围的角度入手，采用宏观指标即全民健身服务的规划体系、融资体系、供给体系、评估体系、监督体系等进行整体构建，但在实践过程中，更要充分结合具体现实加以灵活运用，不遗余力地发展全民健身服务。

（四）特色性原则

全民健身服务体系的构建是一个特定地区体育事业的发展过程，在这个过程中，全民健身服务体系构建工作应体现对地方文化传统和生活习惯的尊重，应体现对体育民俗和体育文化的保护，要尽可能地按照当地的地理环境和居民长期以来形成的健身活动喜好去供给体育产品和体育劳务。

（五）均等性原则

均等化是当前政府和社会各项公共服务事业发展的目标。公共服务均等化就是人人都能享受到公共服务，享受公共服务的机会是平等的。全民健身服务主要靠政府体育财政投入所形成的公共体育资源供给。在举国办体育的体制下（严格地说是举办竞技体育），体育领域的财政支出不仅存在群众体育与竞技体育的严重失衡，而且不同社会群体在公共体育资源享有方面也存在巨大的差异。因此，这里强调的均等性原则并不是指所有居民都要享有完全一致的全民健身服务，而是在承认政治、经济、文化差异的前提下，保障居民都享有基础性的全民健身服务即"底线全民健身服务"，保障居民对全民健身服务都有同等的满意程度。

（六）效率性原则

效率是指有用功率对驱动功率的比值，最有效地使用社会资源以满足人类的愿望和需要。公共部门的效率包括生产效率和配置效率，生产效率是生产或者供给服务的平均成本，配置效率是组织所供给的产品或服务能否满足需求者的不同偏好。因此，在全民健身服务体系的实践中应重视全民健身服务投入、产出及配置的问题，遵循效率规律。让更多的企业、社会组织及个人参与到全民健身服务活动中来，缩短体育公共产品供给的路径，使农村居民享受到更多、更好的体育产品和体育服务。

第二节　全民健身服务运行体系构成要素

一、全民健身服务体系的技术要素

技术条件类是指全民健身服务所必需的公共体育场地、体育设施设备、体育器械等物质技术条件。健身服务是一种过程化服务，体育促进是一种无形产品，体育促进的经营主体只有依托于公共体育场地、体育设施设备和器材等物质技术条件，才能实现体育促进的生产和交付，完成健身服务的过程。因此，公共体育场地、体育设施设备等物质技术条件是全民健身服务经营主体向全民提供健身服务的依托和基础，是全民健身服务体系的重要组成部分。

全民健身服务体系的技术条件又可以分为两大类：

①体育场馆及附属用房（场地）等建筑设施类。

②体育设施设备器材等专业设施类。

群众建筑设施包括各种体育馆、公共体育场，其中小的休息室、更衣室、洗浴室、咨询处、寄存处等，既属于建筑设施，也可以看作服务设施。

专业设施包括生产和提供健身服务产品而所必需的专业设备和专业器材，如乒乓球台（乒乓球）、保龄球道（保龄球）、综合（单一）健身器等。在健身健美、康复体疗、运动处方咨询等健身服务中，还需要有专业的测试设备。

作为健身服务的物质技术总则，无论是建筑设施还是专业设施，一般应该满足齐全、舒适、完好、安全四个条件。

（一）齐全

设施设备的齐全既包括建筑设施的齐全，也包括专业设施的齐全。一座城市（地区）在规划体育设施的时候，首先要考虑的是体育建筑设施的齐全，同时要依据群众喜欢的运动项目而设定。作为一个具体的健身服务企业，则不仅要考虑体育建筑设施的齐全，同时也要考虑专业设施的齐全，即既要有设计新颖美观的体育场地和服务性设施，也要有本项目所必需的各种专业设施设备器材。

（二）舒适

公共体育场地设施设备的舒适程度是衡量全民健身服务体系功能状况的重要指标，是提高健身服务质量的重要因素。公共体育场地设施设备的舒适程度第一取决于设施设备的配备档次（在建设体育场地的时候就要重视设施的选购配备）；第二取决于设施设备的维修保养（平时要加强设施设备的使用管理和维修保养）。

（三）完好

公共体育场地设施设备的完好程度直接影响健身服务的质量。如果公共体育场地地板开裂、场地不平、灯光不明、座椅破损，或者没有休息、寄存物品的地方，即使体育锻炼激烈精彩，也会使全民健身服务的质量大打折扣，造成群众的不满意。所以，体育相关政府部门必须经常保持设施设备的完好，以避免因为设施设备的问题而影响全民健身服务的质量。

（四）安全

包括公共体育场地及附属用房（场）等建筑物的安全，体育器材器械等专业设施的安全，健身活动项目的安全以及群众的财物和人身安全等。建筑设施、专业设施、服务设施的安全等最终都是为了保证群众和健身服务人员的人身安全。所以，体育部门必须经常检查各类设施的安全状况，及时消除安全隐患，切实保证各类设施的安全，从而保证群众和健身服务人员的安全。

二、全民健身服务体系的职能要素

职能条件类是指全民健身服务所必需的服务人员，以及他们在履行服务职责时所采用的服务方式、服务手段、服务环境等。健身服务的生产与消费具有时空一致性的特点，生产的过程既是消费的过程，同时又是健身服务人员和群众接触、交流、沟通的过程。体育群众消费者对健身服务质量的感知，不仅取决于物质技术条件，同时也取决于体育企业的职能条件。只有物质技术条件和企业职能条件紧密结合，共同发挥作用，才能实现体育产品的生产和交付，完成健身服务的过程。因此，健身服务人员、服务技巧等职能条件是全民健身服务经营主体向消费者提供健身服务的保证，和物质技术条件一样，也是全民健身服务体系的重要组成部分。

全民健身服务体系的职能条件也可以分为两大类：①健身服务人员及其服务能力等服务技能；②服务项目、环境、卫生等服务环境类。

健身服务是无形的，服务推广的过程就是服务人员和消费者打交道的过程。在这个过程中，健身服务人员的服务技能将直接影响消费者对服务质量的感知。

（一）专业水平

全民健身服务的服务人员包括运动员、教练员、裁判员、社会体育指导员以及与全民健身服务有关的人员。健身服务人员的专业水平是服务技能的核心内容，也是全民最为关心的问题，对全民健身服务的质量起着决定性的作用。NBA篮球联赛之所以激动人心，世界杯足球赛之所以观众如潮，首先在于他们有着高超的专业水平。我们经常看到有的健身健美俱乐部顾客盈门，而有的则门庭冷落，除了其他因素之外，技术指导人员的专业水平起着很大的作用。所以，全民健身服务的经营主体必须努力提高服务人员的专业水平。

（二）服务态度

服务态度是提高服务质量的基础。服务态度取决于服务人员的主动性、积极性和创造精神，取决于服务人员的综合素质、职业道德和敬业精神。良好的服务态度表现为主动、热情、周到的服务。健身服务是一种接触性很高的服务，亲切和蔼、表情愉悦、态度友好的服务人员，会给消费者一种信任和安全感，可以减轻消费者因某种不便或技术出问题而产生的不满和怨言，有助于服务人员与消费者的沟通，有助于拉近服务人员与群众的距离，有助于体育企业建立良好的形象。服务方式与服务技巧是提高服务效率和服务质量的基本前提和技术保证。服务人员的礼节礼貌、沟通能力也是服务方式与服务技巧的内容之一。服务方式、服务技巧与服务态度相辅相成，共同作用，形成良好的服务。再好的服务态度也不能取代服务方式与技巧，同样，再好的服务方式与技巧也不能代替服务态度。服务方式与技巧取决于服务人员的专业知识和技术水平。因此，全民健身服务不仅要加强健身服务人员职业道德和敬业精神的教育，更要加强服务人员服务方式与服务技巧的培养。

（三）服务效率

效率是劳动量与劳动成果的比率。健身服务的效率是全民健身服务体系功能的集中表现，取决于健身服务人员的专业水平、服务态度和服务方式与技巧，反映了健身服务企业的精神面貌和风格，是优质服务的核心，是服务质量最重要的组成部分。既关系到群众对服务质量的感知和评价，也关系到健身服务企业的形象和效益，应该引起体育部门的高度重视。体育企业应当加强服务人员的经常性培训，提高专业水平，改进服务方式，改善服务态度，从而提高服务效率。

服务环境包括体育产品的生产经营主体向群众提供的服务项目，体育场地等消费场所内外的清洁卫生状况、环境氛围等。

服务项目可以分为基本服务项目和附加服务项目。基本服务项目指在服务指南中明确规定的，所有群众都可以享受的服务项目。附加服务项目指"个性化"的服务，即部分群众需要的，而不是每一位群众都需要的服务项目。健身服务企业应该在条件允许的情况下，尽可能设置齐全的服务项目，满足不同消费者的需要，使消费者感到便利、舒适、温馨、安全，有一种宾至如归的感觉。

（四）卫生状况

卫生状况是指公共体育场地内外的干净、整洁、卫生程度。主要包括场馆场地卫生、设施器材卫生、服务用品卫生以及服务人员的个人卫生。卫生状况反映健身服务的服务意识和管理水平。群众都愿意到卫生状况良好的公共体育场地观看比赛、参加锻炼或休闲娱乐，没有人愿意到池水浑浊的游泳馆游泳，或者到异味刺鼻的健身馆健身健美。所以，增强服务意识，提高管理水平，保持公共体育场地内外良好的卫生状况，对于健身服务部门来说，同样是非常重要的事情。

（五）环境氛围服务

环境氛围是指健身服务部门向消费者提供服务的场地、场所给消费者的视觉感受和心理感受。环境氛围包括两方面，一是公共体育场地所处的地理位置和周围环境。公共体育场地所处的地理位置远近适中、交通便利、来去方便，周围树绿花红、空气清新、环境优美，就可以吸引更多的消费者。二是体育场馆内部的环境状况。专业设施设备是否齐全完好，摆放布置是否美观合理，场馆内器材、用品是否干净卫生。

三、组织管理体制要素

全民组织管理体制是指群众体育管理体系与运行机制的总和。20世纪80年代以来，随着我国政治体制改革领域中的政府职能转变，政企分开与权力下放，经济体制改革领域中企业自主权的扩大和成为自主经营的经济实体，劳动、工资和社会保险三项制度改革；社会福利领域中职业福利待遇与福利政策模式转变，社区服务业兴起与蓬勃发展等，共同促进了我国城市社区发育与社区发展。同时，随着我国资源配置结构的变化，我国的社区群众体育治理结构也在发生着变化，即逐渐由传统的以政府行为为主的街居制向以政府指导帮助、社会和民间行为为主的社区制转变，随着这一转变，我国群众体育的管理体制也必将发生改变。

（一）群众体育组织管理的原则

在管理过程中，原则是管理主体行为必须遵循的行为准则。群众体育管理的基本原则即群众体育管理的主体活动的基本准则，群众体育是以满足群众的身心健康需求为主要目的的群众性健身活动，其管理原则应主要围绕着实现这一目标来制订。具体来说，我国群众体育管理的基本原则如下：

1. 人本原则

群众体育的开展要以人为本，要把群众体育真正作为社区内广大居民群众的一项事业来抓，充分调动社区居民在群众健身活动和建设中的积极性、主动性和创造性，要确立社区居民有自主选择和自我发展权利的思想。从较低的目标来看，群众体育要满足社区居民的多方面体育需求；从较高的目标来看，群众体育则是以追求"人的自由全面发展"为己任。因此群众体育管理过程中，应把满足社区居民的多方面体育需求作为开展社区各项健身活动的出发点和归宿，因此群众体育的服务对象只能是社区内的广大居民群众。

2. 服务原则

群众体育是以满足社区成员的体育需求，增进群众的身心健康为主要目的的群众性健身活动。从本质上讲，对这种健身活动的管理是非管制的，群众体育从产生开始，就是以提供服务为活动的主要形式，因而群众体育管理应主要立足于服务。根据社区居民的体育需求，充分利用社区资源，为社区成员提供公益性、福利性和互助性的服务。

从当前情况看，群众健身服务主要包括场地设施服务、体育指导和咨询服务、健身活动计划服务和体育信息情报服务等。

3.公益性原则

群众体育的基本目的是提高群众的健康水平和生活质量，建立文明、健康、科学的生活方式，增强群众的社区认同感和归属感，促进社区发展。群众体育所具有的公益性和福利性的特点，决定了对群众体育的管理不是以营利为目的，而是把追求社会效益放在首位，虽然群众体育中有时需要收取一定的费用，但社区体育更多的是无偿或低偿服务。

4.因地制宜原则

社区之间往往存在着较大的差异，因此，在群众体育管理中应坚持因地制宜原则。即各社区一定要以本社区的经济发展水平和本社区居民的实际需要为出发点，量力而行，制定出适合本地区的社区体育工作计划和群众健身活动内容。如在体育场地设施的利用方面，可采用以下几种方式：充分利用辖区单位已有的场地；充分利用辖区的公园、广场；充分利用辖区的江、河、湖岸及水域；将辖区一切可利用的空地开辟成健身活动场地。

5.自主性原则

群众体育是一种居民自愿、自主的健身活动，对这种健身活动的管理要以自主管理为主。社区内的各种体育组织均为自治性组织，群众应成为群众体育事务的管理者，承担群众体育的管理应充分发挥群众体育骨干及全体群众的积极性和主动性，采取各种激励措施激发居民的体育动机，提高居民的体育兴趣，以实现自主管理。

（二）全民健身管理发展的途径

1.大力开展群众体育的宣传教育活动，使群众体育意识深入人心

舆论是行动的先导。要大力发展群众体育，就必须切实重视对群众体育工作的宣传。如前所述，当前我国群众对体育参与不足的主要原因，除了生活琐事、场地设施不足之外，更主要的在于群众对健身活动的认识不足，体育作为人们社会生活中不可或缺的一部分并未被所有的群众所接纳。为此应该使社区体育的管理者、社区居民都充分认识到，开展群众体育是提高社区成员生活质量不可或缺的重要部分。进行群众体育宣传的方法多种多样，常用的有如下几种：一是利用社区宣传媒介如社区有线广播、有线电视网络；二是通过组织各种健身活动进行宣传；三是在开展社区文化活动过程中，安排一些健身活动内容，对居民进行宣传；此外还可以通过举办一些专题健身知识讲座，以提高居民对开展社区体育的认识，等等。

2.搞好群众体育产业，促进群众体育与经济的结合

群众体育的正常开展，必须有人、财、物、时间等。而资金是开展社区体育的物质保证。关于资金的来源无外乎三个方面：一是政府的投入，二是各种社会捐助，三

是利用社区现有的资源的开发创收。现阶段我国正处于社会转型期，社区体育的开展仍应发挥政府投入的主渠道作用，逐步改善群众体育设施不足的现状。特别是要鼓励和支持社区各界开发群众体育设施，向经营方向发展，搞好群众体育产业，引导群众进行体质健康的消费，增强"花钱买健康"的意识。这样，可实现群众体育事业与企业经济发展的互动，既提高了企业的声誉，又为群众体育发展提供了场所和经费。

3. 促进民间体育组织的发展，加强群众体育的指导

目前，我国以街道行政区域作为社区建设的操作层，必然要向群众自治组织发展，要大力培育和发展社区非营利性体育组织，在日本等国家群众体育的发展中，俱乐部的巨大作用为此提供了佐证。随着我国社会经济的发展，城市社区人口的异质性程度加大，社区中不同人群的体育需求差异加大，群众体育缺乏指导这一问题将会更加凸显。因此需大力加强群众体育的指导，充分利用社区的非营利性组织开展群众体育，以群众健身活动站点为龙头，以社区各街道、居委会、住宅小区为活动阵地，以为社区居民搞好服务为基础，大力开展社区居民体育健身活动。

四、全民健身服务体系的保障元素

体育设施是进行健身活动的场所，包括建筑物与空地，以及为健身活动所设置的设备的总称。体育设施是体育事业发展最基本的环境条件，群众体育设施是进行群众体育的场所。在各式各样的群众体育设施里，每个人都在寻找、挑选、修正与实践着自己的运动方式。体育场地设施的保障是制约群众体育开展的关键因素，为了满足群众的体育健康促进需要，应该从两方面加以重视与管理。其一，灵活运用现有的体育设施与场地，充分提高利用率；其二，要科学建设多层次、多功能、多元化的设施网络。

（一）全民健身服务体系的设施保障元素

1. 统筹规划，构建群众体育生活设施保障

依据现代城市群众健身活动的发展现状，体育设施应当满足群众日常生活、闲暇时间的体育运动需要。因此，城市群众的健身活动设施主要在社区层次中。

2. 构建完整、完善的社区体育设施

在社区体育设施的建设中，要不断完善体育健身场所、社区公共场地以及社区健身中心、俱乐部等。

（1）建设完善的群众体育健身苑

体育健身苑是指建设在居民附近的户外体育运动设施，其占地面积一般较小，其中的设施建设简便易学，正是它所具备的这些方便、实用等优势，使得体育健身苑在群众的健身服务体系中发挥了重要的作用。具备户外特征的社区体育设施常受到人为因素、天气因素等损害，故要定期对其进行更新和建设，确保体育设施的可持续利用。

另外，社区体育设施的建设要严格遵照建筑安全和规划规定，在保证充足的预留共用场地基础下，增设和完善居民周边的体育运动设施，为群众晨、晚锻炼活动提供便利的环境。

（2）加强对社区公共场地的建设

为了弥补体育健身苑面积小、体育设施简单的不足，可加强对社区公共场地的建设，在面积相对较大的场地可以增设适合老年人、青少年、中年人等更多健身人群的体育锻炼需求。可采取以下措施进行改进。在城市规划和建设用地时，要充分考虑公共场地的预留问题；在占地面积较大的体育健身苑地，可适当地增设适合群众身体特征的体育器械，拓宽健身苑地的功能和价值，这种拓展与优化方法还可以缓解目前城市土地紧张的现状；政府部门可通过调控，使更多的企、事业单位所属的体育设施对外开放；下达相关政策，使群众尽量能够免费或以最低消费获得体育健身的需求。

3. 与社区卫生服务部门协同建设社区"健身康复中心"

在社区建设"健康康复中心"，使得群众将体育健身、康复训练、娱乐休闲、卫生保健等活动融为一体，逐步完善适合群众体育健康的促进服务。体育设施的建设应当与社区卫生中心相结合，与老龄委等部门协同规划科学合理的"健身康复中心"，并统筹管理和组织健身中心的发展，通过多部门的合作与管理，充分发挥健身康复中心的功能，彰显出"中心"的最优化价值。

目前，我国的医疗卫生体制逐渐完善和改良，其中有一项措施就是加强对社区卫生服务的建设和管理，从而形成分级医疗、双向转诊的医疗体系。群众常见慢性疾病的康复必定成为社区卫生服务中心的重点服务内容，因此，联合社区卫生服务中心共同建设"健身康复中心"已发展成为当今建设体育中心服务的发展趋向。其功能不仅对群众的身体健康具有促进作用，还对慢性疾病的康复治疗提供了便利的锻炼环境，具有明显的促进效果，同时，也可以充分发挥资源共享、互助互利的原则，与社区卫生服务相结合，在社区体育建设中心设置群众健康评估、体检室、体育康复室等专业医疗部门，从而为群众进行科学的体育锻炼提供咨询与指导。

4. 充分开发体育设施的功能

若想更深一步发挥体育设施的功能，就需要在合理管理的基础上，进一步对群众常利用的健身路径、公园、社区、公共活动中心等场所的设施进行开发和改造，拓宽其建设范围，发挥其多元化功能，这是目前解决群众健身活动场地紧张的最佳方法。例如，经过实践调查发现，许多群众对社区健身器械的单一性训练内容感到枯燥，这在很大程度上消磨了群众的锻炼积极性，为了增添体育锻炼内容，可建设诸如乒乓球台等益智类设施。另外，针对晚上进行健身活动的群众，应增设适当的照明设施，从而为体育健康服务创造更优越的环境，这些措施在一定的锻炼空间中开拓了更大的利用空间。最后，还可以通过政府调控政策，鼓励更多的企、事业单位对外开放体育设施资源，为群众的体育健康服务提供便利。

为了进一步促进体育设施的开放程度，地方政府可以对所属公共体育设施服务的机构采取相应的"购买服务"措施，为群众提供补助与便利。政府部门可以根据体育设施服务机构所承担的开放类别、项目、数量和时间来准确衡量成本经费，并由政府部门予以补助，这不仅促进体育设施的开放，还提高了服务质量。总之，随着现代生活水平和经济的逐步提高，国家和相关政府部门应该高度重视全民健身服务，并为全民健身服务提供更大的扶持，保证体育健康促进设施的逐渐完善。

（二）全民健身服务体系的资金保障元素

充裕的资金是保障群众体育健康促进体系中的基础，关系到健康服务体系是否能正常运营。资金的保障特性是由现代经济社会所决定的，为了推广全民健身服务的发展，并充分利用社会的一切有利资源，就需要有充足的资金做基础，具体措施主要体现在以下两方面。

一般来说，群众体育资金的来源保障分为直接投资和间接投资两个渠道。直接投资是指直接经济投资，如财政拨款、社会集资，而间接投资是指没有资金的直流流动，是政府通过制定和实施各种优惠政策，从而鼓励和促进社会各界对群众的关心与支持，发展群众体育。

群众体育资金的直接来源主要分为政府财政拨款和社会集资两部分。

1. 直接投资

（1）政府体育投资

政府体育投资包括中央政府体育投资与地方政府体育投资，国家投资是群众体育发展资金最主要、最直接的来源。随着社会的发展，政府的体育投资在国家预算中的比重将越来越大，呈上升趋势。而且由于体育有扩大地区影响、促进社会生产、活跃人民文化生活、推动市政建设和文化教育事业发展的作用，因此，许多国家的地方政府乐于进行体育投资，在西方国家政府对大众体育的投入中，地方政府的投入远远超过中央政府。

从目前全国整体情况来看，我国用于开展群众体育方面的经费少，全国人均体育经费偏低，而且地方政府体育投资比例仍然处于较低水平，尤其是经济不发达地区体育经费匮乏问题尤其显著。另外，由于全国各地区经济、社会、文化发展不平衡，地区间体育的投入差距很大，经济发达省市地区的投入大大超过经济欠发达或贫困地区，东部地区多于西部地区。经济上的投入直接影响到一个地区体育运动的发展水平。经济发展好、市场开放程度较高的地区，地方政府资金投入较多，群众体育组织自我造血能力也较强，群众体育开展较广泛。相比经济落后地区，群众体育运动自然得不到重视。如此一来，地区间群众体育发展基础的差距会越来越明显，这将不利于我国体育运动发展。

（2）社会体育投资

在欧洲发达国家，社会私人体育投资一般都高于国家公共体育投资，有的甚至数倍高于后者，而在我国群众体育投资结构中，政府投资仍是群众体育投资的主体，社会投资所占比例较小，与国外的投资情况恰恰相反，这在某种程度上反映出我国群众体育存在资金来源单一的问题。在当前国家财力有限的情况下，如果我们仍沿袭过去"等、靠、要"的传统思想来开展群众体育是行不通的，因此我们必须拓宽渠道，广开财路，把国家拨款和社会集资有机结合起来，实现群众体育资金社会化、多元化。社会集资的主要途径包括居民消费、企业赞助、社会各界捐赠和资助、发行体育彩票、大力发展群众健身服务业、建立体育基金等。

2.间接投资

在体育经济政策的调整变化中，有另一个明显的趋势是世界许多国家对体育运动发展的经济支持从单一的财政拨款向"点金术"的角色过渡。政府所谓的"点金术"就是指对那些致力于推动和促进我国体育事业发展的社会力量（包括企事业单位、社会团体、个人等）实施经济优惠政策，如资金优惠、税收优惠、土地优惠、人才引进优惠等。政府提供各种优惠政策，调动和提高了社会力量对体育投资的积极性，从而拓宽了集资渠道，推动体育经费的来源渠道多元化发展。

（三）群众体育资金使用

国家体育总局、财政部、中国人民银行三部门联合发文规定，体育总局安排体育彩票公益金的60%用于落实《全民健身计划纲要》，40%用于弥补落实"奥运争光计划"，由此就有了后来人称六四开的体育经费分配计划。从近年体育资金投放比例看，健身计划在各级体育部门的体育经费中所占的比重在大幅度增加，用于"全民健身计划"的资金远远大于"奥运争光计划"，群众体育运动受到重视。群众体育资金的使用一般分为两个部分。

1.一般事业

包括负责群众体育运动的体育行政机关、各单项协会以及省市各单项协会人员工资、行政补助与事业费。

2.特定事业

1995年，国务院颁布实施了《全民健身计划纲要》，是在深化体育改革的实践中提出来的重大举措，旨在加强全民健身工作，提高中华民族整体素质。近几年我国群众体育，除去行政费用外，其余大部分资金都用于实施全民健身计划，各级群体部门切实把推行全民健身计划作为工作重点，保证全民健身计划的顺利实施，《全民健身计划纲要》中的第一、二期工程已经基本实现。资金的使用主要分为场地、组织、活动三个方面。

第一，建身边的场地。体育场地是群众进行体育健身活动的基本条件，近几年我国在改善群众健身活动条件方面做了大量工作，最直接的一个途径是建设"全民健身工程"。按项目种类、特色、人口和地区规模等大体分为四类：第一类是建设"全民健身路径"，包括以室外综合健身器材为主要内容的普通型"全民健身路径"和以运动项目为主体的专项型"全民健身路径"。第二类是建设"全民健身中心"，根据地域范围或人口数量可分为四个层次，即建居民小区级的"全民健身中心"、街道级的"全民健身中心"、市辖区级的"全民健身中心"和城市级的"全民健身广场""体育主题公园"等。第三类是建设"雪炭工程"。重点扶持西部地区、三峡库区、老少边穷地区、资源枯竭地区和大工业基地建设体育设施，推动这些地区体育事业的发展。第四类是建设"全民健身活动基地"。主要用于群众体育设施、西部雪炭工程（14个资源枯竭地区、经济不发达地区）的建设。

第二，抓身边的组织。体育组织是开展群众体育工作的保障，如何扩大和提高群众体育组织建设及其发展的规模和水平，是影响群众体育事业发展和构建群众健身服务体系的一个重要因素。群众工作中特别要加强遍布城乡、直接服务于群众的体育指导站点、晨晚练站点、社会体育指导员、群众体育组织（街道办事处）、群众体育俱乐部等组织的建设。

第三，搞身边的活动。开展群众性健身活动是深入实施《全民健身计划纲要》二期工程的具体措施。离开"活动"，体育工作就失去了生命力。选取开展的项目一般要符合几个基本条件：覆盖面广（在全国或大部分省区市开展）、参与人数多；已形成传统，定期开展，效果明显；有一定的群众基础，影响力大，起到了一定的示范作用；资金不足，采取社会资助的形式较困难。在开展群众健身活动方面重点搞好"四类活动"。第一类，搞好具有影响力、号召力、轰动效应的"品牌"活动。通过"品牌"活动，造声势、造影响，从而达到强化和提高群众的健身意识，动员和吸引群众参与健身活动的目的。第二类，搞好具有特色的活动，如湖南省以湘江一带为纽带，组织龙舟、划船等特色运动项目，此类活动目前主要由社会体育指导中心负责组织，市场培育较好，能够自给自足。第三类，搞好广场和公园健身活动。第四类，搞好民族民间传统健身活动。

（四）群众体育资金的分配

"一滴墨水滴在宣纸上，墨印以滴入点呈圆形状铺开，离中心处越远墨印越淡。"由于公共资源的有限性，政府公共投资就如同墨滴，不可能照顾社会的各个方面，如何合理地分配和使用有限的群众体育资源，最大限度地提高资金使用效益就成为关键的问题。

一般来讲，西方经济学中评价经济状态的标准有两个，一是公平，二是效率。而效率与公平之间通常存在着矛盾，讲公平就会降低效率，求效率就不能保证公平。平等和效率之间的冲突是我们最大的社会经济选择，它使我们在社会政策的众多方面遇到麻烦。公平对于群众体育来说，是保障全体群众能平等地享受体育运动的基本权力。但在我国经济发展初级阶段，就地区间经济发展不平衡的现状，讲究绝对公平是不现实的。因此，在效率与公平之间做权衡选择时，我们更多的是以分配合理化为原则，在相对平等的前提下追求较大的效率，或者在某一个既定公平目标的前提下，使效率上的损失最小。

在群众体育资源的分配与使用上，应该考虑到区域体育发展格局，从实际出发，梯度推进。鼓励经济发达地区率先进行群众体育现代化探索，抓住体育运动特色项目的有利时机，积极支持各地区和民族地区发展体育，同时给予贫困地区和弱势人群更多的资金扶持。而对于那些经济基础好的地区与组织，应更多给予政策支持，通过一些经济政策鼓励自我造血，自主推动群众体育运动发展。

第三节　全民健身服务运行体系构建途径

一、政策基础

（一）健全体育立法

加快推进《体育法》《关于加快推进公共健身服务体系建设的指导意见》等全民健身服务相关的法律法规的制定、修改与完善。将全民健身服务体系运行好的省市、地区、农村的有益经验及做法制成文件，方便其他地区参考，做到有据可查，有法可依。国际经验表明，我国当前时期既是"黄金机遇期"又是"矛盾凸显期"，是走向繁荣富强文明还是走向落后贫困动荡的分水岭。制定的政策法规要充分考虑各种容易诱发社会矛盾的不和谐因素，以建设新城市为动机，扩大全民健身服务的覆盖范围，提高全民健身服务水平。

（二）制定鼓励政策

全民健身服务是一个政府领导、部门组织、行业合作、社会参与的多元服务体系，近年来，由于各项情况复杂，政府的精力有限、能力有限，全民健身服务开展状况并不乐观。因此，应制定相应的鼓励政策，吸引社会、企业、个人参与到全民健身服务的整个流程中来，发挥各自功效，以提高全民健身服务质量。

（三）推进工程建设

目前，"体育健身工程""全民健身路径工程"和"雪炭工程"等体育工程建设陆续出台，应发挥多项工程联动作用，继续做好全民健身计划下一期工程的实施工作，改善和提升体育基础条件和服务能力。

二、明确政府职责

政府是全民健身服务的主体，这个主体并不单是全民健身服务供给主体，还是全民健身服务过程的责任主体。即融资、供给等均可为政府、企业、社会组织、个人等提供多个主体，政府作为责任主体主要承担整体统筹、政策扶持、任务分工等工作。因此，全民健身服务规划，要合理界定政府、市场、社会在全民健身服务供给中的功能与定位，明确政府的角色与职责，优化全民健身服务市场化、社会化的制度环境，形成全民健身服务的职责体系。确定哪些工作应由政府承担，哪些工作可以通过市场来完成，哪些由市场完成的工作政府应该给予鼓励、补贴或政策倾斜。

三、引进多元的投入

（一）体育设施投入

由于人口众多、分布较广且地域复杂，体育设施建设耗资较大，因此，该项投入仍考虑以政府投入为主体。首先，政府要把全民健身服务设施建设纳入经济社会总体发展规划，纳入工作部署，纳入公共财政支出预算。政府要优化财政支出结构，加大财政对全民健身服务的投入力度，不断提高全民健身服务支出占财政支出以及 GDP 的比例。其次，改革和完善财政转移支付制度，政府财力更多地向农村、落后地区和困难群体倾斜，加大力度推进基本全民健身服务均等化。最后，以制度化形式，使公共财政和体育彩票收入按一定比例进入公共服务建设过程。

（二）体育器材的投入

体育器材的投入应重点考虑体育器材生产企业，制定扶持体育公共事业发展的税收政策，吸引体育器材生产企业加入体育公共事业。同时，创造优惠条件吸引社会各方力量投资兴办公共体育实体、建设公共体育设施、提供公共健身服务。

（三）健身活动的投入

健身活动主要是大型健身活动、赛事的举办，政府可以实行招标制，委托中标的中介组织来承担。资金的投入，一方面考虑使用部分政府投入的全民健身服务专项经费，另一方面考虑吸引部分乡镇企业及成功人士的赞助。

（四）体育管理的投入

体育设施管理、健身活动组织管理、体育锻炼组织管理、体育健身指导、体质健康监测等管理工作，一方面运用政府投入的全民健身服务专项经费，另一方面应扩大城市全民健身服务的影响，吸引广大体育教师、医院医生自愿加入城市全民健身服务事业中来，无偿贡献他们的体育劳务。

四、建立供给标准

（一）建立以乡、镇为单位的最低全民健身服务标准

根据经济条件、社会发展的体育需求，制定经费保障、场地设施、健身活动、体育组织、健身服务、信息传播等基本全民健身服务的最低供给标准，并依据该标准供给体育公共服务。

（二）适时调整全民健身服务标准

根据各乡、镇、村经济条件的不同及形势的发展变化，适时调整全民健身服务标准，形成全民健身服务标准和居民体育需求的良性互动。供给的全民健身服务，有的地方可以高于全民健身服务最低标准，有的地方甚至可以执行与城市社区相同的标准，一切均视具体情况而定。

五、强化监督管理

全民健身应设置专门的监督机构，为建立科学的健身服务提供绩效评估体系，确保全民健身服务体系的可持续运营。监督全民健身服务管理部门后续的完善计划及其执行情况，周而复始，形成良性的考核、评估、反馈、监督机制。注重全民健身服务的产出和结果，提高全民健身服务的效率和质量，以促进全民健身服务水平的提高。并让居民参与到监督系统中来。通过问卷调查、会议调查、电话访谈、走访访问等途径，关注居民对全民健身服务供给的满意程度。

第四节 全民健身服务供给过程

一、全民健身服务的提供主体

全民健身服务的供给主体是提供全民健身服务劳务或全民健身服务产品的组织或实体。全民健身服务供给主体提供的服务是能够满足大众的各种体育需求，以及其相

互联系、相互影响的要素组成的有机整体，这些要素构成了全民健身服务体系建设的基本结构，它们相互联系、相互作用、相互依赖，共同影响着体育事业的发展。政府、企业、第三部门都可以成为全民健身服务的供给者。政府部门包括直接向社会公众提供服务的各种政府职能机构。而许多国家已有的公共服务实践表明，企业、第三部门的加入，能够对政府"不该管""管不了""管不好"的事进行有效弥补，能够在决策咨询、政策宣传、政策实施、矛盾疏导、表达民意等方面起桥梁纽带作用，能够灵活、高效、低成本地提供全民健身服务。根据国外全民健身服务经验和国内政府职能转移给社会组织已取得的实质进展和效果看，城市体育社会组织具有为广大市民提供公共健身服务的能力，是承接体育行政部门服务职能转移的载体及参与全民健身服务建设的重要力量。因此，城市社会体育组织是实现全民健身服务社会化，承接政府全民健身服务职能转移的理想对象，培养扶持其成为全民健身服务供给主体，是解决目前政府在全民健身服务中供给总量不足，以及主体单一的有效方法和必由之路。

二、全民健身服务的供给设施

全民健身服务进行规范和监管，随着居民体育消费需求结构的层次化，以及全民健身服务需求的多样化，我国传统的全民健身服务由政府通过财政税收和公共支出、向社会直接提供体育公共产品和服务的单一供给方式，已无法满足城市居民的全民健身服务需要，客观上要求全民健身服务供给主体、供给方式呈现多样化和动态化。因此，应不断拓宽全民健身服务供给设施的途径，如政府直接提供、政府生产、政府补贴或购买、私人提供等。

三、全民健身服务的供给环境

环境是影响生物机体生命、发展与生存的所有外部条件的总体。全民健身服务的供给环境即影响全民健身服务供给的所有外部条件的总和。全民健身服务供给环境是全民健身服务系统的重要影响因素，是全民健身服务良性运行的重要保障。全民健身服务的供给环境包括政治、经济、文化、法律、公民的需求变化、人口数量及质量、科学技术发展水平。不同的环境要素均会对全民健身服务供给产生一定的影响。

四、全民健身服务的供给客体

全民健身服务的供给客体即全民健身服务的对象为全体社会公民，是中国法律规定享有权利和承担义务的人。公民一方面应当具有公共精神和公共意识；另一方面应当既积极参与政治生活并承担相应的政治责任，在政治生活中既有主动的参与也有被动的服从。既然全民健身服务的供给客体为全体公民，那么全民健身服务供给过程要力求保证每位公民享有全民健身服务权利的均等性，没有性别、职业、年龄、区域等的差异，即无论是男是女、是老是少、是白领是蓝领、是城镇居民是农民、是健康者或是残疾人，都享有同样的享受全民健身服务的权利。但是由于我国还处于政治体制、经济体制改革阶段，全民健身服务均等化供给还没有建立起来，全民健身服务区域不均衡、阶层不均衡、城乡不均衡的现象是大量存在的。现阶段的任务应该落实于，使全民健身服务的供给客体因自身不同的全民健身服务需求，而得到相同程度的满足。

五、全民健身服务的供给评估及反馈

全民健身服务的供给评估及反馈是对全民健身服务的供给过程进行客观评价、客观反映、客观回馈，以不断完善全民健身服务供给的环节。了解全民健身服务供给是否满足公众的需要，为今后完善相关政策，推进全民健身服务良性供给具有积极的作用。全民健身服务的供给评估要对供给质量、供给效率、供给种类、供给的针对性、供给的便利性、供给的及时性做出客观评价，并将评估结果如实反映给相关部门，努力做到全民健身服务提供规范化、控制规范化、结果规范化。制度化、规范化的供给管理流程，能够最大限度地保证公民全民健身服务需求的满足，最大限度地保证公民基本权利的实施。

第四章　全民健身服务体系运行

第一节　城市社区健身服务体系

一、城市社区体育健身形成的社会背景

（一）城市经济体制改革

城市社区体育健身的兴起是社会体育发展适应城市经济体制改革的必然结果。在过去，制约社区体育健身发展的根本原因主要是城市多年来严重的"单位社会化"现象。1985 年，以转变企业经营机制为核心的城市经济体制改革，强化了单位的独立公共服务功能，随着人们体育需求的增长，人们对体育的需求也逐渐由单位转向社区。

（二）社区管理体系

随着人民生活水平的提高，社区管理和社区服务的质量与生活的关系日益密切，尽快建立与经济体制改革相适应的管理有序、服务完善的社区管理体制已是众望所归，为社区体育健身发展提供了适宜条件。

（三）社区老龄人口体育需求

平均寿命的增长加快了人口老龄化的速度。老年人不仅拥有大量的闲暇时间，而且又有对健康长寿和重建社会交往圈的愿望。体育活动正好是他们保持健康、延缓衰老、扩大社会交往、消除孤独与寂寞、善度闲暇的理想途径。老龄人口对体育的钟情，推动了社区体育健身的发展。

（四）体育社会化

随着经济体制改革和人们体育需求的增长，政府独自办体育已不能适应体育发展的需要，必须走体育社会化之路。社区体育健身既是社区建设的主要内容，也是体育社会化的产物。

二、城市社区健身服务的特点

社区体育健身是随着我国改革开放，在社会体育实践中涌现出来的一种新的体育观念。其最早由天津市河东区于 1989 年提出，当时是指以街道社区体协开展的各种体育文化活动,后来扩展为对所有区域性体育活动的统称。社区体育健身由五大要素构成。

社区体育健身组织负责确定目标,进行人、财、物和时间等资源的合理配置,建立社区体育健身内部要素之间,以及社区体育健身外环境的各种联系,从而构成统领社区的整合要素,对社区体育健身的发展起着主导作用。

体育场地设施、社区成员的共有余暇时间和必要的活动经费,是支持社区体育健身开展的必要条件,使社区体育健身在空间、时间和能源三个基本维度得到立足点,是社区体育健身的支撑要素。社区体育健身的这些构成要素相辅相成,组成了完整的社区体育健身系统。各要素的作用如下:

社区体育健身组织——主导要素。

社区成员——社区活动主体。

场地设施、经费——物资保证。

管理者、指导者——纽带。

社区体育健身活动——具体表现形式、直接目标。

城市社区体育健身的主要特点有:

（一）活动范围的区域性特点

无论是参与运动的构成、活动场地设施,还是管理、指导、经费筹措等,都是在社区所属的区域范围内进行。社区居民在其居住区,自由自在地开展有益于身心健康的体育活动,相互交流经验、交流情感,增进相互间的了解,增强社区的意识和归属感,形成良好的人际关系。

（二）活动时间的余暇性特点

即在自己可以自由支配的余暇时间里进行健身活动。在活动的时间上又体现出早、晚活动的特点。

（三）活动场地设施的有益性特点

主要是对社区资源进行充分的整合利用,以弥补社区体育健身活动场地设施的缺乏。如社区的广场、空地、绿化带、公园以及其他公共设施等,都是社区体育健身活动可以充分利用的资源,反映出社区体育健身活动场地设施的公益性特征。

（四）活动内容以传统体育为主的特点

参加体育锻炼的大多数群众主要选择的活动内容是散步、跑步、太极拳、武术、乒乓球、羽毛球、徒手健身操、持器械健身操等传统体育项目。为了满足更多居民的不同体育需求，一些休闲娱乐的健身项目和软化的竞技项目进入社区体育健身的活动之中，如网球、垂钓、郊外踏青、高尔夫球、软式排球等。

（五）参与主体的广泛性特点

参加社区体育健身活动的群众尽管年龄、性别、爱好、受教育程度、经济收入和身体状况各不相同，甚至存在巨大的差异，但这并不影响他们进行健身锻炼，每个人都可以从体育健身活动中寻找到适合自己的位置和活动内容。

（六）组织管理不规范、缺乏有效指导的特点

社区体育健身的管理者多为兼职的行政干部，部分人缺少从事体育活动开展的理论与实践经验。由于没有专业的体育管理者和体育健身锻炼的指导者，社区体育健身锻炼的参与者也就难以获得技术上的有效指导。而缺乏科学有效的帮助和指导，健身锻炼效果将会受到极大的影响，导致社区体育健身的发展受阻。

（七）价值取向具有健身性和娱乐性的特点

社区成员从事体育健身锻炼是满足自身对体育的要求，锻炼的目的呈现出多元性的特点，其中又以健身和娱乐为主，以增进自身的身心健康为主要目的。

三、社区健身服务

（一）社区健身服务的组织管理

1. 社区体育健身的组织领导体系

从一个具体的社区体育健身公共服务部门来看，它对本社区的体育行使着管理的职能，它是管理的主体；但对整个国家和社会的体育管理职能部门来说，它又是被管理者，是管理的客体。体育的管理包含了政府和社会对社区体育健身的管理，以及基层社区内部的体育管理两个层次。社区体育健身的组织领导体系包括领导体系、协调体系、操作体系三大组成部分，市、区、街道、居委会四个层次。各体系、各层次具有各自的职责，发挥着各自的作用。其中，街道社区体协是现阶段社区体育健身主要的组织管理机构，体育活动点和体育辅导站是主要的活动性组织。

2. 街道社区体协的组织结构

街道社区体协也称街道文体协会，这种组织形式是于 20 世纪 80 年代中期出现的，是目前主要的社区体育健身组织形式。街道社区体协以街道辖区为区域范围，以基层政府派出机构——街道办事处为依托，由辖区各单位和下属各居（家）委会参与组成，采用理事会制度，机构附设在街道文教科、文化站或社区服务中心。它是一种街道辖区内的体育联合体。街道社区体协下设人群、项目体育协会、晨晚练活动站和居委会体育小组等。

城市社区体育健身以街道社区体协为主，其他区域性体协为辅，组织结构基层化十分明显。社区体育健身在横向上突破了以往群众体育"以单位为主、以条为主"的管理体制，纵向上使群众体育深入了城市的基层，有利于形成"条块结合""以块为主"的管理体制。

（二）社区体育健身公共服务的基本环节和内容

社区体育健身的组织管理可以分为政府部门的宏观管理和基层社区内部的微观管理。

1. 政府部门的宏观管理

社区体育健身宏观管理涉及的政府部门比较多，有市区人民政府、体育部门、教育部门、民政部门、文化部门、城市规划部门等。

2. 街道基层社区内部的微观管理

街道办事处对辖区的社区体育健身具有领导、管理的职能，要设置社区体育健身公共服务部门，配备体育干部；建立街道项目体协、人群体协等体育组织网络；选拔、培养体育指导员，提高体育指导水平；建立社区体育健身工作管理制度和工作档案；在体育部门的指导下，组织社区经常开展体育健身活动和竞赛活动，满足居民的体育兴趣和需求。

（三）城市社区健身活动的开展

建立统一、平等和有效的体育公共服务体制，是我国行政管理体制改革与发展的一个战略目标。目前，我们必须思考和探索的侧重点要放在实现这一战略目标的步骤和策略上，这就是近期体育公共服务的制度建设和实践路径选择的主要任务，也应该是学界探讨的主要问题，体育促进服务的重点就是组织和开展适合健身的活动。

1. 宣传教育与科学健身指导相结合

目前的城市社区体育健身活动的参与者以退休居民居多，青少年参加者较少，中年人参加者则更少。退休后参加体育锻炼，一是有较多的余暇时间，二是受身体机能衰退和心理变化的影响，更加关注自身的身心健康。为了进一步改善体育健康水平，则需要进一步加强对体育锻炼的意义、作用和功能的宣传教育，通过各种形式的宣传、报道和培训来传播科学的体育知识与技能，形成体育健身的舆论导向，提高社区的体育意识，激发参与体育的动机，培养体育健身的兴趣，树立投资健康的新理念。同时要加强对城市社区健身活动开展科学指导。实际上，在体育健身活动中，许多居民由于未能获得科学有效的指导，没有学会和掌握正确的健身方法和技能，极大地影响了锻炼效果，甚至发生了不应有的伤害事故，严重挫伤了居民参加体育锻炼的热情和信心，导致他们从此远离体育运动。所以，在体育锻炼过程中，应重视和加强对参与者科学健身的帮助与指导，使所有的参与者都能学会和掌握科学体育的健身常识、技术和技能，能科学地进行体育锻炼，从而增进健康、增强体质，并从中获得运动的乐趣和健身的信心，提高体育健身的实际效果，进而更好地推动城市社区健身活动的健康发展。

2. 构建完善的体育社团

城市社区健身活动的健康发展除了加强宣传、教育、引导培养体育意识，强化体育健康观念，科学地进行组织、管理和指导以外，还必须由较为完善的体育社团给予强有力的支持和辅助。由于生活节奏的加快，生活水平的提高，加之运动不足和营养过剩，诸多"现代文明病"（如肥胖、高血压、糖尿病、恶性肿瘤、神经衰弱等）以及环境污染等给人类的健康造成了极大的危害，并有继续蔓延的趋势。为此人们也比以往任何时候都更加关注健康，对体育健身的需求日趋强烈，期望拥有健康，享受高品质的生活。因此，构建完善的社区体育健身社团是十分必要的。各种体育协会通过经常举办老年性质的体育活动，将有相同兴趣、爱好和特长的社区集合在一起，有利于将分散的体育活动组织起来，使体育锻炼更加科学、合理、有序，也有利于老年参与者之间相互交流锻炼的经验和心得体会，创造良好的体育锻炼的活动环境，养成锻炼身体的习惯，改善生活方式，提高生活质量；同时，有利于丰富的文化生活和社会交往，缩短人与人之间的距离，增进情感交流，促进社会的和谐。

3. 改善城市社区的体育设施

众所周知，体育设施是影响大众体育健身活动开展的关键因素之一。体育场地设施是从事体育锻炼的重要前提条件之一。随着全民健身活动的广泛开展，健康观念和健身意识的改变和提升，越来越多的居民开始关注健康、投资健康，对体育健身的需求日益高涨。这使得体育场地设施的供给显得更加滞后，已经成为严重影响和制约社区体育健身健康正常发展的关键原因。因此，改善城市社区的体育场地设施已成为当务之急。在现有条件下，本着以人为本、服务大众的理念，要逐步改善体育运动的条件，为大众提供参加体育锻炼必要的体育设施和健身服务。为此，除了依靠政府和有关部门兴建与扩建体育场馆、增加体育健身器械，各相关的职能部门还应积极主动地相互协调、联合起来，挖掘和开发现有体育场馆、健身器械的功能和利用率。同时要重视和加强对社区内的企业、机关、学校等单位所拥有的体育场地、体育设施科学合理有序的开放、使用和开发，以缓解大众体育场地设施的严重不足，最大限度地为社区提供可利用的体育锻炼场地和设施，尽可能地解决和满足社区就地就近参加体育锻炼活动的需求，从而加快推动社区健身活动的开展，使更多的社区积极参加体育锻炼，改善和丰富他们的生活方式，增进身心健康，达到提高生活质量的目的。

4. 城市社区健身活动的设计与组织

城市社区体育健身活动的参与主体是社区，包括不同性别、不同健康状况、不同体育基础、不同体育锻炼需求、不同文化程度、不同余暇、不同经济状况的群体，为了尽可能满足不同群体的体育需求，在设计与组织社区健身活动时要力求以人为本，与时俱进，服务、统筹兼顾各群体特征的需要。在设计与组织城市社区全民健身活动时应注意考虑以下几方面：

（1）立足社区，因地制宜开展体育活动

城市社区体育健身是某一特定区域内的老年体育活动，其目的是满足该区域内老年成员的体育需要。因此，在设计与组织时，必然是要立足于这个特定的区域，根据该特定区域内的体育需求、场地设施、经费等实际情况，因地制宜地确定体育锻炼的计划，有序、有针对性地开展体育活动。

（2）因人而异，一切从实际出发

城市社区体育健身活动的对象是某一个特定区域内的全体，其中还有残疾人参与。他们之间存在着不同的个体差异。同时，由于经济条件、文化层次、地域环境、家庭特点等方面的不同，他们的生理、心理特点都不一样，体育需求也各不相同。因此，在设计与组织城市社区健身活动时，一定要从本社区的特点出发，根据不同参与者的具体情况，一切从实际出发，因人而异地给予区别对待，选择适合他们的活动内容和活动形式，提高体育活动的质量，以满足不同老年参与者的体育需求。

（3）量力而行，注重科学性、实效性

社区体育健身组织还可以与社区其他非营利组织相互合作，开发和挖掘有利于健康服务的资源，共同推进社区健身服务进程，进而共享工作成果。在这个合作发展的过程中，体育公共服务与社区其他非营利体育组织建立起了紧密的联系，成为社区不可或缺的一分子。

开展城市社区健身活动是为提高老年群众的健康水平服务，要加强体育知识与健康知识的宣传，使锻炼者能充分认识到，体育锻炼不可能在短时间内就立见成效，不要急功近利、急于求成。只有循序渐进地坚持体育锻炼，才能取得理想的效果。在锻炼过程中要结合参与者的个体差异，对他们进行有针对性、科学合理的帮助和指导。活动应量力而行，要循序渐进地进行身体锻炼；有效地预防锻炼中伤害事故和疾病的发生，使锻炼者切实从中得到实惠，达到增强体质、提高锻炼效果的目的，让参与者更加积极主动、充满信心地从事体育锻炼，从而不断地提高他们的健康水平，进一步推动城市社区体育健身的健康发展。

四、城市社区体育健身的发展趋势

（一）以人为本、服务社区居民的理念进一步加强

社区体育健身的活动内容和形式将更加丰富多样。休闲体育、娱乐体育、康复体育、体育旅游等多种体育活动的开展，能更好地满足社区各种不同的体育需求，为他们参

与体育活动创造良好的条件，为其提供更多的体育服务，促使其身心健康水平得到有效的改善和提高，提高其生活能力、抵抗能力和适应能力，从而提高生活质量，促进社区的和谐发展。同时重视和发挥体育活动对调节心理、联络感情的作用。

（二）体育文化将会进一步被社区所接受，成为日常生活方式中不可或缺的重要组成部分

将加大对体育锻炼的健康投资，如参加各种体育培训、购买体育器材和装备、进行体育旅游等。体育锻炼将成为人们自觉的行为习惯，从而丰富和充实人们的业余文化生活，改变人们的生活方式，提高生活的质量；同时有助于抵制消极、落后和传统不良的习惯对人们的侵蚀，融洽人际关系，构建健康、平安、和谐的社会。

（三）组织管理和指导将走向科学化、专业化、系统化

专业的体育管理者和体育健身锻炼的指导者将替换非专业的体育管理者、指导者以及非专业的兼职者，使城市社区体育健身的管理工作和指导工作更加趋于完善，进入更加科学化、专业化和系统化的时代，为社区提供各种行之有效、科学务实的体育健身活动和体育健身的科学知识，并给予老年参与者科学而系统的健身锻炼的专业帮助和指导，帮助社区进行科学系统的体育健身锻炼，使他们能从中获得最为理想的健身效果。各种体育协会也将充分地发挥它们各自的积极作用，满足社区的不同体育兴趣和需求，进一步推动社区体育健身健康有序的发展。

（四）社区居民运动的体育环境将得到明显的改善和提高

人们可以在良好的体育环境中享受体育运动带来的愉悦，享受健身服务带来的舒适，满足自身的体育需求，实现各自不同的体育锻炼的目的，促进身心健康水平的良好发展。家庭体育健身将在城市社区体育健身发展中占据极为重要的地位。

第二节　农村社区健身服务体系

一、农村社区体育健身及其特点

农村体育，是指在县及县以下广大农村开展的，以农民为主要参加对象，以增强体质、丰富社会文化生活、促进社会主义物质文明与精神文明建设为主要目的的群众性体育活动。农村体育所涉及的内容包括农村社区体育健身、学校体育、小城镇体育，还有少部分竞技体育成分。农村体育是体育事业的一个重要组成部分，是农村物质文明建设和精神文明建设的一个重要方面。它既关系到广大农民群众的身心健康，又关系到农村经济发展、文化建设以及大量优秀体育后备人才的输送。发展农村体育在体

育事业发展中占有最大的人口基础和战略地位，其发展有利于整个中华民族体质的增强，有利于农村物质文明和精神文明的建设，有益于丰富农民的业余文化生活，形成科学、文明、健康、向上的生活方式，可提高人们生活的质量。党和国家历来都十分重视和关心农村体育的发展。目前，农村体育活动日益成为农民业余文化生活的重要内容，受到现代农民的欢迎。农村社区体育健身主要是指在人们共同生活的一定地域范围内（相当于村委会管辖地域的范围），以地域内的自然环境和体育设施为物质基础，以农民为主要参加对象，以满足日益富裕的农民对体育与健康的需求、增进身心健康、丰富文化生活、促进农村物质文明与精神文明建设和社会和谐发展为主要目的的群众性体育活动。农村社区体育健身是我国农村体育的重要组成部分。由于现阶段农村经济发展的不平衡以及农民的生产方式、生活方式的差异，农村社区体育健身呈现出一些较为明显的特点：

（一）体育活动内容的传统性

农村开展的体育活动多为民族传统体育项目，它们均带有浓厚的乡土气息，具有显著的文化传承特点。经过数千年的洗刷、融合、筛选、加工、提炼，许多优秀的体育项目一直流传发展至今，具有鲜明的民族传统特性，在传统节日里举办的具有民族特色的体育文化活动中都有所体现。如春节的龙灯、舞狮，端午节的龙舟竞渡，重阳节的登山活动以及赛马、叼羊、荡秋千、珍珠球、摔跤等众多项目，都带有明显的民族传统地域特色。

（二）参与活动主体的广泛性和体育活动开展的艰巨性

我国是一个有着悠久文化历史并且正在进行积极改革开放的农业大国。无论是社会的稳定，经济的发展，文化的繁荣，还是体育事业的蓬勃发展，都离不开农村和农民。他们的体育健身效果关系到中华民族整体素质是否得到提高，他们的体质状况与健康水平直接反映出国人的体质状况和健康水平，具有相当大的广泛性。但是由于我国农村幅员辽阔，地域分散，经济基础比较薄弱且发展不平衡，因此，许多农村社区既缺乏体育活动场所和体育器材，又缺乏相应的组织和指导，加之农村受文化教育程度的局限，广大农民（包括不少村干部）对体育健身尚缺乏正确的认识，体育意识极为淡漠，将农活等同于体育运动，普遍存在着"干了农活就不用运动"的观念。因此，要使广大农村的大多数农民自觉、科学、有组织、有序地开展体育健身活动，的确是一项十分艰巨的任务。

（三）体育活动的季节性和随意性

由于一年当中有农忙农闲之分，这就造成了农村社区体育健身活动会随着春耕农忙季节的变化而产生波动变化。在农忙季节，体育活动会较少开展，反之，在农闲季节或是在隆重的节日里，体育活动则开展得较为丰富。改革开放以来，特别是近几年，随着农村物质条件的好转和机械化设备的广泛运用、闲暇时间的增多，使得农村社区的体育需求发生了变化。农村体育活动的内容也更加丰富多彩了，参与者可以根据自身的具体情况，自行随意地选择自己喜爱的体育活动。其体育锻炼的形式丰富多样，因人而异，因地制宜。

二、农村社区体育健身的发展趋势

随着农村经济改革的持续发展，特别是随着农民生活水平的不断提高，以及小城镇建设发展的加快，拥有人数众多的农村社区体育健身将会有较大的发展空间。农村社区体育健身发展的趋势可能是：

（一）体育文化活动将成为农民家庭日常生活中不可或缺的内容

随着农村生产力水平的提高、农民物质生活水平的改善和提高，文化教育的普及、受教育程度的提升、体育意识和体育观念逐步增强和改变，体育活动将成为丰富文化生活、强身健体、发展经济的有效载体。体育文化活动会进一步被广大农民接受，成为家庭日常生活中重要的活动内容。它有利于农村社会主义物质文明和精神文明建设的双丰收，有助于扼制住赌博、封建迷信活动和其他不良风气的滋生，可有效改善广大农民的体质健康状况，提高生产力水平和生活质量，有利于构建和谐社会主义新农村。

（二）依托乡镇企业，健全农村社区体育健身协会

随着农村经济的发展和经济结构的转变，乡镇企业在农村经济中占有越来越重要的地位。乡镇企业、村办企业的工人人数不断增加，而这些企业又拥有相对较好的体育场地设施，通过组织和开展乡镇企业、村办企业的体育活动，来影响和带动更多的农民投身体育活动。同时，充分发挥乡镇企业、村办企业的带头作用，逐步健全农村社区体育健身协会，通过农村社区体育健身协会，广泛开展符合农村需求特点的、具有浓郁乡土气息和农民喜闻乐见的民族传统体育活动，要有针对性地引进流行时尚又经济实用的体育健身项目，为农村社区提供更加丰富多彩的体育活动和体育竞赛，推动农村社区体育健身活动的更好开展。

（三）有计划地加快农村体育场地设施的建设

要促进农村社区体育健身的发展，就必须为大力提供和创造必要的体育场地设施和健身服务，这是推动农村社区体育健身蓬勃发展的前提。各级政府和体育部门应逐步加大对农村体育的投入力度，有意识地增加和改善农村体育场地设施的建设，不断提高农村体育场地设施的建设规模和水平，改善农民进行体育锻炼的条件，尽可能地满足农民对体育锻炼日益增长的需求，充分调动他们参与体育活动的积极性，促进农村社区体育健身的健康发展。

（四）有组织、有计划地培养农村社区体育健身骨干

由于农村社区数量多且分散，以及需求多样化，单靠极少数的体育专职人员开展体育健身活动显然是不够的。为了更好地开展农村社区体育健身活动，就必须有组织、有计划地积极发展培训农村社区体育健身骨干和积极分子，成立体育锻炼的指导队伍，因地制宜地发挥他们在组织和开展农村社区体育健身活动中的重要作用，为体育活动提供科学的指导和有效的服务，提高体育健身锻炼的科学性、实效性，以确保农村社区体育健身活动能经常性地开展，从而提高农民的身心健康水平。

（五）农民的体育消费将有较大的提升空间

随着建设社会主义新农村步伐的加快，农村的物质生活水平得到极大的改善，农民的体育健身意识和观念得到改变。而农村社区体育健身组织的健全和体育活动物质条件的改善，为从事体育健身锻炼提供了有力的保障，参加体育锻炼成为其日常生活中重要的内容，对体育活动有较大的投资，体育消费也将逐步增加，以家庭为单位的体育活动也将蓬勃兴起，体育活动的内容和形式更加多样化，锻炼的目的也更加多元化，重视身心的愉悦和情感的交流，个人和家庭的生活质量将得到极大的提高。

三、农村社区体育健身活动的开展

（一）重视体育宣传与改善体育设施

随着改革开放的不断深入发展，拥有九亿人口的农民体育活动开展得好与坏，直接关系到民族体质和健康水平的发展趋势。发展农村社区体育健身在体育事业发展中具有举足轻重的战略意义和地位，其发展直接关系到中华民族的体质状况和健康水平。目前，虽然农村经济的发展和农民的生活水平得到了较大的提高、余暇时间增多，但是就全国而言，经济基础仍然较薄弱并且发展不平衡。不少农村社区体育运动器材短缺，而且缺乏相应的组织、指导和帮助。

由于农民受教育程度的限制，以及缺乏正确的体育健身观念，农民从改革中获得的更多闲暇时间并没有得到合理的利用和开发。因此，要用战略的眼光来认识对待农村社区体育健身的开展。同时充分重视对体育的宣传，利用多种形式，加大宣传力度，针对不同群体开展不同层次、不同形式的宣传咨询活动。如利用广播、板报、咨询、辅导站等各种形式进行体育宣传。增设农村体育健身指导橱窗，宣传体育健身知识与健身手段和方法，宣传健康第一、体育健身的理念，转变和提高体育健身的意识和观念，引导和鼓励农民合理利用闲暇时间进行体育活动，丰富他们的日常文化生活内容，改善生活方式，提高生活质量。

要加强和改善农村体育场地设施的多元化建设，依靠各级政府支持和投资，并组

织乡镇企业和社会各方的力量，有计划地改善和提高农村体育场地设施的建设规模和水平，为农民提供体育健身锻炼的物质条件，使其享受基本的健身服务，提高他们的参与积极性和参与程度，推进农村社区体育健身活动的健康发展，促进整个民族身体素质和健康水平的提高。

（二）重视体育社团的建设

农村社区体育健身社团是农村体育最基层的组织，它直接接触、联系广大的农民群众，组织开展体育活动。但目前农村社区体育健身社团建设严重滞后，许多乡镇、村至今仍然没有体育组织，也没有专职或兼职的体育干部，致使农村的社区体育健身未能得到有效的开展，不能更好地适应社会主义新农村的建设。农村体育长期实践的经验证明，建立健全完善的体育组织是搞好农民体育活动的基本保证，是开展健身活动的基础环节。长期以来农村社区体育健身活动难以开展，关键在于体育组织的严重缺失。所以，在开展农村社区体育健身活动时，要关注和重视其体育社团的建立、发展和完善，切合农村社区的特点和农村的体育兴趣、爱好、要求特点，成立不同的体育组织。通过体育组织（协会）经常举办老年性质的体育活动和体育竞赛，将分散的体育活动有效地组织起来，科学、合理、有序地指导群众进行体育锻炼，促进参与者之间的相互学习、相互交流，拉近人与人之间的距离，增进人们的感情交流，培养体育锻炼的意识，养成锻炼身体的习惯，有利于丰富他们的业余文化生活内容，改善他们的生活方式，提高他们的生活质量。

（三）结合农村社区特点，设计适宜的体育健身活动

1. 坚持与生产劳动和文化活动相结合

在组织农民参加体育活动时，既要坚持业余、自愿、小型、多样、因人而异、因地制宜、科学文明的原则，又要突出趣味性、健身性、娱乐性、社会性、民族性和科学性。同时还要注重选择和设计与生产劳动密切相连的活动项目，选择地方特色浓郁、民间传统突出的项目，以适应和满足农民的实际需要，从而调动农民参与体育健身活动的积极性，逐步转变体育观念，增进身心健康。

2. 大力倡导和推广适合农村社区特点、经济实用的健身项目

由于农村的经济发展水平滞后，体育锻炼的场地、器材设施有限，在设计体育健身项目时，要充分地考虑到这一现实特点，要结合农民的实际情况，大力倡导和推广适合农村社区特点、简单易行、经济实用、科学健康的体育项目，逐步形成具有本地区特色的体育活动品牌，吸引更多的老年群众加入到体育健身的活动中来。

3. 广泛开展喜闻乐见、丰富多彩的体育竞赛活动

要怀揣实事求是、科学务实的精神，设计出适合需求、具有农村社区特色、农民喜闻乐见的体育竞赛活动，力求体育竞赛活动常规化、制度化。

各体育社团要充分利用传统节假日和农闲季节，组织开展多种形式的体育表演活动，并形成制度，定时、定期举行体育表演，为农村社区参加体育健身活动创造条件和提供服务。通过竞赛和表演活动，宣传普及体育健身的科学知识，提高农村社区成员参加体育锻炼的热情和积极性。

各体育社团之间要相互配合、相互联系、统一规划，前后有序地组织开展体育竞赛活动或举行表演活动，使农村社区的体育竞赛活动保持经常性、不间断性，随时随处有体育竞赛活动，营造良好的体育健身氛围，丰富农村社区居民的文化生活内容，抵御不良生活习惯的形成，改善他们的生活方式，提高其生活质量，构建和谐健康的社会主义新农村。

第三节　家庭健身服务体系

一、家庭概述

家庭是一种最普遍的社会生活组织。鉴于家庭在社会生活中的重要地位和在社会运行中的重要作用，我们应该将视野投向作为社会体育重要组成部分的家庭体育健身。而认识家庭在生活中的作用，又是研究家庭体育健身的基本前提。

从家庭关系看，家庭是一个最亲密的社会群体。家庭关系包括夫妻关系、亲子关系、子孙关系。由于家庭成员之间存在着血缘上的联系，朝夕相处，感情交流深厚，不可分离，从而形成一种最亲密的关系。

从家庭成员间的互动和履行家庭义务看，自觉性起着很重要的作用。家庭成员间的权利、义务及规范并不非常严格，而且也没有规章制度等正式社会控制手段，但群体成员却能很好地处理相互之间的关系，这主要是由于家庭成员间的互动和履行家庭义务带有强烈的感情色彩，风俗习惯、伦理道德等非正式社会控制手段发挥着重要的作用。社会组织中那种照章办事，某些事只是某人的职责，其他人袖手旁观的现象在家庭中是不存在的。个人对家庭的责任心要更加强烈和自觉。因此，家庭成员间的权利、义务持久稳定，不需要监督。

家庭作为社会的窗口，其规模结构、功能、角色家庭关系与家庭生活等方面的变化以及家庭问题的产生，都是社会变迁的结果，是社会政治、经济、文化、法律、道德和风俗习惯的反映。

现代家庭的规模日益小型化、核心化，大家庭的比重日趋减少，小家庭的比重不断增多，家庭功能也逐渐发生变化。尽管家庭人口生育和抚育下一代的功能作为家庭的本质功能仍在延续，但家庭作为一个生产单位的功能在城市中已基本消失。与此同时，家庭作为一个消费单位的功能却得以强化，特别是现代社会老龄人口总量不断增加，使家庭的健身娱乐功能日益重要。

家庭关系是由夫妻权利结构、个性异向、性别地位与作用、家庭成员间的代际差异、交流与交换情况、相关的人与事等因素形成的，在目前社会经济体制转型期内，性别平等、经济独立和民主意识等正日益渗入家庭，使之与传统的家庭伦理产生差异和冲突、形成当前家庭内人际关系互动的显著特征。此外，随着社会的变化，离婚问题、代沟及养老等家庭问题也日渐突出。

所谓家庭体育健身，是指以家庭成员作为活动主体，为满足家庭成员自身的体育需求，以两人或两人以上的家庭成员为单位而进行的体育活动。此定义是以家庭的血缘关系或收养关系为前提的，并不介意体育活动的地点是否在家庭内。

二、家庭体育健身概述

（一）家庭体育健身特点

1. 人际关系的紧密性

家庭体育健身既然是以家庭为单位进行的体育活动，它的最基本特征便是成员关系的紧密性。因为任何一个单独的家庭成员在和无血缘关系、婚姻关系或收养关系的家庭外成员一起进行的体育活动，均不能构成家庭体育健身。

2. 自娱自乐性

满足自己和家人的精神需要，是当代人自我价值观念更新的一个标志，也是家庭体育健身的一个特征。家庭体育健身与竞技体育和学校体育不同，竞技体育和学校体育是参加者置身于一定的范畴，为特定的社会目的（或为争荣誉、为完成某项任务）而从事的体育活动。而家庭体育健身则是家人在劳动、工作、学习之余，为了与家人团聚、松弛精神、消除疲劳、增进健康、融洽关系、消遣娱乐、治疗疾病、增进感情等而进行的体育活动，自娱自乐性很强。

3. 生活化

家庭体育健身，一般是家庭成员在完成了职业劳动，即工作、学习之后进行的家庭生活活动。家庭体育健身的这种生活性，反映了家庭体育健身是家庭物质生活与精神生活的一种补充。

4. 差异性

由于各个家庭的文化背景、经济收入水平、成员的兴趣爱好等存在着差异，所以在家庭体育健身活动的频率、内容和空间选择上，在活动的组织形式和动机上，甚至在消费水平上也是千差万别的。

（二）家庭体育健身的功能

1. 凝聚功能

家庭成员经常共同参加体育活动，可以促进成员间的相互交流，有利于消除代际隔阂，融洽关系，增进感情。有利于在互相尊重的基础上，促进家庭的和谐、平等与民主，从而通过家庭凝聚力的提高促进家庭的稳定和社会的稳定。

2. 社会化功能

人们对体育的态度和行为并不是与生俱来的，而是社会化的结果。有学者在经过实证研究后指出，"进入某种特殊活动（体育）的社会化，是角色志愿者通过社会体系内重要他者的影响而成为（体育）角色学习者的过程"这一理论观点，在中国的国情条件下同样适用。❶ 因此，家庭作为社会化的机构，它所展开的体育活动对下一代认识体育、参与体育具有重要的社会化作用。

3. 健身功能

家庭体育健身通过一定负荷的身体活动，有助于强身健体、预防疾病、增进健康。

4. 休闲娱乐功能

家庭体育健身作为消遣娱乐的一种手段，可以获得轻松的气氛、与亲人团聚的欢乐、感情的交流、体力的恢复和情绪的调解，进而满足人们这种心理上和精神上的需要，因此它具有休闲娱乐的功能。

（三）家庭体育健身的内容

不同的地理位置与气候特征，对家庭体育健身的内容选择上具有较大影响，针对气候适宜的特点，可以参加的体育项目也比较广泛，同时也可以从内容的选择方面反映出一个地区的经济发展水平与生活现状。通过对家庭体育健身内容的构成与选择调查分析，家庭体育健身包含的体育项目比较全面，首要选择的是田径类运动与健身类项目。

（四）家庭体育健身的空间场所

体育活动的空间有自然空间和人造空间之分，山川和江河湖海属于自然活动空间，而家庭内和体育场馆设施以及公园、广场等则属于人造空间的范畴。自然空间虽然广阔，但一般远离城市，不利于经常性的家庭体育健身活动。所以人们更多的是在人造空间内进行家庭体育健身活动。实地调查显示，在房前屋后和公园广场进行家庭体育健身活动的家庭占被调查者的大多数，与在公共体育场馆设施、商业设施、单位体育设施、学校体育设施和自然空间内进行体育活动占被调查者少数的情况形成了鲜明的反差。

---

❶　曾及恩，张嵘 . 体育与社会化关系研究 [J]. 田径，2018，（第 11 期）：52-53.

（五）发展家庭体育健身的目的

综合目前所掌握的有关家庭体育健身目的的资料选择数量的多少做如下排序：

第一，增进健康。

第二，消遣娱乐。

第三，松弛精神。

第四，融洽关系。

第五，治疗疾病。

选择增进健康的，多是以中老年为主体的家庭；选择消遣娱乐的，多是以青年人为主体的家庭；选择松弛精神和融洽关系（或社会交往）的，多是城市白领阶层和专业技术人员。我们可从中发现，经济发达地区竞争的激烈和繁重工作任务的压力，减少了人们与家人在一起的交流时间，因此，选择与家人在一起进行体育活动，不失为与家人团聚的好办法。

三、我国家庭体育健身的发展趋势与对策

（一）我国家庭体育健身的发展趋势

在我国，家庭体育健身是在改革开放以后逐渐兴起的。我国家庭体育健身的发展趋势主要表现在如下几方面：

①家庭体育健身将会进一步兴起，活动频率将逐渐提高。家庭体育健身活动成为健康生活方式的新潮流，越来越多的家庭会将家庭体育健身作为自己文化生活的一项重要内容，通过体育活动来强化家庭成员之间的亲情关系。

②家庭结构的进一步变化，将使核心家庭占绝大多数，届时，以核心家庭成员为主体的家庭体育健身活动将进一步占据主导地位。

③各种家庭体育健身竞赛活动和家庭体育健身娱乐活动将更加受到人们的青睐。

④家庭体育健身活动的目的和对活动内容的选择，将会继续朝着多元化的方向发展。

⑤在家庭体育健身发展过程中，家庭体育健身与社区体育健身的结合将更加紧密，家庭体育成为社区体育健身的重要组成部分。

⑥家庭体育健身存在的地域性差异和城乡差异将会逐渐缩小。

⑦中国城市家庭网的出现与发展将会使家庭体育健身呈现出网络化活动的趋势。

今后，家庭体育健身作为一个特定社会群体的体育活动，它的兴起与发展既要受到以经济发展水平为主的社会大环境的影响，也要受到以群众体育发展水平为主的体育环境和社区发展环境的影响，同时还要受到以家庭经济收入为主的家庭内环境的影响。因此，家庭体育健身的兴起与发展不可能是突发式的，而是一个渐进的过程。

（二）我国家庭体育健身的发展对策

1. 国家层面

家庭体育健身是社会体育的基础，其发展程度如何，对我国体育发展有着重大影响。以下是从国家、社区、家庭等层面提出发展家庭体育健身的对策建议：

①国家应加强家庭政策的研究，从家庭对社会发展的意义出发，确定家庭政策在国家总体政策中的位置，制定出更多适合国情的家庭政策。

②政府应充分发挥媒体的宣传作用，倡导家庭体育健身。引导家庭体育健身朝正确的方向发展。

③要把发展家庭体育健身作为落实全民健身计划、发展群众体育的一项重要内容纳入体育发展规划，有计划地开展形式多样、内容丰富的家庭体育健身竞赛活动和家庭体育健身娱乐活动，促进家庭体育健身的普及与发展。

④借鉴发达国家的经验，在我国设"家庭体育健身月"或"家庭体育健身节"，进一步推动家庭体育健身的开展。

⑤要进一步发展体育产业，大力开发体育健身娱乐市场，为家庭体育健身活动创造更多更好的活动场所。

⑥加强对家庭体育健身的科学研究和指导，为家庭体育健身活动提供更多帮助。

2. 社会层面

①将家庭体育健身与文明家庭、文明社区建设有机结合起来，促进家庭体育健身的开展。

②改革传统的社区服务模式，由依靠政府来办转向依靠社会来办，不断开拓新的社区健身服务领域，建立和完善社区福利和服务措施，为社区家庭提供多层次、多功能、多形式的健身服务。

3. 家庭层面

①确立科学、文明、健康的生活方式和家庭体育健身文化。

②将家庭体育健身作为家庭成员间互动的载体，以及提高生活质量的手段。

③将家庭体育健身作为对下一代的体育教育，注意培养他们的体育兴趣和习惯，形成良好的体育生活方式。

第五章　全民健身管理

第一节　全民健身管理的含义

一、全民健身管理的概念

随着经济和社会的全面发展，我国城乡居民的生活方式正在发生着深刻而急剧的变革，生活方式的转变为全民健身的发展创造了良好的社会环境，同时产生了新的社会问题，对全民健身提出了新的要求。在这种环境下，加强对全民健身的管理，促进全民健身的健康、快速、协调发展就成为一项必须要研究的重要问题。在我国，全民健身管理不仅是政府的责任，也是各级各类机关、企业、事业单位的责任。不仅是各级工会、共青团、妇联等人民团体的责任，也是各级各类体育社会团体的责任。

所谓全民健身管理是指全民健身组织中的管理者通过一定方式整合资源，实现全民健身目标的活动过程。把握这一概念需要注意以下几点：

全民健身管理的"载体"是"组织"，组织是完成管理活动的工具，是管理活动的实体。管理总是存在于一定的组织之中。我国全民健身的组织不仅包括各种政府行政部门的专门、非专门组织，还包括各种非政府部门的全民健身组织。

全民健身组织中的管理者指在全民健身活动中起支配作用的个体或集体。

任何社会活动目标均须通过一定方式来实现。全民健身管理方式是为实现全民健身管理目标而采用的方法、手段、工具、步骤、途径，以及知识、技能的统称。全民健身管理的基本方式包括计划、组织、控制等。管理职能包括各种行政的、经济的、法律的及宣传的方式手段。

资源是管理的对象，是管理实践得以运行的基础。全民健身发展所需要的资源包括人、财、物、时间、信息等。

整合是对全民健身资源的培育、开发、配置、利用等方面进行的调节、控制、组合等活动，通过对资源的有效整合，资源的价值才能得以发挥，并最终促使全民健身组织目标的实现。

目标是管理活动的出发点和最终归宿。管理活动的目标是分层次的，制定不同层次的管理目标是为了实现组织的最终目标。

二、全民健身管理的目标

目标是一个组织通过决策和行动争取达到的理想目的，以及验证其决策行动同其理想目的相符程度的衡量指标。作为任何一项具体的全民健身管理活动或工作一定有一个欲达成的具体目标，而管理活动的具体达成目标又一定是组织总体目标规定下的产物。组织既定目标是其存续目的性的一个阶段性的表现，而任何体育组织的管理目标就是要实现组织既定的目标，组织既定目标可以被分解成各类管理活动的具体目标，这些具体管理目标的逐步实现将最终帮助实现组织的既定目标。

我国全民健身存续的目的在于通过增强人的健康水平，减少疾病发生率，提高工作效率，增加经济效益，促进社会经济的发展。因此，各种全民健身组织的既定目标应该是提高社会成员的体质和健康水平，满足人们实现其既定目标。为实现这一管理目标，还需要一系列的管理工作子目标，如发展体育人口、开展国民体质监测、进行全民健身宣传、培训全民健身干部、筹措全民健身经费等。

三、全民健身管理的任务

任务是目标的具体化。当前，我国全民健身管理的基本任务是：

（一）增加参与健身的人口

改善与提高人们的健康水平是我国全民健身的根本目标，而将这一目标落实到全民健身管理工作中，则需要广泛开展形式多样、健康文明的全民健身活动，动员更多的人参与全民健身活动。所谓使更多的人参与，一是要使正在参与的人坚持下去；二是要使中断参与的人重新参与；三是使未尚参与的人尽快参与。

（二）改善全民健身的环境

为了使更多的人参与体育健身活动，不仅需要营造一定的舆论氛围，还需要提供一定的物质保障条件。要通过各种宣传活动，引导激励人们崇尚体育健身、参与体育健身、弘扬科学精神，使全民健身成为社会的普遍共识；要为人们参与健身活动创造更好的条件，不断建设和完善体育设施、体育组织、指导者队伍和法规制度等组成的多元化体育服务体系，以支持、吸引、动员更多的人参与全民健身活动。这不仅是各级政府的责任，也是有条件的社会组织和个人的共同责任。

（三）刺激健身与健康投资

健康是人们生存、享受与发展的基础和资本，向体质与健康投资，进行体能与健康储备，与知识储备与能力储备一样重要。进行体质与健康消费，就如人们进行教育消费一样，应当成为人们日常消费的一部分。全民健身工作应当在开展群众性体育活动中引导人们进行体育投资和体育消费，并不断致力于繁荣发展全民健身产业，使人们的不同体育需求能较好地得以满足。

四、全民健身管理的特点

全民健身管理的特点，来源于它的管理对象，即全民健身本身的特点。就整体来说，全民健身是一项涵盖面极为广泛、层次极其丰富的大众社会文化形式。它具有若干有别于其他体育部门，如学校体育和竞技体育的本质特点，表现为参与人员构成复杂，参与动机千差万别，内容形式丰富多彩，活动范围地域辽阔，以及参与活动自觉自愿等。随着我国发展市场经济步伐的加快、改革开放的深入开展，全民健身出现了消费化、市场化等时代特点。由于全民健身的本质特点和时代特点，使全民健身管理具备相应的如下特点：

（一）对象的广泛性与管理目标的多样性

全民健身是一种个体活动。全民健身不是属于哪一个特殊的人群，为特定人群服务的，而是全体国民都可以参加的活动。全民健身对象不受人的性别、年龄、运动能力与天赋等自然属性和居住的地域、从事的职业、社会地位、宗教信仰等社会属性的限制，所有人均可享受社会提供给公民的身体运动的机会和环境条件，相对于社会个体而言，全民健身可以贯穿于每个人的一生，在生命历程的任何一个时期和阶段都可以以不同的方式与全民健身保持着联系，因此，全民健身的对象是极其广泛的。

全民健身是一种社会活动。全民健身的参与者与管理者对于健身功能的需求，都可能形成专门的管理目标。

新时期全民健身的实践研究计划，以满足人们不同的体育需求。对健身活动的内容和方法也不宜强求一致。根据人们的不同需求和余暇时间的不同，开展方式和时间可以灵活制订。例如，在经济发达地区，全民健身管理者可以注重于吸引人民积极参与体育消费，鼓励全民健身产业的发展，从而促进全民健身的开展。而在经济落后地区，全民健身管理者则必须设法创造起码的条件，以维持全民健身的正常运行。因而，如何确定管理目标和制订合理的计划，是全民健身管理成败的关键。

（二）对象的多样性与管理系统的复杂性

全民健身的对象十分广泛，包括所有的社会成员（除学校教育活动中学生和军队军事活动中的官兵外），这些社会成员由于居住的地域不同，所处的社会阶层不同，以及年龄、性别、职业、爱好、身体健康状况等方面的差异，他们对体育的认识、对体育的需求、对体育的实际参与会呈现出多样性特征。全民健身对象的广泛性决定了其多样性。若以年龄进行划分，可将全民健身对象分为儿童、青少年、成年和老年人；若以性别为划分特征，可将全民健身对象分为男性和女性；若以健康程度为划分标准，又可将分为一般人和残疾人。由于每类人群都具有各自的特征（包括生理、心理等方面），因此，必须从不同侧面和角度把握全民健身对象的特殊性，进而据此探索出适用于每一类群对象的全民健身内容、组织方式、运动方法与指导方法，有针对性地对每一类群对象施行影响，从而确保全民健身目的、任务的具体实现。

全民健身管理系统是整个国家全民健身管理系统的一部分。其他的部分，如学校全民健身管理系统，通常具有明确的管理者——教育管理机构和学校；明确的被管理者——学生；以及明确的组织和工作范围。而全民健身管理系统则较为复杂。它的管理者，有专门的政府全民健身管理部门，也有形形色色的社会上的全民健身管理组织；有各行业各单位的全民健身管理部门，也有分散于社会各界的全民健身指导队。它的被管理者也有更大的差异性，分布于从农村到城市的广大地区，从事不同的职业，享有不同的社会地位和经济地位，具有不同的参与体育的目的。

这种复杂的管理者和被管理者组成全民健身的复杂管理系统，使得全民健身管理成为一项极其困难，同时又极其富有挑战性的工作。

（三）对象的自主性与管理系统的服务性

全民健身的对象是人，是各类有不同的物质需要和精神需要的，并能够不断发展的人。这些人（尤其是成年人）具备自身发展的动机和能力，在全民健身过程中，全民健身的对象所处的地位具有全民健身客体与全民健身主体的双重性，全民健身工作者受国家政府的委托，担负着实施全民健身的任务，是全民健身的组织者和管理者，他们要运用一定的科学知识与原理向全民健身对象施加影响，使之达到社会所期望的目的。从这个意义上讲，全民健身工作者是全民健身实践活动的组织者，在全民健身过程中起主导作用。而全民健身对象则是接受全民健身影响的人，即受影响者，在全民健身过程中处于被动的客体地位。但是，从全民健身的性质和对象的角度上分析，全民健身对象不是容器，无法任凭人们向他们的头脑中注入各种信息，人们对全民健身的影响具有选择权利，其活动具有自主性、自律性特点。而不同学校体育对象具有强制性、制度性。全民健身活动需要全民健身对象主动、积极地接受影响，需要和全民健身工作者相互配合、共同努力，以解决全民健身对象体育知识由不知到知；由知之甚少到知之较多；由旧知识到知识更新；运动能力由低水平到高水平；身体状况由亚健康到健康；身心发展由自然状态到有目的、有计划地朝着社会所期望的方向发展等一系列矛盾。全民健身事业要解决的这些矛盾，若没有全民健身对象积极、主动的参与，发挥能动性作用，全民健身目的、任务的实现就将成为无本之木。因此，全民健身对象既是全民健身的受影响者，又是全民健身的主体，全民健身工作者必须引导他们充分认识到自身的目标，培养和形成社会成员形成自我运动的意识和能力，激发其主动精神，尊重其独立性，强化其主体地位，从而实现主动地促进主体自身的发展。

虽然国家政府部门为全民健身活动提出了一些计划要求，但这不是主要的，主要的是进行大量的宣传、教育和引导工作。这是因为全民健身活动一般是利用业余时间进行，强调群众自愿参加，不能强迫命令，特别是不少人缺乏对体育的深入认识，对体育的功能了解不够，因此对体育锻炼积极性不高，缺乏热情，因此必须进行宣传教育。

（四）活动的社会性与管理系统的灵活性

全民健身对象是各类人，人的本质就是社会关系。全民健身对象极其广泛，有校外的青少年、有妇女儿童、有成年人也有老年人、有健康人也有残疾者，他们不仅以个体的形式与全民健身形成某种联系，而且以群体的方式参与全民健身过程。由于职业、地域、性别、年龄、爱好等多种原因形成的群体也是多种多样的，良好的群体作为一种影响源自发地对它的成员产生作用，成为一种强大的影响力而同化他人，对个体可以起到"社会助长作用"，促进个体运动效率的增量或增质。因此，全民健身的对象既包括个体，也包括群体。全民健身过程中必须充分重视群体对象的扶持、引导与培养，充分发挥群体的助长作用。对全民健身的管理必须采取灵活的方式方法，进行分散管理，对大众化的体育项目和针对特殊群体的特殊需要重点突出管理，对一些先进的全民健身团体进行培养和扶植。

第二节　全民健身管理的原则

一、整分合原则

全民健身管理目标的多样性，使得管理者难以准确地确定目标，而应用整分合原则，可以使复杂多样的目标条理化、系统化，构成科学的目标体系。就全民健身的管理目标而言，整分合原则包含三项内容：

（一）对系统的总体目标进行总体的本质把握

这是构筑目标体系的基础，是整个目标体系的纲领。全民健身根本目标就是增强人民体质，提高全民素质和生活质量。

（二）将总体目标科学地分解为一个个分目标

组织系统的角度，可以把组织的总体目标分解为下属各个单位的目标。例如，可把一个省的目标分解后分配到各个市，成为各市的目标；从管理要素的角度，可以把总体目标分解为人事目标、财务目标和物质配置目标。

（三）进行总体组织综合，实现系统的总体目标

分工不是管理活动的终结，而是管理活动的细化和继续。分工后的各个环节，可能在时间、空间、数量和质量等方面脱节。因而需要严密的组织，有力的协调，实现科学有效的综合。

这样一个总体—分解—综合的过程，反映了整分合原则的主要含义。在贯彻执行整分合原则时，还要注意两个要点：其一，分解是管理目标的分解，而不是管理职能和职权的分解。任何一个承担任务的组织或个人，必须对所承担的工作具有计划、组织、控制等全面职能。其二，承担任务的组织或个人，应享有必需的人、财、物上的自主权，实现责、权、利的一致。

二、区别性原则

由于全民健身管理系统存在着复杂性，因此，社会环境的差异、参与人员的差异以及活动内容的差异，都会对全民健身产生巨大的影响。因此，要注意针对不同的情况，采取不同的管理办法。但是总体上需要注意以下几个方面：

（一）注意社会环境条件的区别

我国是一个正在迅速发展、迅速变革的国家。发展和变革不可避免地导致了社会环境的不平衡。在一些沿海地区已经接近中等发达国家的同时，一些内陆省份还未能彻底解决温饱问题，这就造成了全民健身管理环境的千差万别和管理因素的错综复杂。因此，在全民健身管理中，必须贯彻区别性原则。

（二）注意活动内容和形式的区别

由于参与全民健身活动的人们有着千差万别的体育需求，全民健身的内容也是各种各样的。一般来说，全民健身的活动应当是小型的、多样化的，以便适应不同群体的需要，使全民健身活动能为多数人所接受，并长期地坚持下去。目前健身、健美、娱乐等体育形式已经为人们所接受，并呈现出良好的发展势头。

（三）参与人员的区别

如前所述，全民健身参与人员的构成极为复杂。对于不同年龄、性别、职业，不同文化和社会背景以及参与体育活动的不同动机等要有所区别。

三、合作性原则

全民健身具有边界模糊的特点，使它既迫切需要和社会各界密切配合，又易于和其他社会系统发生矛盾。在这样的条件下，全民健身的管理必须遵循合作性的原则，即由负责体育的部门和其他部门合作、协调，这样才有可能处理好全民健身中的各种关系，才能充分利用社会有限的体育资源。

由于全民健身是由各个不同的社会系统共同参与组织管理的，不同的社会部门往往从自己本部门或本系统的立场出发，代表着不同的利益需求。因此，必须强调各部门对全民健身的社会整体利益的认识，明确全民健身的总目标，在实现社会总目标的同时，尽可能地照顾到各社会部门自己的分目标和局部利益。

在市场经济条件下，社会合作不能只讲义务，还得讲利益，也就是从互利的角度探索合作的具体形式，加强社会各系统在全民健身中的联系。找到不同的社会部门与全民健身利益的结合点，使对全民健身的投入与实现各组织目标之间具有一致性。

四、社会化原则

社会化原则，是指动员和团结各部门、各行业、各社会团体共同抓好全民健身工作，使全民健身活动进入家庭，深入社会。

贯彻社会化原则应注意做到以下几点：

①提高对体育社会化的认识。

②体育系统要尊重其他各部门的意见，处理好相互之间的关系。善于团结他们一起抓好全民健身工作。

③改革体育体制，突破纵向，打开横向，调动各种社会力量的积极性，促进全民健身社会化。

五、激发性原则

激发性原则，是指采用各种形式与手段，激发人们自觉积极地经常地参加体育活动。全民健身活动是广大群众自觉自愿参加的一种有目的有意识的社会行为。开展全民健身活动，关键在于群众的积极性，而群众的这种积极性，不是靠行政手段强迫命令逼出来的，而是靠宣传、教育、启发、诱导等多种形式激发出来的。

贯彻激发性原则，应注意：

（一）激发参加体育活动的动机

使"让我参与"变成"我要参与"，大大激发参加者的主动性。使人们自觉锻炼身体，而不是靠强制性来参加全民健身活动。在激发参与全民健身活动的同时要注意提高锻炼参与者的自信心，使他们意识到自己有能力参与并且会做得很好。

（二）激发学习先进的热情

这也是激发性原则的一种方式，即榜样激发，通过树立样板、典型示范等方式提供人们学习的榜样，运用榜样的力量激励人们积极地参与体育活动，并在活动中取得良好的效果。

（三）激发竞争的意志

这是一种很重要的激发性方式，虽然全民健身本质上不是以竞技成绩为目标的体育，但是通过引入各种形式的竞争，可以满足人们好胜心与高成就的愿望，从而提高人们的参与兴趣。在实行竞争激发时，可以组织各种有趣味的竞赛，也可以进行各种内容的评比。

六、可行性原则

可行性原则，是指全民健身的组织、内容、形式及开展全民健身活动的计划、方案、措施等，必须从实际出发，做到切实可行。

贯彻可行性原则，应注意：

①从我国经济实际出发，利用有限的人力、物力、财力多办事。

②从我国人民身体实际出发，选择全民健身活动内容。

③从我国民族习惯出发，形成我国全民健身的特点。

七、多样性原则

多样性原则，是指为了照顾各类人员的需要、地域的差异、季节的变化，采取各种各样的活动内容、组织形式和竞赛方式，使得全民健身活动得以持久、生动地开展。全民健身活动的多样性主要表现在：

①活动内容的多样性。

②组织形式的多样性。

③竞赛方式的多样性。

第三节　全民健身管理的方法

一、行政方法

行政方法是指按照一定的职权范围，下达指令直接指挥管理对象的方法。在实行行政方法时，下达指令的方式包括命令、指令、条例、规定、通知和指令性计划等。行政方法虽实行强制，但不等于专制。应用行政方法要有一定的条件，即指令的目标性、科学性和权威性。目标性是指行政指令一定要符合管理目标。在全民健身工作中，由于管理目标具有多样性，因此在应用行政方法时，一定要慎重，不要使指令违背管理目标；科学性是指行政指令要实事求是，要经过科学的调查研究；行政管理中，应注意管理者是否具有权威性，因为行政指令被接受和执行的程度取决于管理组织和管理者的权威。权威越高，指令被接受和执行的效率越高，反之效率越低。实际工作中一般可采用的行政性方式有：

①依靠各级体育行政部门的领导，将全民健身工作纳入其工作计划和规划。

②争取单位行政领导的支持，纳入单位的工作计划、工作目标，积极向单位领导进行宣传，争取得到领导的指示。

③正式向行政领导或有关部门提出请示或报告，争取得到领导或有关部门的批示。有了文字的依据，便于推动工作。

④纳入领导议事日程，形成工作决议。争取把全民健身工作问题纳入领导的议事日程，并形成决议。一旦形成决议，就要贯彻执行。

⑤制定一些行之有效的制度。在一个基层单位或一个小环境中也可以制定一些制度，比如锻炼制度、竞赛制度、检查身体的制度等。

⑥制定基层全民健身的计划和规划。这样的计划和规划一经领导批准，就可根据它来执行。比如竞赛活动的计划、场地设施建设的规划等。

⑦制定一些有利于促进基层体育活动开展的规定和标准。如有关场地设施使用的规定，单位场地设施的标准，人均活动费用标准等。

二、经济方法

全民健身管理中的另一个基本方法是经济的方法，它是指使用经济的手段，利用经济利益的后果影响被管理者的方法。采用经济的方法进行管理时，常用的形式有拨款、投资、赞助、奖金、罚款等经济手段和经济责任制、承包制、招标制等经济制度。

采用经济的方法手段进行管理，要特别注意不能脱离主要的管理目标，还应注意不要忽略社会效益。实际上，也只有当满足了人们的体育需求时，全民健身活动才有经济效益可言。实际工作中可采用的具体经济性方式包括：

（一）争取资金投入

开展基层全民健身工作，提高广大群众的体质与健康水平是关心群众生活的具体表现，也是企业文化、社区文化、村镇文化、校园文化等建设的一个重要内容。应当有必要的资金投入。全民健身工作者要善于争取到这部分资金。

（二）广泛争取赞助

在社会上开展群众性体育活动的资金。可从这个单位争取一点，那个单位争取一点，有钱的出钱，有物的出物。

（三）集资搞活动

搞全民健身可以采用集资、自己负担自己的办法，比如参加某项活动，部门、单位、个人交报名费。条件好的多交点，或大家凑一点，把钱集中起来搞活动。

（四）奖励与处罚的办法

规定一定条件下奖励与处罚的标准。对个人和集体都可用这种办法。可以是物质的奖励与处罚。也可以是精神的奖励与处罚。比如规定一次活动出席人数达到什么比例奖励多少，达不到如何处罚等。在奖励和处罚中要注意调动集体的荣誉感，用集体利益调动或制约个人行为。

三、宣传方法

宣传方法是进行全民健身管理的一个重要方法。由于全民健身大多以人们自愿参加为主，因而通过有效的宣传，可以使人们加强对体育的理解，从而自觉自愿地投身到体育活动中来。宣传可以采用各种不同的形式。除了大量的口头宣传，还有广播、壁报、通信等。在有条件时，应该争取向报刊、电台投稿，在举行大型活动时，还可以争取电视台转播。越是广泛运用宣传工具，就越能达到较大的宣传效果。要充分发挥宣传方法在基层全民健身管理中的作用，可采用以下具体方式：

（一）加强对基层领导宣传

主要是宣传党和国家的全民健身方针政策，宣传全民健身改革的新思路、新举措、新观点，宣传先进单位的典型经验。

（二）加强对群众的宣传活动

主要是宣传科学的健身知识和方法，转变陈旧落后的健身观念，宣传科学健康文明的生活方式，转变不科学的生活方式，宣传参加健身活动的好处，动员更多的群众参与。

（三）其他方式

在基层开展全民健身工作，还有一些更为具体的实用方式：

①表彰与评比。树立典型，鼓励先进，激励后进，找出差距，不断提高。这种手段是利用人的向上心理和竞争机制，能够有效地促进工作。通过典型经验，推动全局工作。

②检查与评价。督促、检查完成计划的情况，对于保证任务的落实有重要作用。不能什么工作只有布置没有检查，否则任务就容易落空。评价也是这样，但评价有时要制定一些标准，使下面有所遵循，也便于贯彻落实。

③协调好关系。树立全民健身工作机构和成员的良好形象。协调好方方面面的关系，疏通好各种工作渠道，求得各方面的支持，是各基层全民健身管理工作的重要手段。

④分类指导。区别不同单位、不同人的情况，因人、因地、因时制宜，提出不同的要求，并在工作中给予具体指导。

⑤开展竞赛活动。基层开展全民健身活动，竞赛是一种好形式，被称为推动全民健身工作开展的"杠杆"。可以起到调动、激励、宣传和号召的作用。竞赛形式可灵活多样。

⑥使一些群众喜闻乐见的体育活动形成传统。如每年利用一些传统节日开展形式多样的运动会。

第四节　全民健身活动设施

一、全民健身活动设施的分类

（一）根据健身活动场所性质分类

目前，国际体育发展有两大特征，一方面竞技体育仍然遵循着"更快、更高、更强"的宗旨，向人类极限冲击；另一方面随着生产技术革命导致的"现代文明病"的出现，以鼓励全民健身为宗旨的"大众体育"浪潮在工业发达国家中不断掀起，并逐渐形成国际化的潮流。在此趋势下，传统的体育设施概念也开始发生转变，从主要针对高水平体育运动人群，局限在特定的竞技运动项目，扩展为将体育活动与其他活动相互交织，在相同的空间和地点有不同的活动发生，有许多全民健身活动是对城市开放空间和地点的临时性利用，与传统观念中的体育场地没有直接联系。这一变化也适应当今城市规划日益倾向于城市空间混合使用，通过组合使之产生更高的效益。因此，根据健身活动场所的性质，全民健身活动设施可分为正式体育设施和非正式体育设施两大类。

1. 正式体育设施

正式体育设施是指用于体育教学、运动训练与竞赛、体育锻炼活动的建筑物、场地和固定附属的器材设备。其载体是体育场馆，它的主要功能是体育活动。随着社会经济的不断发展，体育设施建设也进入了一个新的发展阶段，不仅各种各样的体育场馆数量增多，而且工艺与设计水平明显提高，可为运动员、体育锻炼者和观众提供良好的设施条件和周到的服务。

根据体育场馆的用途，可以把它们分为体育比赛场馆、体育教学训练场馆，或专用性体育场馆、综合性体育场馆。体育比赛场馆是严格按照国际奥林匹克委员（简称奥委员）会和世界各单项体育协会制定的竞赛规则对场地、器材的要求建设的体育场馆，供各种比赛使用，一般有看台和必要的辅助设施。体育教学训练场馆是按照教学训练需要建设的体育场馆，虽然有的场地大小、材质等不一定符合竞赛规则要求，但能满足教学和训练的需要。专用性体育场馆是指只适用于一类或一个项目的体育场馆，如游泳馆只适用于游泳、水球和花样游泳等项目，有一套供水、水处理及水温、水质控制等设备。综合性体育场馆是指能适用于几个不同类型运动项目的体育场馆。

体育场馆是全民健身活动理想的场所，为满足大众健身娱乐的需要，还可在这些场馆内设置各种健身房、康体中心等，提供健身指导、体质评价与运动处方等多方面服务。

2. 非正式体育设施

非正式体育设施是在该设施主要使用功能外，将健身活动作为次要使用功能，而且其时间和空间对于健身活动者均可达。可达性包括两个方面：

第一，正常时段的可达性，该场所必须在正常时段，如早晨或傍晚能供健身者使用。

第二，使用许可，该场所作为非正式体育设施必须获得场地所有者或租用者的许可。

非正式体育设施的重要特征是，人们所从事的健身活动通常是与其他使用者共享活动场地。这些场所只提供"可利用的空间"。当场所的原有（主要）功能可以为健身活动提供空闲的时间和空间时，这些场所才有可能成为非正式体育设施。例如，商业时间段后的停车场就是一处"固定规模"的活动用地。公园和城市周边开放绿地的主要功能和健身活动功能可以同时启用等。非正式体育设施还可能是城市中一些闲置的河岸、高架路下周边以及废弃的厂房，当用于健身活动后，这些场所往往被重新赋予生机。

我国在全民健身运动中有大量的健身点，就属于非正式体育设施的范畴。这些设施的选址和开发，是对城市空间的一种间接的利用。在高密度的城市环境中，解决人们对健身活动空间的需求，增加对土地使用功能二级开发，非正式体育设施无疑是一个最佳途径，同时也是全民健身活动设施中不可或缺的重要组成部分。

（二）根据健身活动设施供给方式分类

全民健身活动设施可从物品属性和供给模式的角度进行分类。在判断物品供给模式时有必要依据物品特性。从社会资源的生产与消费、成本与收益的角度分析，可以将物品特性分为私人物品与公共物品两类，相应的，健身活动供给方式有公共体育设施和商业体育设施两大类，二者的功能与性质不同。

从功能上讲，公共体育设施旨在为大众的共同性需求而建设的服务设施，属于非营利或者低偿服务范畴。商业体育设施是为了满足居民个性化的商业性服务，属于营利性服务范畴。商业体育设施的建设和规划是按照市场调节机制进行的，政府只是起引导和规范作用，而公共体育设施则必须根据其服务的具体功能，来确定其筹资建设的责任主体。按照筹资主体进行划分，公共体育设施可以分为政府规划、政府筹资兴建的公共体育设施；社会民间组织、慈善机构筹资兴建的公共体育设施。不同的公共体育设施承担着不同的公共服务职能。

从消费性质上讲，商业体育设施属于私人物品，不仅具有消费上的竞争性，而且具有消费上的排他性。例如，到高尔夫球俱乐部打球必须付费，并且把不付费的人排斥在外。这种竞争性和排他性的标准是根据市场交易原则——付费与不付费进行的。而公共体育设施的竞争性和排他性往往是以居民身份为标准的，其排他性的程度要弱于商业体育设施。

目前，我国健身活动设施供给方式主要有三种形式：对大众免费开放的公共体育设施；对大众提供有偿服务的公共体育设施；对部分消费人群提供个性化服务的体育设施。这些设施主要分布在各类体育场馆、健身俱乐部（会所）和社区健身设施（如健身路径等）。

我国的体育场馆绝大多数由政府财政出资修建，其产权属性为公有。除满足竞技运动的训练和比赛外，还为开展全民健身活动提供了良好的场地和设施。充分利用体育场馆的资源优势开展全民健身活动，是解决全民健身设施不足的有效途径。体育场馆作为公共物品，可以采取公有私益方式的运作方式。所谓公有私益，是指产权归国家和政府所有，而在消费过程中使用权和收益权是独立的。

目前健身俱乐部（会所）种类多，但是按照主要服务人群可划分为两类：一类是面向中高档消费者的高级健身俱乐部（会所），如收费不菲的高尔夫球俱乐部。这类俱乐部数量较少，消费人群以中产阶级及以上的中高端收入人群为主。由于这类商业性体育设施具有完全的竞争性和排他性，其经营模式遵循市场机制来运作，因此这种健身活动供给方式不可能成为全民健身活动的主渠道。另一类是面向大众的健身俱乐部，如社区健身俱乐部。这类俱乐部数量较多，分布广泛，消费人群以普通百姓为主，收费较低，易于普及。由于自身的特点以及提供服务的方式，决定其是推进全民健身计划实施，建立具有中国特色的全民健身体系中不可缺少的一环。

社区健身设施是受众最多、服务可及性最高的一类健身设施。目前，我国城市公园广场、草坪以及居民小区普遍设立的全民健身路径，是近年来发展最快、最主要的社区健身设施。

二、全民健身工程

全民健身工程是由国家体育总局统一组织，将各级体育行政部门的体育彩票公益金作为启动资金，捐赠给城市社区和农村乡镇的受赠单位，由受赠单位兴建，旨在开展全民健身活动的公益性体育场地设施。全民健身工程是实施《全民健身计划纲要》的重要举措，它作为构建公共体育服务体系的重要方面，提升了全国各地公共体育设施的数量和质量，带动着体育组织建设和全民健身活动的开展，使体育工作基础更加坚实，被广大群众誉为"造福工程"。

（一）全民健身工程的定位

全民健身工程是以政府为主导，旨在推动全民健身，构建公共体育服务体系的重要举措。作为政府的行为，"全民健身工程"从实施启动之始，就制定了严格的程序、分配和产权的管理范围以及明确的"全民健身工程"的项目内容。在实施方案中，对每年"全民健身工程"总量，选取受赠社区的主要条件，选址原则、投资来源和投资原则，"工程"项目、器材生产的专用厂家，统一规定标识的标志物以及组织管理的办法与措施等都有严格的界定和要求。

国家体育总局负责全国全民健身工程建设的规划和宏观管理。各省、自治区、直辖市体育行政部门为全民健身工程捐赠执行部门，负责本省、自治区、直辖市全民健身工程建设和使用的规划、指导、管理和监督工作。

全民健身工程兴建地的街道办事处、乡镇人民政府、公园、小区物业管理部门等，是具体受赠单位，拥有受赠资金或受赠资金购置的体育器材设施的产权，负责全民健身工程的建设、使用、维护和管理，保证使用的安全性和公益性。

全民健身工程以面向大众、突出公益性、为广大群众服务、满足群众的基本需要为出发点。在建设和管理过程中坚持因地制宜、讲求实效、服务群众、保证质量、建管并举的原则，调动和发挥社会各方面的积极性，确保取得良好的社会效益。

全民健身工程在居民小区、公园、街心花园、广场等便于群众健身并且安全的场所兴建，主要包括全民健身路径工程、全民健身活动中心工程、雪中送炭工程、绿色体育工程、农民体育健身工程等。以上这些均是政府投入为主，在管理形式上极少部分通过委托管理的方式交与私人或社会团体管理。

全民健身工程应当免费向社会开放，方便群众使用，不得利用全民健身工程进行以营利为目的的活动。如需要适当收取费用的，应报当地物价等部门审批，所收费用必须用于全民健身工程的管理、维修、更新等方面。

（二）全民健身工程的内容

1. 全民健身路径工程

1997年，原国家体委下发了《关于1996年度体育彩票公益金用于实施全民健身计划的通知》，决定将体育彩票公益金的60%用于实施全民健身计划。主要在城市社区中配建一批群众体育活动场地设施，简称为"全民健身路径工程"，是全民健身工程的重要组成部分。

在彩票公益金投入的引导下，全民健身路径工程的发展及其社会影响日益扩大，社会各方面的积极性已经被调动起来。城市社区、企事业单位、房地产开发商等开始投入健身路径的建设，使投资主体多元化，逐步形成政府与社会多渠道投入、共同建设的新格局。在短短的几年时间里，我国全民健身路径从无到有、从少到多，已经覆盖全国所有的县，遍及城乡社区、学校、部队、机关及企事业单位，惠及亿万群众。全民健身路径工程成为群众交口赞誉的"民心工程"。

2. 全民健身活动中心工程

"全民健身活动中心"分为四种模式：居民小区级、街道级、市辖区级的"全民健身活动中心"和城市级的"全民健身广场"与"体育主题公园"。健身活动中心的室外健身设施中，应建一处具有一定规模的健身径。在硬件建设上，要求建球类、游泳、棋牌、攀岩、健美、健身、飞镖、射箭、轮滑、跆拳道等12种以上易于群众活动的场地设施和80平方米以上的体质测试中心或测试站，并对软件配套服务提出了具体标准。

3. "雪炭工程"

"雪炭工程"源于国家援建三峡库区体育设施建设。"雪炭工程"健身项目可以是室内设施、室外设施或者二者结合的设施。无论建设哪种设施，均要建一处较具规模（器材在20件以上）并与环境绿地相配套的全民健身路径园区。"雪炭工程"援建项目坚持"从实际出发、量力而行、因地制宜、以人为本、小型多样、经济实用、讲求实效、服务群众"的原则，不搞统一模式，重点援建县（区）级的公共体育设施，受援地区必须从当地经济和社会发展水平以及群众体育实际情况出发，确定切合实际，工期短、见效快的健身项目，使援建项目切实地为群众开展体育健身服务。

"雪炭工程"按照革命老区、边疆少数民族地区和贫困地区、资源枯竭和下岗职工较多的地区、受灾受损严重的地区五种模式建设。在体育资源十分有限的情况下，"雪中送炭"是一个非常及时、重要的举措，它不仅有利于将"全民健身计划"落到实处，还可以引导、利用有限的体育资源为人民群众健身解决燃眉之急，为欠发达地区人民群众送去温暖。

4. 绿色体育工程

为了充分利用和整合区域体育资源，探索大众健身场地设施建设的新路子，促进体育旅游、体育休闲的发展，从 2002 年起，国家体育总局开始引导各地利用山川、江河湖海、森林、绿地等自然资源和城市广场、园林，发展各具特色的健身活动基地。如北京龙潭湖体育公园、重庆歌乐山体育公园、环太湖体育圈、环青海湖体育圈、河南少林武术城、重庆"两江四岸"体育长廊、宁夏沙坡头沙漠健身基地、天津山野运动基地、浙江舟山海洋体育文化公园等。通过推行接近自然的"绿色体育"工程，让广大人民群众在优美的自然环境中享受健身的乐趣。

5. 农民体育健身工程

随着国家社会经济的全面发展，我国农村体育工作的重点已逐步转移到乡镇，农村体育进入了蓬勃发展的新阶段。但由于农村公共体育场地设施建设严重滞后，城乡差距越来越大，农民日益增长的体育健身需求同农村公共体育场地设施严重不足的矛盾制约着农村体育活动的进一步发展。

农民体育健身工程是以行政村为主要实施对象，以经济、实用的小型公共体育健身场地设施建设为重点，把场地建到农民身边，同时推动农村体育组织建设、体育活动站（点）建设，广泛开展农村体育活动，构建农村体育服务体系。

农村公共体育场地设施建设的基本标准是：一块混凝土标准篮球场，配备一副标准篮球架和两张室外乒乓球台。在此基础上，提倡经济条件较好，人口较多的地区在尊重农民意愿的前提下，增加面积、器材及设施，形成体育文化广场，更好地满足农村体育文化生活需求。

实施农民体育健身工程，采取国家引导、政府支持、社会协同、农民参与的建设模式。坚持"面向基层、服务农民；因地制宜、分类指导；量力而行、注重实效；引导扶持、不包办代替"，做到亲民、便民、利民，真正使广大农民受益。各级政府的投入和广大农民群众的参与，为广大农民提供了最基本的健身条件，为农村体育组织的建立健全和活动的开展提供了平台，引导广大农民形成健康、科学、文明的生活方式。

（三）全民健身工程的成效

1. 扩大了体育人口

全民健身工程为广大群众提供了方便、实用的健身设施，方便了群众健身，适应了小康社会群众的健身需求，使更多的人参加经常性的锻炼活动，增加了体育人口。

不仅给群众带来了健康，而且丰富了群众的精神文化生活，为形成健康的生活方式，提高生活质量，促进社区建设，构建和谐社会发挥了重要作用。

2. 拓展群众体育工作的思路

在实施全民健身工程的实践中，一些新观念，特别是以人为本的思想，逐渐在群体工作中体现出来，如"亲民、便民、利民"的观念，"建群众身边的场地、抓群众身边的组织、搞群众身边的活动"的工作思路等，进一步提高了群众体育工作水平，有力地推动了全民健身计划的深入实施。

3. 提升体育彩票的社会形象

全民健身工程的实施，对体育彩票是很好的宣传，树立了体育彩票"取之于民，用之于民"的公益形象，促进了体育彩票的发行。

4. 美化环境

从环境效益看，全民健身工程很好地配合了社区及城市广场、公园建设，促进了城市社区、居民小区环境改造，美化了城市社区环境，丰富了广场、公园、园林建设内容，成为各城市和社区的一道靓丽风景线。全民健身工程对环境效益是非常显著的。

全民健身工程是不断发展完善的一项系统工程，没有现成经验可循，要边探索、边实践、边完善，逐步建立完善相关政策，使此项工作更加科学规范；要因地制宜，突出特色，在规划、建设、管理和使用等方面加强指导和监督，提高场地设施利用率和服务水平；要充分体现公共体育服务的公平均衡性、便利性、多样性、公益性、基本性等特征；要加强宣传，动员社会各界支持全民健身工程建设。

三、全民健身活动设施的开发与利用

（一）全民健身活动设施规划的基本原则

1. 功能多样性

这里所说的功能多样性，既包括满足不同人不同需求的各功能间的相互支持，也包括在使用周期上可以相互协调的各类活动内容的组合。从这一角度，全民健身活动设施多功能的含义有两个层次：一种是在体育活动范围内的多样化，就是通过场地及空间来增加可进行的体育活动项目；另一种是扩大活动的范畴，尤其是在休闲娱乐范围内的多样化，可以大幅度提高体育设施的利用率，发挥聚集效应，增加时间效益和经济效益。

全民健身活动设施多功能开发，要注重健身、竞赛、训练、文化娱乐、休闲、社会活动等多种功能，并兼顾多种社会单元的使用，提高设施的使用效率。我国在计划经济年代建有较大型的体育场馆，它们在建设时都只考虑了竞技项目一种功能，未考虑全民健身和配套功能，也未考虑多种经营的可能性，普遍功能单一，导致今天这些体育场馆向大众开放时遇到各种各样的困难，运动场地使用率低。功能多样性不仅是使体育设施能更好地发挥应有作用，服务群众，而且在提高土地使用率及管理效率等方面也具有重要意义，是我国城市文化设施建设一个颇有前途的模式。根据现有国情，全民健身活动设施应主要考虑简单易行，对场地要求不高，同时又被大众所喜爱的健身运动项目。在规划和配置时要考虑一室（馆）多用，一场多用，一物多用，从而提高设施的使用率。如一个室内活动场地可以根据需要作为旱冰场地，也可以作为健美操培训中心，或摆放多功能健身器械、乒乓球台、台球桌等。

2. 受益大众化

全民健身活动设施规划应基于正确认识人民群众对体育健身的需求，坚持"以增进健康为本，以提高生活质量为本"的理念，建设更多亲民、便民、利民的健身活动设施。自20世纪80年代以来，国外发达国家都不同程度地调整了体育场馆建设布局，改变了以城市为中心的倾向，形成了以社区为主、以中小型为主的场馆建设思想。体育场馆建设往往与城市公园建设和小区开发结合在一起，形成场园一体化的发展格局，走近大众的生活。

规划全民健身活动设施，应对周边居住小区居民构成（包括数量、年龄组成、收入、职业状况）进行调研，项目和场地器材的设置要能够吸引周边人群，形成自身特色，相互之间又达成互补。如社区内形成健身活动设施的网络，并根据地域的特点，建成文化健身苑、健身园、风景健身苑、体育公园等，构建区级体育健身站，市级体育健身中心，进而形成全市性设施网络。

要注意设施的"可见性"和"可步入性"，使其不仅可以服务于该区域，也可以吸引其他居住区的居民。应加强健身活动设施在组团级的设置，如增设组团级的健身场所，以满足老年人就近使用的需求。针对不同人群对健身活动设施需求的多样化，在组团内配置基本的健身设施，同时，在主会所或居住区体育活动中心设置档次较高的健身设施，这种布局方式，既能满足一般人的健身需求，也能满足一些对健身环境要求较高的人的需求，是一种值得借鉴的模式。

（二）现有场地资源的利用

1. 学校体育设施的利用

都市化的发展必将使学校的选址更多地靠近居住区，中学属居住区级别，小学属居住小区级别。在各类各级学校都建有体育设施，占所在地区体育场地比例很高，且设施比较齐全。因此，学校体育场馆是理想的居民健身场所。学校体育场馆设施向居民开放，不仅可以解决社区体育场地不足的问题，还可以提高学校体育场馆的利用率，也有助于学校体育与社区体育的交流与衔接，进而大大缓解由资金、场地难以解决而造成健身设施缺乏的局面。在一些西方国家，大众体育活动主要依托于学校体育场地设施开展，通常民众是以俱乐部形式参加体育活动。

目前的调查显示，向社会开放的学校体育设施很少，究其原因还是社区、学校各自为政，以及设施管理困难等。人们日益增长的体育需求和体育设施缺乏的矛盾，使学校与社区间的资源共享变得更加紧迫。要落实开放学校体育场地设施的具体措施，制定学校体育设施对外开放管理办法，以便于学校体育设施的维护、管理和更新，做到体育资源共享。建立社区、学校体育设施互补模式，将体育设施对外开放的学校纳入全民健身工程（点）建设的布局范围，不仅可以减少投资成本，又易于实现资源共享，提高设施使用率，可谓一举多得。

2. 公园土地的利用

利用公园土地建设体育场地设施，既可节省可观的购买土地和建筑建造的费用，又可利用公园优美的环境吸引锻炼者，从而取得可观的经济效益。由于公园在城市分布均匀合理，离人们的生活区域较近，环境又好，能够吸引很多人来运动。目前，公园每天清晨和晚上都在迎接着锻炼的人，即使没有任何设施，只要有一片空地，就能满足广大群众的简单要求。所以，要看到公园的潜力。运动场地被草地树木环抱，人们在运动时还可以呼吸到新鲜的空气，欣赏到优美的景致，体育设施与公园景观系统两种开放空间的有机融合是休闲与健身结合的一个新的层次。在美国，社区公园内的体育设施在其体育设施体系中占有重要地位，对社区公园的规模、体育设施所占比率和设施种类都有详细规定。

3. 已有建筑的利用

目前我国各大城市都经历着由于市中心土地升值、城区污染治理和工业发展导致用地的功能性衰退，工厂、仓库等需要迁出，土地功能待转换的过程。而厂房、仓库的高大空间恰恰可以很好地满足体育活动的需求。利用此契机，政府部门可以进行规划，进行全民健身活动设施的建设，既完成了城市更新，又节省了体育设施的投资，不失为一个两得之举。国外也有很多成功事例，如英国有用教堂改造的文体中心，荷兰有用煤气库改造的体育馆，芬兰有用防空洞改造的游泳馆等。

基于城市土地紧张的现实，除利用好现有闲置的建筑外，在老城区和高密度住宅区还应注意开拓三维空间，充分利用建筑的屋顶、地下空间。地下空间的开发应与社区公园广场绿地的建设结合起来，地下空间改造的类型很多，既可以直接成为健身场所，也可建成地下停车库，减少汽车对地面空间的压力，将街道、绿地还给喜爱运动的人们。会所、停车库、社区商业建筑、高层住宅楼房的屋顶都属适宜利用的类型，根据建筑屋顶面积和形状的不同，加设保护性设施即可用作羽毛球场、网球场等小型场地；面积大的屋面也可结合景观绿化设置运动场地。建筑密度较高的旧居民区，在改造过程中可以在原有的建筑物之间加建玻璃连接体，作为体育健身的场所。

（三）提高公共体育场管理水平及效益

改革开放以来，全国城乡兴建了大批公共体育场地设施，但群众体育需求与体育场馆数量短缺的矛盾依然突出。究其原因，一方面，是我国群众体育场地设施资源的存量较低，不可能在短短的几年内大幅增多；另一方面，体育场地设施配置不合理、管理不善等因素，也会直接影响群众对场地设施的满意程度。目前，全国公共体育场馆使用率不高，尚有相当大的使用潜力未被挖掘出来。如在计划经济年代建设的体育场馆，主要考虑了竞技项目一种功能，未考虑全民健身和配套功能，也未考虑多种经营的可能性；大中型国有体育场馆主要是从承办国际、国内比赛的要求考虑，大多是按照国际大型体育比赛的要求设计修建的，在设计建造时规模大、标准高、附属建筑面积大，而实际承办的国际、国内大型比赛却很少，以致对外开放成本过高；体育训练基地多为国家培养优秀运动员而修建的专门性场所，多是封闭式管理。

现有公共体育场馆是全民健身活动的重要资源，《体育法》《全民健身计划纲要》以及《中共中央国务院关于进一步加强和改进新时期体育工作的意见》等文件中都明确规定，各种公共体育场馆要向社会开放，提高使用效率，努力实现社会共享。首先，管理者的观念要转变，把场地设施建设作为满足群众健身需求的重要方式。其次，针对我国公共体育场馆普遍存在的内部管理效率低下现象，应当改革公共体育场馆管理体制，实现多种管理模式并存。对于小型公共体育场馆，可以委托社区管理，如建立社区体育协会、居民体育活动俱乐部等，以保证体育场地设施使用的合理有序及高效率，方便居民，满足广大人民群众健身、休闲、娱乐的需要。大、中型公共体育场馆，应采用市场机制运作，或委托俱乐部、单项体育协会经营，借用外力，积极地对外开展联合，寻求消费者与经营者之间的结合点，将收到良好的经济效益和社会效益。

第六章 全民健身与身心健康

第一节 体育运动促进健康

一、健康的定义

"健康"是医学中的重要概念，是人类追求的理想目标。那么，健康究竟是什么？人们常常会不假思索地说："健康就是没有疾病。"然而，没有疾病就是真的健康吗？世界卫生组织认为，健康应包括身体健康、心理健康、社会适应能力良好和道德健康。新的健康概念更深一层的意义在于，它指出不能单单把追求身体的健康看作生活的最终目的，而应将其看作争取更丰富的生活体验所应具备的必要基础条件。

要想成为一个健康的人，仅有身体的强壮是远远不够的。一个人需要身体健康、心理健康、社会适应能力良好并且道德健康，才是真正的健康。

二、运动与健康的关系

人体是一个复杂的有机体，它处于不断变化中。运动可有效刺激肌纤维，使其变粗，使肌肉变得发达而有力；运动可有效促进成骨细胞的合成，让全身骨量的生成大于流失，使骨骼变得结实而坚韧；运动还可使人心情愉悦，释放压力。

（一）运动提高身体机能和素质

身体机能指人的整体以及各器官、系统所表现的生命活力，包括机体的新陈代谢状况和各器官、系统的效能等。身体素质是人体在运动、劳动和日常活动中，在中枢神经的调节下，各器官、系统功能的综合表现，如力量、耐力、速度、灵敏、柔韧等机体能力。人体的机能是在运动中发展的，经常进行体育锻炼可以促进身体各器官和系统的新陈代谢，使身体的结构和功能发生相应的变化，提高身体素质，从而达到增强体质、提高健康水平的目的。

大学生长期进行科学的体育锻炼，可以有效提高心肺功能和免疫系统功能，促进骨骼生长，提高神经反应能力。

（二）运动促进心理健康

随着社会经济的不断发展和人类生活方式的变化，人们对健康的理解不断深化，逐渐意识到心理健康在人的整体健康中的重要性。运动作为促进心理健康重要手段之一，越来越受到人们的重视。体育活动能够使个体产生良好的情绪状态，能够改善个体的自我认知，提高自信心，增加社会活动的参与度。

运动可以使中枢神经系统及其主导的部分大脑皮层兴奋性增强，改善神经系统的均衡性和灵活性，提高大脑的思维能力。运动还可以调节人的身心，使人心情愉悦。人在运动时，尤其是主动地从事一项自己喜欢的运动时，不但可以使自己心情舒畅，还可以在运动中增强自信心和自豪感，消除不良情绪。

（三）运动是良医

2007 年美国运动医学会将"运动是良医"作为一项解决全球公共卫生问题的健康促进行动正式提出。运动可以促进少年儿童健康水平的提高，可以降低成年人患慢性疾病的风险，可以使老年人维持较高的独立生活能力，降低跌倒和骨折的风险，预防老龄化相关疾病的发生。并且任何时候开始运动都不晚。

（四）运动预防过度肥胖

过度肥胖症是由于体内脂肪过度堆积，引发以脂类代谢紊乱为主的代谢性疾病。发病初始阶段可能仅有脂肪的过多堆积问题，但随着时间的延长和脂肪堆积程度的加剧，便会发生代谢系统紊乱，从而引发很多疾病。预防肥胖的一个重要途径就是参与运动，通过运动消耗适当的能量，使能量的摄入与消耗处于平衡状态。

1. 预防肥胖的运动处方

运动强度：心率 130 ~ 145 次 / 分钟。

运动时间：60 分钟。

准备活动：5 分钟，肩、肘、腕、髋、膝、踝的柔韧灵活练习。

主体活动：快走 + 慢跑交替 20 分钟（5 分钟一换）；仰卧起坐 30 个 + 俯卧撑 30 个 + 提踵 40 次，10 分钟；开合跳两组，10 分钟；全身韧带拉伸，10 分钟。

整理活动：5 分钟，慢跑、快走、拉伸练习等。

2. 超重人群的运动处方

运动频率：每周至少 5 次，使能量消耗最大化。

运动强度：起始运动强度应保持在中等强度，逐渐延长运动时间并增加运动频率，直至增加到较大运动强度。

运动时间：起始每天 30 ~ 60 分钟，每周共 150 分钟，逐渐增加至每周 300 分钟中等强度运动或 150 分钟较大强度运动，或两种强度的运动各半。间歇运动每次至少 10 分钟，逐渐累积也能获得持续运动的效果。

运动类型：主要是有大肌肉群参与的有氧运动，辅以平衡训练和抗阻力量训练。

（五）运动改善不良体姿

体姿指站立、走、坐时身体各部位的姿势。良好的体姿不仅给人美感，还是健康的象征。大部分不良体姿是由长期的不良生活习惯造成的。不良体姿的形成是慢性的病变过程，早期症状不明显，越到后期病变速度越快，对身体产生的损伤越大。下面介绍生活中常见不良体姿的纠正方法。

1. 颈部过度前屈的自我康复锻炼

第一步：拉伸颈前屈肌。盘腿端坐，上身挺直，视线水平看向前方，头部慢慢后仰到不能后仰为止，保持 3 秒，然后缓慢向左侧转动头部，保持 3 秒，再缓慢转向右侧，保持 3 秒，转回初始后仰位，再缓慢回到初始位置；重复动作 5 ~ 8 次。注意在后仰过程中不要张嘴。

第二步：激活加强颈后肌群。上身挺直，视线水平看向前方，双手交叉置于脑后保持不动，头部抵抗双手后仰，保持 3 秒。在整个过程中尽量保持手和头的位置不变。

2. 骨盆前倾的自我康复锻炼

第一步：拉伸髂腰肌。单膝下跪，一条腿在前，前脚位于膝的前部，头部直立，目视前方，背部挺直，身体微微前倾，骨盆下移，保持动作 15 ~ 30 秒。换另一条腿做同样动作。

第二步：放松背部肌肉。运动者可以自主拉伸或借助泡沫轴滚动放松。自主拉伸时，臀部坐于脚跟，双手前伸，充分收腹。借助泡沫轴时，可用其滚揉背部肌肉。这两种方式，一个牵拉一个滚揉，都可以有效放松背部肌肉。

第三步：激活加强臀大肌。仰卧，挺髋屈膝，双手与地面平齐，掌心向下，用力将臀部挺起。

第四步：激活加强腹肌。激活加强腹肌可选择静态的平板支撑或动态的仰卧抬腿。静态的平板支撑：在地板上进入俯卧姿势，手臂成弯曲状，放在肩膀下。保持身体挺直，尽可能长时间保持这个姿势。要领在于肩关节与身体成直角，用脚趾和前臂支撑身体。动态的仰卧抬腿：身体仰卧于地面，双臂平放于身体两侧，双腿自然伸直，腰腹部收紧，背部紧贴地面，将双腿抬起，然后缓慢放下。运动者每次可做 20 ~ 30 个。

3.运动辅助治疗慢性病

慢性病指长期积累而成、不具有传染性的疾病，是对起病隐匿、病程漫长、病因复杂、病情迁延不愈疾病的总称。常见的慢性病有心脑血管疾病、肿瘤、糖尿病、慢性阻塞性肺疾患、骨质疏松症、慢性肝肾疾病、慢性骨关节病等。

维持健康的四大基石为科学合理的膳食结构、动静适度的合理运动、戒除损害健康的因素、始终保持积极乐观的心态。其中，运动是核心。运动不仅可以维持健康状态，还可以促进机体从疾病或亚健康状态向健康状态转变。近年来，越来越多的慢性疾病通过运动进行干预，取得了不错的效果。例如，通过运动来缓解高血压、干预糖尿病、治疗心脏病等。

4.运动促进伤病后身体功能恢复

伤病后进行适当的运动不仅能维持原有的身体机能，而且能有效促进伤病后身体功能的恢复。伤病的治疗必须遵医嘱，这里提供一些参考方案。

（1）踝部扭伤的运动康复训练

踝部扭伤在生活中较为常见，肌肉或韧带若非重度撕裂，一般无须手术，通常采用冷敷、制动、外敷创伤药、加压包扎、抬高患肢等方法处理。

为了促进恢复，伤者通常要在扭伤24小时之后进行运动，具体情况必须遵医嘱。

扭伤早期：进行运动的主要目的是促进血液循环、消除水肿。为防止扭伤侧下肢制动导致肌肉粘连，伤者可进行主动的脚趾活动，在不引起踝关节活动的前提下尽可能缓慢、大范围地活动脚趾，还可进行股四头肌的等长收缩练习。将大腿前侧肌肉用力收缩后保持1秒，然后放松，再用力收缩，以此往复循环，在不引起疼痛的范围内尽可能多做。

扭伤中期：进行运动的目的是促进踝部正常功能的恢复，防止肌肉力量下降。除做扭伤早期的同样练习外，还要在护具、绷带的固定下，在不引起疼痛的范围内尽可能大幅度地进行踝关节的主动跖屈、背伸活动。如可坐于床边，双腿悬空进行左右交替的直腿抬高练习；也可坐于床边或椅子上，让足部着地，进行前后左右移动。在不引起疼痛的前提下，从扶拐双腿站立逐步过渡到双腿站立→单腿站立→扶拐行走→双腿行走→快速走→慢跑→快跑。

扭伤后期：进行运动的主要目的是促进综合运动能力和体能的恢复。伤者可进行折返跑、"8"字跑、前后左右上下跳。

（2）肱骨干骨折后的运动康复训练

肱骨干骨折伤后1周内是炎症期。此时骨折处被血肿和炎性组织包围，骨折处无连接。此时可在无疼痛的范围内轻微活动腕关节，做手指的伸展屈伸运动，促进上肢的血液循环，消除水肿。第 2～4 周是修复期，骨折处有极少连接，开始出现软骨痂，在无疼痛范围内，健侧辅助做肩关节的前屈后伸、外展内收以及肩关节的钟摆运动和肘关节的屈伸运动。第 4～6 周出现骨性骨并不断增加，骨折处稳定，但骨折处力学性能不如正常骨组织，应加大肩关节及肘关节各方向主动及辅助活动的幅度。第 6 周后可开始进行肱二头肌和肱三头肌等长锻炼。第 7～12 周骨折处骨性骨开始塑型，可进行肩关节、肘关节各个活动范围内的最大角度运动，运用弹力带对肩及肘部屈肌、伸肌进行抗阻力训练，以增强力量和耐力。

第二节　体育锻炼对人体机能的影响

生命在于运动，要使身体健康就要经常运动。适宜的运动可以增强人体各器官系统的功能，提高机体的适应能力，使人的体质在运动中不断增强，提高身体对疾病的抵抗力。不运动或错误的运动方法都是有害于健康的。

人体是由神经系统、运动系统、呼吸系统、循环系统、消化系统等组成的，而人体的运动是由人体各器官系统协调配合完成的。同时，体育运动增加了人体各组织、器官的负荷，使机体发生变化，这些变化通过新陈代谢又对人体机能的发展起着重要作用。

一、体育锻炼对神经系统的影响

神经系统是人体机能的调节系统，人体的各种活动都需要在神经系统的控制、调节下进行，而人体的各种活动，又使神经系统得到锻炼。经常进行体育锻炼的人，其神经系统对外界刺激的反应更准确、更快，可使分析综合功能及协调反应能力增强，还可以提高神经细胞抗疲劳的能力，有助于神经系统及全身器官组织功能的改善和提高，从而使人能保持长时间的大脑清醒、思维敏捷，提高学习、工作效率。反复的肌肉活动训练，可以使神经系统兴奋和抑制的调节能力更趋完善，从而调节大脑皮层的功能，特别是轻松、休闲的运动，可以缓和神经肌肉的紧张，起到放松、镇静的作用，对神经紧张、情绪抑郁、失眠、高血压等，都有良好的治疗作用。

科学工作者在对出生 6 周的婴儿进行脑生物电流测量后发现，长期对婴儿进行右手的屈伸练习，能加速大脑左半球语言区的成熟，科学家还发现，以右手劳动为主的成年人，其大脑左半球的体积也大于右侧，这些足以表明体育有助于神经系统的发育和完善。乒乓球运动员对瞬间反弹回来的球准确还击，其大脑正确的判断取位，恰当的姿势、拍形，角度、落点的分析在瞬间完成，可见其大脑反应之敏捷，这是非长期锻炼是难以奏效的。

二、体育锻炼对运动系统的影响

人体所进行的各种运动是在神经系统的支配下，进行肌肉的收缩和放松，牵动骨骼去完成的。运动系统由骨骼、关节、肌肉组成，正常成年人全身共有 206 块骨头。经常进行体育锻炼能加快血液的循环，加快体内新陈代谢，使运动器官获得充足的营养物质，促进骨骼的发育，防止骨质疏松，使骨骼增长。从中学生身高状况的调查情况来看，经常参加体育锻炼的学生比不常锻炼的学生的身高高 4 ~ 8 厘米。经常进行体育锻炼，可增加韧带和肌肉的伸展性和弹性，使关节周围的关节囊、韧带和肌腱增厚，伸展能力、肌肉力量增大，关节的活动幅度大、灵活性高，并能更好地防止关节脱位、韧带拉伤和撕裂等关节软组织损伤的发生。

人体一切活动都需要通过肌肉的收缩活动来完成。人体肌肉共有 600 多块，占体重的 44.2%（女性为 35.0%）。肌肉收缩产生的力量，对人体的劳动和运动极为重要。通过体育锻炼，肌肉收缩能力增强、肌肉内蛋白质等营养物质增多，能使肌纤维变粗、肌肉横断面积增大、肌肉变得粗壮、收缩力增大，能防止肌肉萎缩。参加体育锻炼时，肌肉内的脂肪在肌肉收缩时会产生摩擦，消耗能量，可以减少多余脂肪，既健美体形又可提高运动能力。

美国波士顿达佛兹大学人体生理实验室于 1972 年研究了 200 名成年健康者（45 ~ 78 岁）男、女性骨骼肌质量与强度，发现性别差异很大，但均随年龄增长肌肉强度下降。再对 65 岁以上经常锻炼的男女进行比较发现，骨骼肌强度下降与步行运动速度成负相关，即常做快步走的骨骼肌退化慢。

三、体育锻炼对呼吸系统的影响

人体不断地从外界环境中吸取氧气，又不断向外界呼出二氧化碳，以此来维持人体的生命活动。一旦呼吸停止，人的生命也就停止了。人体的呼吸系统主要包括呼吸道和肺。通过长期的体育锻炼，特别是耐力性项目的练习，如中长跑，可以使呼吸肌力量增大，胸围、胸腔容积扩大，呼吸差增大，可以提高呼吸功能，增大肺的通气量，从而增加肺活量。中国正常成年人的肺活量男子为 3500 ~ 4000 毫升，女子为 2500 ~ 3500 毫升，经常锻炼的人可达 5000 毫升左右。经常从事游泳训练的人，肺活量增加最明显，呼吸的深浅和频率也有所不同，参加体育锻炼后的人呼吸深而慢，氧的供应率提高，呼吸肌不易疲劳，有较长的休息时间，能够参加剧烈的体育运动，抵御疾病的侵入，减少患呼吸系统疾病的可能。

四、体育锻炼对循环系统的影响

人体通过心脏有节律的舒缩，向全身供给血液，把氧气和营养物质输送到人体各组织、细胞中去，同时又把组织、细胞在新陈代谢过程中产生的二氧化碳和废物排出体外，维持人体正常的生理功能。在体育锻炼的作用下，体内血液循环加快，营养物质增加，心肌毛细血管大量增生，供血量增加，心肌纤维变粗，心壁增厚，心容量增大，心脏变得丰满壮实，比一般人的心脏肥厚。因此，医学上称为"运动性心脏肥大"，能适应长时间的大负荷工作。经常参加体育锻炼，能使心肌收缩力量增强，心容量增大。在轻微运动时，心血管机能的变化幅度比一般人小，出现"节省化现象"，使其能够完成剧烈的体育运动，且运动后恢复较快。经常参加体育锻炼，使血管壁弹性增强，血压正常或较低，可以推迟血管弹性降低或硬化的现象；还可以使血液中的红细胞和白细胞增多，提高运输氧气的能力和增强身体抵抗疾病的能力，可促进青少年生长发育，延缓中老年人衰老，防止血管硬化。

五、体育锻炼对消化系统的影响

体育锻炼能使神经系统功能得到改善，消化器官的功能得到加强，使食物更好地被消化和吸收，食欲增强，饭量增大。同时，体育锻炼能增强腹肌和盆腔肌的功能，使腹腔内的消化器官保持正常的位置，并能强化消化道内平滑肌的作用，防止内脏下垂和便秘等疾病的发生。

第三节　体育锻炼对心理健康的影响

健康不仅是指身体没有疾病、伤残或不适的状态。随着社会的进步和科学技术的发展，健康还包括心理健康、社会适应和道德健康。从广义上讲，心理健康是指一种高效而满意的持续的心理状态。从狭义上讲，心理健康是指人的基本心理活动的过程内容完整、协调一致，即知、情、意、行、人格完整协调，能适应社会。

一、体育锻炼与心理健康的关系

《礼·大学》中说:"心宽体胖",即心理健康可以促进身体健康;反过来,身体健康,也有利于心理健康。医学家说:"体育是包治百病、延年益寿的灵丹妙药。"如果长期处于紧张、恐惧焦虑、忧伤、沮丧、悲观、嫉妒等情绪下,会使人身心疲惫,而体育锻炼除了可以增强体质、增进健康外,还可以促进心理健康。体育锻炼可使人头脑灵活、思维活跃、反应敏捷,可以让人产生快乐、充实、愉悦等积极情绪,能提高人的心理承受能力和应变能力,有利于人应付各种精神压力,从而做一个身心健康的人。

二、体育锻炼对心理健康的积极作用

(一)体育锻炼可促进人大脑的开发与利用,提高智力

人脑的重量占体重的 2.1%,但大脑消耗的能量却占全身消耗能量的 20.0%。现代医学研究表明,人右脑的信息容量、记忆容量和形象思维能力都大大超过左脑。体育运动可以使右脑得到充分的锻炼,提高人的记忆能力和抽象思维能力;体育运动可以使神经系统的兴奋和抑制过程更加集中,对外刺激的反应更加迅速、准确;还可以提高人的视觉、听觉、感觉、神经传导速度、神经过程的均衡性和灵活性,促进神经系统功能的增强。人在学习过程中,大脑皮层的有关区域处于高度兴奋状态,随着学习时间的延长而产生疲劳,导致学习效率下降,此时参加体育运动,由于体力劳动与脑力劳动的合理交替,运动神经中枢兴奋,使得与文化学习有关的区域的脑细胞得到休息,这样就能消除脑力劳动所产生的疲劳,提高学习效率。

(二)体育锻炼能使人快乐,控制和调节情绪

情绪是指人对客观事物是否符合自己的需要而产生的态度体验,不良情绪使人产生过多的紧张、焦虑、压抑。美国某医院对 45 名医科大学学生进行观察后,发现喜怒无常、容易被情绪困扰的人有 77.3% 患癌症、高血压、心脏病和情感失调等病。而丰富多彩的体育活动能给人带来欢乐、刺激、挑战和成功感,消除不愉快的意识、情绪和行为,摆脱烦恼和痛苦,宣泄不良情绪,让人体验满意、愉快、自信、乐观的情感。

美国心理医生康诺说:"运动是情绪的氧化剂,你不需要马拉松,也不需要跑万米长跑,只要参加一项能加快心跳和呼吸频率的有氧运动,坚持每周 3 次,每次 30 分钟,就能使你感到愉快、舒服,放松精神,减轻焦虑,强化身体应付压力的机能,淡化敌意及攻击行为,鼓舞正面自我形象,增加自信,缓解沮丧情绪。"

（三）体育锻炼能培养坚强的意志品质，增强自信心

勇敢、顽强、敢于拼搏、有较强的成就感是现代人所应具备的意志品质。人们参与体育活动就是不断克服困难、战胜自己的过程，就是要克服气候条件、动作的难度或外部障碍等客观因素和胆怯畏惧心理、疲劳等主观因素的影响。因此，体育锻炼可培养人坚强的毅力，不断克服各种胆怯心理和勇敢无畏的精神，能够改善人的身体表象，提高自信心。

（四）体育锻炼能改善人际关系，促进社会和谐

体育活动的集体性、公开性、竞争性使人与人之间不断地沟通和交流，拉近了人与人之间的距离，产生了默契，特别是集体项目（排球、篮球、足球等）把每个人都融入到集体中，发扬了团队精神，使自己心情舒畅、精神振奋，同时能增强社会交往能力，克服孤独和寂寞感，培养团结合作和适应能力。

（五）消除疲劳，治疗心理疾病

疲劳是一种综合性症状，表现为倦怠、困、不舒服、烦躁或乏力等不良感觉。当疲劳出现时，积极地参与体育锻炼，不仅能够使自己的身体素质得到改善，身心也得到一种舒适的感受，减轻疲劳，摆脱压抑、悲观等消极情绪。当今，体育运动已被公认为是一种有效的心理治疗方法。

三、用体育锻炼促进心理健康

大量的研究证明，不同的运动项目对人的心理有着不同的影响。有针对性地选择和参加体育锻炼，可以起到事半功倍的效果。

性格孤僻、不太合群者，可多参加足球、篮球、排球以及接力跑、拔河等集体项目。坚持参加这些项目的锻炼，可帮助逐步改变孤僻的性格，适应与同伴的交往。

胆子不大、做事怕风险、容易害羞者，可多参加游泳、溜冰、滑雪、拳击、摔跤、单双杠、跳马、平衡木等活动。这可帮助不断克服各种胆怯心理，以勇敢拼搏的精神去越过障碍，战胜困难。

办事犹豫不决、不够果断者，可多参加乒乓球、网球、羽毛球、拳击、摩托车、跨栏、跳高、跳远、击剑等体育活动。这可帮助增强果断的个性。

遇事容易急躁、冲动者，可多参加下棋、打太极拳、慢跑、长距离步行及游泳、骑自行车、射击等运动。这能调节神经，增强自我控制能力，稳定情绪。

做事缺乏自信者，可多参加跳绳、俯卧撑、广播操、跑步等项目。这可使成就感逐步得到增强。

做事容易紧张、失常者，多参加公开激烈的体育比赛，如足球、篮球、排球比赛，可缓解紧张、不安的情绪。

好逞强、易自负者，可多参加难度较大、动作较复杂的技巧项目，如跳水、体操、马拉松艺术体操等。这可减少盲目自负、骄傲的心态，收敛不良个性。

要使体育锻炼达到转变心理的目的，应该选择自己喜欢的运动，每次锻炼时间保持在 30 分钟左右，中等运动强度，运动量应从小到大、循序渐进，3 个月为一个周期，进行两个周期以上才能有效。

第七章　全民健身之科学锻炼

中国正在实施全民健身计划，增强体质和促进健康不能仅限于掌握一定的运动技术和动作，更重要的是要如何科学地进行运动锻炼。如何进行科学的身体锻炼，实现增强体质、增进健康、防病治病、延年益寿，是人们首先明确的问题。要想获得良好的锻炼效果，必须依照人体生理变化规律，掌握身体锻炼的基本原则，制订科学身体锻炼的计划以及选择科学的锻炼方法，这是非常重要的。

第一节　科学锻炼的原则与方法

一、科学锻炼的原则

体育锻炼的原则是人们长期锻炼实践经验的概括与总结，是体育锻炼规律的反映，同时又是进行体育锻炼的准则。科学锻炼的原则归纳起来主要有以下几个方面：

（一）自觉积极性原则

体育锻炼可以促使体质的增强，但它是一个长期积累的过程，也是一个艰苦的过程。从身体锻炼的实践来看，人们必须克服自身的惰性，强迫自己去"吃苦"。通过身体锻炼使体质增强，提高健康水平，并非一朝一夕可以实现的，非长期努力不可。

（二）因人而异原则

体育锻炼应从实际出发，根据每个人的具体情况及客观条件来确定锻炼的内容、负荷和方法手段等。身体锻炼要想取得理想的效果，必须有体育与健康的负荷。所谓负荷是指运动强度、运动时间和运动密度的总和。体育锻炼的负荷一定要因人而异，锻炼者应根据自己的年龄、性别、健康状况等实际情况掌握好运动负荷。

（三）经常性原则

人的体质增强是不断积累、逐步提高的过程。如果经常坚持体育锻炼，就会为后面的体育锻炼打下基础。这样，日积月累就必然能达到理想的锻炼效果。

（四）循渐进原则

循序渐进原则的"序"是指体育锻炼的内容、方法和运动负荷应有合理的安排，根据人体机能和动作技能的形成规律，及人的认识规律提出来的一项体育锻炼的原则。因此，进行体育锻炼，特别是初次参加体育锻炼时，锻炼的时间应由短到长，选择的内容应由少到多，技术动作应由易到难。例如，初练长跑的人开始阶段跑的距离不要太长，跑的速度也不要过快，可以采取先走后跑的方式。

（五）全面锻炼原则

全面锻炼原则是指体育锻炼应全面发展到身体的各个部位、各器官系统的机能和各种身体素质（速度、灵敏、力量、耐力、协调等）以及基本活动能力。

（六）安全性原则

安全性原则是指在固定的时间范围内进行身体各部位、各器官的医学检查，根据结果开出不同的运动处方，以保证人体生理功能的不断提高。安全性原则是随社会的高度发展而形成的，就目前来看，它是非常有必要的。高度发达的现代医学，能够以最简便的医疗仪器测出人体各功能的指标，再根据不同的年龄、不同的运动项目以及不同的锻炼阶段，选择、制订适合自己的运动处方，做到自我监控、量力而行，切忌盲目模仿、照搬别人的做法

上述6个原则是相互联系、缺一不可的。如果违反了这些原则，盲目地进行自己力所不能及的体育运动，则后果非但无益，反而会损害健康

二、体育锻炼的科学方法

体育锻炼的方法是根据人体发展规律，运用各种身体练习和自然因素以发展身体的途径和方法。常见的体育锻炼方法有以下几种：

（一）重复锻炼法

重复锻炼法指锻炼者在相对固定的条件下，按照锻炼计划和要求多次重复某种练习的方法，重复的次数和时间是决定健身效果的关键。锻炼时，要注意合理安排重复练习的要素，如练习的次数、强度、间歇时间等;切实保证每次重复练习的质量和效果;注意克服反复练习造成的枯燥、厌烦情绪，防止机械呆板。

（二）间歇锻炼法

间歇锻炼法指两次练习之间有合理规定的休息时间，在锻炼者机体尚未完全恢复的情况下，接着进行下一次练习的方法，这是提高锻炼效果的一种常用方法。锻炼时，需要注意合理确定间歇时间，可根据个体的身体状况和锻炼水平决定，但是下一次练

习前最好将心率控制在 120 次每分钟左右；同时在训练间歇期内安排低强度的活动，如慢跑、按摩、深呼吸等，进行积极性的休息和放松。

（三）变换练习法

变换练习法指在改变训练内容、强度和环境的条件下变换锻炼项目、练习要素，改变运动负荷等，以提高锻炼效果的一种方法。锻炼时，需注意以锻炼的实际需要为前提，特别是结合锻炼的长期和近期目标针对性地变换；变换中需要灵活掌握变换锻炼的计划；注意积累有关材料和反馈信息，及时观察，不断总结，为新的锻炼计划制订提供参考依据。

（四）持续锻炼法

持续锻炼法指在较长的时间内，锻炼者采用较小的运动强度，不断进行身体锻炼的方法。采取持续锻炼法时应注意：选择锻炼的项目要适合锻炼者的年龄、生理特点和体质基础。初次锻炼者或体弱者，练习的时间不宜过长，经过一段时间的练习后，可以适当加大练习强度，同时还需要在练习中充分结合自己的体力状况和身体反应，及时调整运动强度和练习方法，以防过度疲劳出现运动损伤。

（五）循环练习法

循环练习法是把各种类型的动作和具有不同练习效果的手段组成一组锻炼项目，按照一定顺序循环往复进行锻炼的方法。注意要合理安排各个练习点，安排的内容需简单易行，合理规定各个练习点的次数、规格和要求，同时还要注意不同练习项目之间的衔接。

（六）竞赛表演法

竞赛表演法是指锻炼者面对观众，在相互比较、彼此竞争的情况下进行锻炼的方法。但是它不同于正式的竞技体育比赛，对于培养锻炼者的锻炼热情，巩固锻炼效果，培养团结、合作、顽强、果断、自信心和自制力等方面具有特殊的价值和意义。

（七）直观法

传统的直观法有示范、挂图、电视、模型等，现在可利用电子计算机、高仿真模型来分析发展运动能力的方法，或通过网络视频、影像资料进行模仿学习。

第二节　锻炼中的自我监护和运动保健

一、锻炼中的自我监护

在运动过程中，机体将产生一系列具有"双向效应"的适应性变化，既可以增强体质，也可能引起运动损伤和运动性疾病。运动中的自我监护是指运动参加者在体育运动过程中，对自己身体的健康状况和身体功能状况经常进行观察的一种方法。运动中的自我监护能够帮助和指导合理地进行体育锻炼，预防运动性损伤，提高运动水平。

自我监护的内容有主观感觉和客观检查两方面。

（一）运动的主观感觉

主观感觉是对机体功能状况，尤其是对中枢神经系统状况的反应，是自我观察和记录体育锻炼的感觉及反应的方法。

1. 身体感觉

身心健康的人在运动时总是感觉精神饱满、精力充沛、活泼愉快、积极性高，但在运动过度或患病时，就会感到精神不振、身体乏力、行动迟缓、头晕、容易激动等。在进行自我医务监护时，根据具体情况可填写"良好""一般"或"不好"。

2. 运动心情

运动心情是一个人精神状况的反映。如果一个人在运动中心情愉快，对运动表现出积极的态度，这是身体健康、精神状况良好的表现；反之，出现对运动不感兴趣、缺乏热情、态度冷漠，甚至厌倦，则可能是早期过度疲劳和健康状况不佳的征兆。记录时，可根据自己的具体情况填写"很想锻炼""愿意锻炼""不想锻炼""厌恶锻炼"等。

3. 不良感觉

一般来说，在运动后由于人体生理活动过程的有序性受到暂时性破坏，都会出现肌肉酸痛、肌肉痉挛、四肢乏力等，这是正常的生理现象，只要经过适当的休息便可消失。运动水平越高，这些现象消失得也越快，有的甚至感觉不到肌肉酸胀。如果在保证休息或营养的情况下，上述现象长时间不能消退，在运动中或运动后出现异常疲劳、头晕、头痛、恶心、呕吐、气喘、胸闷、心前区疼痛等不良感觉，说明机体对运动的内容、方法、运动量等安排不适应或身体功能状况和健康状况不良，这就需要休息调整，必要时可到医院检查，以防运动性伤病的发生。在自我医务监护记录时，可填写具体的不良感觉，如"肌肉酸痛""关节疼痛""头晕""心悸"等。

4. 睡眠

睡眠对消除运动后的疲劳具有重要意义。正常的睡眠状态应是入睡快、睡得深。经常参加锻炼的人，若出现长时间的入睡难、失眠、多梦、睡中易醒、无力或嗜睡等，这是过度疲劳的早期反应，应引起注意。在自我医监护记录时．可填写具体睡眠状况，如"良好""一般""不佳""失眠""多梦"等。

5. 食欲

在运动过程中能量消耗较多，故经常参加运动的人食欲一般都较好。然而，偶尔食欲不强也是正常的。记录时可按食欲程度的不同，填写具体的食欲状况，如"良好""一般""减退"或"厌食"等。

6. 排汗量

人体运动时排汗量的多少与运动负荷或运动强度、训练水平、情绪、饮水量、温度等因素有关。身体剧烈运动时由于能量代谢水平高，产生的热量增多，排汗量较平常多，这是正常的生理现象。如果在适宜的外界条件和适量运动的情况下，出现大量排汗或重复排汗的情况，特别是夜间盗汗现象时，表明身体极度疲劳或有其他疾病。在自我医务监护记录中，可填写排汗量"一般""量多""大量"以及"盗汗"等。

（二）客观检查

客观检查常用的指标主要是测定脉搏、体重和运动成绩的变化情况，有条件的还可以测握力、肺活量、血压等指标。女性还要对月经情况做记录，以便为综合评定提供参考。

1. 脉搏

脉搏作为心血管系统的一个重要功能指标，在一定程度上能反映人体的健康状况。经常参与运动的人，由于迷走神经紧张性增高，安静时脉搏频率常较缓慢，为心动徐缓现象，并且随着运动年限的增长和运动水平的提高，脉搏频率也会降低，这是进行锻炼后心脏功能的良好反应。在自我医务监护中，常用早晨脉搏（晨脉），又称基础脉搏来评定身体功能状况。

测量晨脉要在早晨起床前进行，一般记录 10 秒的脉搏数值，但应求其稳定值，即连续两次测量的数值要一样，否则应重测，直到达到要求为止。也可测量 30 秒的数值，然后计算出每分钟的数值，并记录下来。

2. 体重

在进行耐力运动（中等运动强度）时，体重应该是平稳的，但在锻炼初期由于水分和部分脂肪的丢失，可使体重下降 2～3 千克，以后因肌肉体积增加，体重会回升而保持平衡。如果体重持续下降，并伴有其他异常现象，则可能是早期过度疲劳或患慢性、消耗性疾病的表现，应查明原因。在进行自我医务监护时，每周可测量体重 1～2

次，须在同一时间进行（最好在早晨）。此外，还可测运动前后的体重，以观察运动对体重的影响。

3. 运动成绩

坚持科学、合理的训练，运动成绩可逐步提高，并能稳定在一定的水平上，动作协调性也变好。如经过较长时间的训练，运动成绩没有提高，甚至出现下降，动作协调性和训练程度也比过去差，可能是身体功能状况不良或早期过度训练的表现。记录时，应根据实际情况填写运动成绩的变化情况、动作协调性等。

4. 其他记录

其他记录包括缺席情况、受伤情况、中断运动时间和气象条件等。在客观检查中，除了上述指标外，还可根据实际情况和条件选择其他一些指标，如肺活量、握力、拉力、呼吸频率等。

二、运动保健

（一）运动前的保健措施

①在运动前，应选择卫生和安全的体育用品。要穿美观大方，质地柔软、舒适，便于活动的服装，夏季要穿透气性好、浅色、宽松的棉质衣服，冬季要以保暖为宜。选择平底干净的运动鞋袜。

②到空气新鲜且安全的地方进行锻炼，避免到人群喧闹、噪声较大、交通拥挤的地方去锻炼，也不要到自己不熟悉、人少偏僻的地方锻炼。最好的场所是操场、公园。夏天天气炎热，要注意防晒，可涂抹防晒霜或戴遮阳帽及太阳镜，避免长时间的阳光直射，防止中暑，要注意补充水分；冬天要避免在雾中大风的环境中运动。

③避免空腹或吃得过饱去参加运动，运动前可适当补充水分。

④做好运动准备免运动损伤。准备活动大多采用强度较小的慢跑、徒手体操和一些游戏活动进行，时间为 5 ~ 10 分钟。

（二）运动中的保健措施

①运动时动作要准确，符合人体解剖和生理的规律，根据不同的锻炼目的来选择不同的体育项目。

②在运动时要因人制宜、量力而行、循序渐进，确定自己的活动强度，合理控制运动。体育锻炼中经常运用 "180 —年龄" 的数值作为锻炼者的最高心率。如 20 岁的青年，体育锻炼时的最高心率不要超过 160 次 / 分。

③要懂得自我保护，特别是保护易伤部位，如踝关节、肩关节。由于运动量过大而出现了过度疲劳或不良感觉，如心悸、头晕、头痛、气喘、恶心时，就应调整运动量或停止运动。

④运动中不应大量饮水和补充食物，冬天应尽量采用鼻呼吸。

（三）运动后的保健措施

①在运动临近结束时，运动量要逐渐减小，可以放松慢跑、自由走、做放松性的徒手操。整理活动要注意肌肉的放松，要加深呼吸，以利于气体交换及血液循环。

②运动后要注意疲劳的消除。运动后可进行按摩、温水浴或局部热敷，加速致疲劳物质的排出，进行积极休息

③运动后应及时补充水分和电解质，喝淡盐水或运动饮料，用热水洗澡、擦身，避免冷水浴。运动半小时后才可进食，可多补充含维生素和矿物质多的食物，不宜大量吃糖，不能用饮酒、吸烟除乏。

第三节 运动中常见的生理反应与处理

由于运动而造成的人体生理活动过程的有序性受到暂时破坏而出现的反应称"运动生理反应"。常见的运动生理反应有运动中腹痛、肌肉痉挛、运动性昏厥、极点等。

一、运动中腹痛

运动中腹痛多发生在长距离跑等运动中。由于准备活动不充分，内脏器官尚未达到竞技状态，精神高度紧张造成大脑皮质功能暂时失调，致使胃肠神经控制出现紊乱。较持久剧烈运动引起的血液回流受阻、肝淤血肿胀等，都会导致胃肠痉挛而发生腹痛。一旦出现了腹痛如何处理呢？

①放慢运动速度，减少运动量，待疼痛消失后再逐步加快速度。

②轻轻按摩和揉动腹部，可以起到和顺血脉并减轻疼痛刺激的作用。

③进行呼吸增加氧气的吸入量、调节心肺功能、减轻腹肌的紧张、缓解腹痛。

④用手指分别用力按压两前臂的内关穴，有助于止住腹痛。

⑤顽固腹痛时，不要勉强坚持运动，应适当休息，另外可口服解痛药物止痛。

二、肌肉痉挛

肌肉痉挛俗称"抽筋"。平时运动基础差，突然加大了运动量而造成局部肌肉缺血，或长时间进行单调的重复动作，以及练习中大量排汗导致体内水盐代谢失调，天气严寒，准备活动不充分等都会造成肌肉痉挛。痉挛时，局部肌肉会变得僵硬，疼痛难忍。通常处理办法是：

①及时牵引、伸展痉挛的肌肉使之缓解。如小腿腓肠肌痉挛时，可迅速伸直患肢的膝关节，勾起脚尖。屈拇肌和屈趾肌痉挛时，可稍用力将足和足趾背伸直等。

②配合局部推拿按摩点掐痛点（阿是穴）。其手法是先以轻揉按摩后再强刺激穴位。

③用冷按摩来治疗局部及全身肌肉痉挛效果显著。因为冷按摩能使神经传导能力明显下降，感觉沿神经纤维传导的速度减慢，引起肌肉张力下降，从而减少了反射性的肌肉痉挛。

三、运动性昏厥

运动性昏厥是由于脑部突然缺血而引起的暂时性知觉丧失现象。最常见的昏厥现象是重力休克。是由于长时间剧烈运动，突然停止不动，使大量的血液积聚在下肢，回心血量减少，造成脑部缺血。主要处理方法如下：

①昏倒前应由同伴搀扶，慢慢行走，可使症状缓解或消失。

②让患者平卧，进行由小腿向大腿的回心按摩，帮助下肢血液尽快回流。

③若出现休克，要让患者平卧、保暖、宽松衣领，掐点人中、百会、内关、涌泉等穴位，并尽快通知医生前来处理。

四、极点

中长跑时出现呼吸急促、胸部发闷、下肢沉重、动作失调甚至有恶心、呕吐、头晕等现象，产生中止锻炼的念头，这在运动生理学上称为"极点"。出现极点的主要原因是在缺乏身体锻炼或准备活动不足的情况下，进行超越平时锻炼水平的活动，处理方法如下：

①适当减慢运动速度，并注意加深呼吸，上述生理反应将逐渐缓解与消失。

②加强意志能力的培养，"忍耐"和"坚持下去"一般会克服出现的沉重感，欲退出的念头会自然消失，迎来"第二次呼吸"。

③极点出现时舌抵上齿龈。例如，人在长跑时张着嘴呼吸，人体最大的两条任、督脉就会因张嘴而断开，一旦内气循行到口唇时不能沟通，就会郁积在头部和目眶，使人感到头晕目眩。舌抵上齿龈能沟通任、督脉，使小周天畅通，内气顺利流过头部，"极点"现象便能得到缓解。

第八章　全民健身之时尚运动

第一节　踢毽子

一、踢毽子的特点与作用

（一）踢毽子的特点

毽球由中国古老的民间踢毽子游戏演变而来，是中国民族传统体育宝库中的一颗明珠。它在花毽的趣味性、观赏性、健身性的基础上，增加了对抗性，集羽毛球的场地、排球的规则、足球的技术为一体，是一种隔网相争的体育项目，对发展和培养人们的判断、反应、快速移动能力及灵活性、柔韧性等身体素质具有特殊的作用。毽球体积小、重量轻、携带方便，且经济实效，深受男女老幼的欢迎，尤其适合在青少年中开展。

1. 群众性

踢毽子对男女老少都相宜，碎片时间也可以利用。老年人和慢性病患者，可以通过不十分激烈的动作进行练习，坚持下去大有好处。老年人腰腿不便是常见的慢性病，经常适度踢毽，对舒筋活血、益寿保健有一定的效益。媒体曾多次报道过通过坚持踢毽子，恢复健康和延缓衰老的实例。

2. 普及性

踢毽子运动量可随意控制，可视自己的体能来确定。不必与人争抢冲撞。不受场地限制、占地小、器具简单、投资少，男女老少都可参加。其踢法多种多样，踢毽子寓游戏于运动之中，只要玩得开心，合理掌握运动量，不但能够达到强身之目的，还能享受到其中的乐趣。

①踢毽子消耗体力不大，很快可以恢复。

②毽子可以随身携带，哪里都可以玩。

③这是仅次于跑步的最便宜的减肥运动。

④踢毽子有很正规的比赛，其锻炼效果堪与慢跑、游泳、骑车、划船、爬坡、越野和徒手体操相媲美。

3. 融合性

踢毽子融入了足球的脚法、羽毛球的场地和排球的战术。发展踢毽运动，还对其他体育项目运动技术的提高有促进作用。

踢毽子与踢足球有很多共同点，如果把它作为足球训练的一种辅助练习，是有价值的。踢足球和踢毽子都利用足内侧、足外侧、正脚面来控制，同样需要踝关节、膝关节和髋关节的灵活协调。踢毽子的接和落都要给予缓冲，这有助于加深青少年足球练习时对接传球的体会。

足球受场地和器材的影响较大，特别是城市中小学，除体育场训练外，其他训练条件较差。毽子随身而带，可利用一切空余时间进行足球的辅助练习。踢毽对其他运动项目，如武术、体操、跑步等都有裨益，也不失为一种良好的辅助运动练习。

4. 观赏性

踢毽子是中国独有的民族体育运动之一，它不仅是锻炼身体的一种手段，也是一种优美的艺术表演。

5. 灵巧性

上下飞舞不定的毽子，需要踢毽者在最有利的一刹那间来控制它，在空中完成各种接、落、跳、绕、踢的动作，过早过晚都要失败。这就需要做到反应快、时间准、动作灵敏、协调。

（二）踢毽子的作用

1. 有利于满足情感需要，形成良好的心理品质及思想品德

经常进行体育活动，可以使人强健身体、陶冶性情、磨炼意志，为其将来的事业打下良好的基础。

2. 有利于规范意识，形成正确的道德观念

在踢毽子活动的参与过程中，必须遵守其活动的规则，活动开始、进行、结束，都必然受其相应的活动规范的制约。在踢毽子活动中形成的规范意识、规则观念，还能迁移到其他方面，使参与者的组织纪律性得以增强。

3. 有利于增强体质、促进健康

踢毽子是全面锻炼和健全体魄的良好手段，是全民健身活动中一项行之有效的运动项目。经常进行踢毽运动，可以提高人们的力量、速度、灵敏、耐力、柔韧等身体素质，并能使人们的高级神经活动得到改善，尤其是能提高人体的心血管系统、呼吸系统等内脏器官的功能，从而促进人体的健康。

4.有利于培养竞争意识，矫治不良心理

踢毽子往往是在个体或群体的对抗中进行的，这些活动的对抗无不渗透着进取心的培养。一般情况下，没有哪个人是为了输而参与竞赛的，特别是双人踢或者多人踢的活动，赢取胜利和夺得第一是每个参与者的主观愿望。至于是否能获得良好的成绩，这就是对人们的身体状况、心理状况以及其他客观状况的总体考核。

5.趣味性

踢毽子运动具有很强的趣味性，可以让人们心情愉快地投入到运动中去，从而获得运动的乐趣与身心的愉悦。

6.有利于人际交往

随着全民健身运动的推进，踢毽子活动随处可见，它不仅可以单人踢，也可双人踢或者多人踢，可以增加家庭的亲和力，增进感情，多人踢更能培养团结友好社交能力，消除孤独感。

二、踢毽子的场地、器材与规则

（一）踢毽子的场地与器材要求

场地要平坦、避风，空气要流通，如在室外有风的地方踢毽子，毽子要重一点。古代毽子一般用羽毛和金属钱币做成。发展到现在，毽子的种类繁多，除延用古代的办法以外，一般有三种。其一，用金属片为底，以纸剪成各种花色缨的纸毽。其二，以各种色布条为缨，以大组扣为底做的布毽。其三，以塑料做成各色花毽，先将动物的尾羽捆扎成束，插入作为底托的铜钱方孔中，再用布裹紧缝牢。毽子种类可分为鸡毛毽、皮毛毽、纸条毽、绒线毽等几种。

（二）踢毽子的规则

非正式的踢毽子比赛有单人赛与集体赛。单人赛以每人踢毽的次数多少判定胜负；集体赛按个人技术高低分组，以总踢次数多少判定输赢。技艺高超者可连踢数千次而毽不落地。另有一种圈毽的踢法，即一群人共踢一毽，当毽踢到哪位毽友面前，该毽友即可任意选择踢法将毽子传毽给任何人，直至毽子落地，毽掉在谁面前谁为负。

自1984年前国家体委发布"毽球竞赛规则"和"花毽竞赛规则"之后，传统的踢毽运动开始出现正规的"对抗性比赛"（毽球）和"竞争性比赛"（花毽）的竞赛方法。毽子由于有了许多踢法，就有了许多踢毽子比赛方法。常见的有：

1.计数赛

参赛者主要用"盘踢"的方法，按一次连续踢成功的次数作为计分标准，如毽子落地，就要由另一人进行。还可用各种各样的踢法来丰富比赛的内容，比如规定"盘"

多少次就开始"拐"，"拐"多少次就开始"绷"，然后以蹬、磕、挑的顺序依次进行，谁能按规定连续踢完所有要求动作及次数，谁就是优胜者。

2. 计时赛

把计数变成计时的规定，在相同的时间里，踢的次数最多者为胜。

3. 花样赛

一般作为正规的体育运动比赛进行，称为花毽比赛。比赛中，参赛者踢出各种花样动作，以花样难度、编排艺术、成功率等作为评分标准，分成规定动作与自选动作两种，要求在规定的时间内完成。

三、技术要领与锻炼方法

（一）踢毽子的技巧

踢毽子是一项古老的游戏，也是中国具有民族特色的民间体育活动之一。踢毽子的基本脚法有：盘踢、拐踢、绷踢和磕踢。

盘踢、拐踢、绷踢和磕踢的基础踢法，是根据踢毽所用部位的不同，而使用的相应方法。无论哪种踢法，都有一个共同的要点，即支撑腿要伸直，身体重心要移至支撑腿。眼随毽动，连续踢时，毽踢出后要判断毽的落点，并及时移位高速姿势。还要注意动作的节奏，正确判断毽的方位、落点和下落的速度，做好继续踢毽的准备。边踢边动脑筋. 要求注意力集中。

1. 盘踢

用两足内侧互换踢毽。髋关节和膝关节放松，踝关节发力，带动小腿上摆，膝关节向外张（外摆），大腿自内向外翻转，用足内侧将毽子垂直踢起，一般不超过下颏。

练习方法：练习时，先要进行"空踢"的练习（即不使用毽子，模仿踢毽子动作的练习，此种方法适用于各种踢法的练习）。练习时，一腿站立，另一腿膝关节外张，大腿翻转至内侧向上抬起，足尖向前，足跟距直立腿约为一个脚长，高度与直立腿膝关节平齐。抬好后，不要立即放下，停留约五六秒，放下换另一腿练习。两腿的动作基本准确后，再使用毽子进行练习就比较容易了。

2. 磕踢

磕踢即用两腿膝盖部分互换踢毽子。髋关节、膝关节、踝关节放松，小腿自然下垂，足尖稍指地，膝关节发力，带动大腿上摆，将毽子磕起（撞起），一般不超过下颏。

练习方法：练习时，双肘放于腰间，掌心向下，前臂前伸，同上臂成 90° 夹角不动。用"空踢"的方法进行练习，膝关节发力，用膝盖部位撞击双手发出声响，很像用手击打膝盖的声音（但绝不是击打），如果声音不像，则是动作错误，原因是膝关节、髋关节没有放松，小腿没有自然下垂，造成膝关节发力受到限制，此时需要及时调整动作。声音相像后，再使用毽子进行练习，就容易多了。

3.拐踢

拐踢即用两足外侧互换踢毽子。髋关节、膝关节放松自然下垂，勾足尖，踝关节发力带动小腿，向体侧后上方摆动，当踢毽的一刹那间，踢毽脚的足内侧应平行于地面，高度约为30厘米左右，踢起的毽子一般与肩部平齐。

练习方法：练习时，先采用"空踢"的方法进行练习，动作基本准确后，再用"一踢一接"的方法练习，即用手将毽子在体侧抛起，高度约与肩部平齐，用拐踢将毽子踢起，用手将毽子接住，再抛、再踢、再接，此种方法适用于各种踢法的练习。动作基本准确后，改为两踢一接、三踢一接……熟练后，不再接毽，进行双腿互换的练习，次数越多越好。

为了避免动作错误，练习时，踢毽脚一侧向墙或树木站立，距离约与自己的体宽相同，用"一踢一接"的方法进行练习。如踢毽脚碰到了墙壁，便是动作错误，原因是大腿出现了摆动或是膝关节摆到了体前。

4.绷踢

绷踢即用足尖外三趾部分互换踢毽，髋关节、膝关节、踝关节放松，大腿向前抬起，和身体成150°～160°夹角。踢毽时，足尖外三趾部位与足跟同时发力，使足尖外三趾向上发力时带动全脚向上勾起。两足跟发力带动小腿向前摆出，大腿保持原角度，将毽子踢起，高低均可。

练习方法：练习时，先用"空踢"的练习方法进行练习，动作准确后，再采用"一踢一接"的方法练习。为避免动作错误，练习时可面向墙壁、树木等，距离稍大于体宽。如果练习时脚碰到了墙壁，便是动作不准确，其原因是大腿抬得过高，膝关节没有放松。

（二）踢毽子动作的指导要点

①选择平坦的场地，避免风的干扰，空气要流通，使肺部能吸入大量的新鲜空气。

②每个动作，先练习空踢，目的是培养动作的熟练度及身体的平衡感。

③先从单脚踢开始，学完单脚踢的基本动作后，再练习连贯动作，要左右脚交互练习，以促进身体均衡发展。

④踢毽子时两眼要注视毽子，不要单看脚部动作的正确与否，而忽略了掌握毽子落下的时间点。

⑤当毽子失去控制时，尽可能用脚掌拍接，真正不得已再用手掌接住，不使其落地。可以训练对毽子的接续性及流畅性，并训练自身的耐力及步法的灵活性。

⑥身体跃起在半空中踢毽子时，注意当落下时，以前脚掌先着地，以保持脚步轻快，并可避免脚踝受伤。

⑦除花招动作特殊变换外，任何踢法务求毽子要直上直落。

第二节　跳绳

一、跳绳的特点与作用

①跳绳运动不受人数、场地、时间、季节、性别和年龄的限制，器械、设备要求很简单，是最实用、最节省，而且效果极佳的锻炼方法。

②跳绳运动有多种花样跳法，具有较强的节奏感，若伴着合适的民谣、歌曲等，边跳边唱，边跳边说，玩起来更有趣味。

③跳绳运动需要手、臂、腰、腿、脚的全面配合，对提高身体的协调性、灵敏性、速度、耐力、弹跳力、爆发力等都有着非常大的促进作用。

④跳绳运动可增进人体新陈代谢，强化心肺功能，增强骨骼、肌肉的力量，预防疾病。

⑤跳绳运动具有益智功能，会大大增强脑细胞的活力，提高思维和想象力，因此，跳绳是健脑的最佳选择。

⑥跳绳可以丰富人们的文化生活，能锻炼人顽强的意志力，培养人的团结协作和集体主义精神。

二、跳绳的场地与器材

（一）跳绳的场地与器材要求

1. 跳绳的场地要求

在任何空间都可以跳绳，只要是足够绳子挥动，譬如没有吊灯的大房间、走廊、卧室、车房、地下室等，到户外跳绳那就更理想了。在软硬适中的草坪、木质地板和泥土地的场地跳绳较好，一定不要在硬水泥地上跳，以防损伤关节，避免跳绳引起头昏。

2. 跳绳时的服装

稍紧的运动服是最适合跳绳时穿着的，一般的旧衣服都可以用于跳绳，只要衣服不会因为跳动而滑上滑下就可以，这也是跳绳容易被人们接纳的原因之一。跳绳的人应选穿质地软、重量轻的高帮鞋，以防脚踝受伤。

3. 跳绳的要求

选用的跳绳软硬、粗细、长短要适中。初学者通常用硬绳，但熟练后要改为软绳。

（二）跳绳的比赛形式

大众跳绳的常用比赛形式有：

1. 个人赛

（1）个数赛

在规定时间内进行所跳个数的比赛。比赛时间有 1 分钟、2 分钟、3 分钟不等。

①比赛形式：有单摇跳（单飞）、双飞、单飞双飞交替、三飞、编花跳等。

②评分方法：凡绳子从头至脚绕过一周记数一个，脚踩绳而中断的不记数。

（2）耐力赛

规定某种跳法进行持续时间长短的比赛。

记时方法：比赛开始后，参赛者必须连续做跳绳动作，不可做 3 秒以上的停留，否则将被罚警告，两次警告则取消比赛资格，比赛直到选手自动停下为止。

（3）综合赛

在规定的时间内选手可自选动作跳，合计总分。

2. 集体赛

（1）短绳带人跳

规定带人个数，计算一次连续齐跳个数。

（2）长绳齐跳

（10 人组、20 人组、30 人组、50 人组、80 人组、100 人组、200 人组不等）规定人数，计算一次连续齐跳所跳个数，个数多者为胜。

（3）长绳跳

三人一组，两人摇绳一人跳，记下每个人一次连续所跳个数，最后总成绩为该组三个人的个数总和，多者为胜。

（4）跳绳投篮比赛

三人一组，两人摇绳，一人跳绳，跳绳者在规定的时间内投篮命中的个数多者为胜。

三、技术要领与锻炼方法

（一）基本技术及要领

1. 短绳跳

（1）短绳的选择

单人短绳跳绳，绳子的长度以一脚踩在中间，腿伸直，两手握绳恰好置于胸腰部的长度最合适。但绳子的长度也可以根据所跳的花样来调节，单人跳变带人跳，则绳子需要稍长些；跳编花、双飞跳、多飞、蹲跳等动作时，则绳子要比正常长度短些。技术好的人喜欢用短些的绳子，因为短绳可以提高速度和难度，而且省力。

（2）短绳跳的技术要点

①握绳方法：握有把（柄）的绳，手自然握住；握无把的绳，要把跳绳两端绕在手心和手背上，用拇指与食指第一、二关节握住跳绳。

②量绳方法：跳绳的长短可用双脚开立（不应大于肩）或一脚踏在跳绳中间部位，两手握绳的两端，两臂屈肘与体侧成直角，然后拉直跳绳即可。

③摇绳方法：

正摇绳。两手握绳，两臂自然屈曲，将绳置于体后，两手腕、手臂协调一致用力，将绳向上、向前抡起，当绳抡至头以上位置时，两手臂不停顿继续向下、向后抡绳，使绳绕身体周而复始地抡动。开始时，以两肩为轴，双臂双手腕同时用力，手臂抡绳动作比较大。技术熟练后，手臂抡绳动作可逐渐减小幅度，以两肘为轴，用两前臂和手腕配合摇绳。十分熟练后，可仅以两手腕的动作来摇绳。

反摇绳。动作与正摇绳动作相同，只是方向相反。

④停绳方法：当跳绳由后、向前摇转时，一脚向前伸，脚跟着地，脚尖抬起，使跳绳中段停在脚掌下。

（3）短绳跳的基本跳法

①单摇跳。也叫单飞或者直飞。

连续并脚跳。两手握绳的两端，两臂自然屈曲，将绳置于体后，两手腕、手臂协调一致用力，将绳向上、向前抡起，当绳抡至头以上位置时，两手臂不停顿继续向下、向后抡绳，绳落地前的一瞬间双脚随即跳起，绳从两脚下抡转过去，两手臂不停顿继续向后、向上、向前抡绳，绳接近地面的瞬间双脚继续跳起，连续做数次。

加垫跳（1次）。两手握绳的两端，两臂自然屈曲，将绳置于体后，两手腕、手臂协调一致用力，将绳向上、向前抡起，当绳抡至头以上位置时，两脚原地跳跃一次，两手臂不停顿继续向下、向后抡绳，当绳即将落地前的一瞬间双脚随即再跳一次，绳从两脚下抡过去，连续做数次。

②编花跳。指双手在体前交叉摇绳的跳法。

向前摇绳编花跳。向前摇绳编花跳有两种跳法。第一种把跳绳摇到前上方时，两臂迅速体前交叉，同时经下向后快速抖腕，两脚立刻起跳，这种固定两臂在体前交叉摇绳跳的动作方法，也称"死"编花跳；另一种跳法是两臂在体前稍分开，摇跳一次，再摇时两臂在体前交叉摇绳跳，叫"活"编花跳。

向后摇绳编花跳。向后摇绳编花跳也有两种跳法。动作与向前摇绳编花跳基本相同，只是两臂交叉的时机（两脚跳过绳后，两臂由下向上在体前交叉）和摇绳方向不同。

③双摇跳（双飞）。指摇绳两次跳一次的方法。也可分正双飞（或前双飞）和反双飞（或后双飞）。有正反双摇单脚跳、正反双摇交替跳、正反编花双摇跳（扯花、快花、风花、龙花）等。双摇跳的动作花样多，可组成不同的套路进行练习。双摇跳时，动作花样连续跳起来，非常美妙，是练习弹跳力、头脑反应能力的良好方法。

④三摇跳（三飞）。指摇绳三次跳一次的方法。三摇跳的难度较大，只有在熟练掌握双飞的基础上才可练习，需要有较好的弹跳力、手腕摇绳速度及手脚的协调配合才能完成。三飞的动作花样和组合在双飞的基础上有更多的变化。有三直飞、三扯花、快扯花、三快花、三风花、快风花、扯龙花、快龙花、龙凤花、风龙花、大龙花等13个基本动作，正反加在一起就共有26个动作。

2. 长绳跳

长绳跳是由两个人摇绳，单人或者数人跳绳的动作方法。跳绳人在跳的过程中可以做各种动作，如蹲跳、前腿跳、高抬腿跳、单腿跳、背跳等，可以模仿各种动物跳，如兔跳、狼跳等；多人跳时可以做手拉手跳、手拉手旋转跳等。绳的长短可根据人数的多少而定，一般为5～8米。也可变换各种跳法。根据绳的起始状态可分为死绳跳和活绳跳。

死绳跳是指跳绳人站在摇绳人的中间，绳子摇动时同时跳起，这时就不必考虑绳子的摇动方向，只要有节奏的跳动即可，比较容易掌握。

活绳跳是指绳子在摇动过程中，跳绳人站在一侧，观察摇绳的节奏和时机，待绳子摇到另一侧时，趁机到绳的中间，当绳摇到脚下时跳起，接着和绳子一起做有节奏的跳动。这种跳法根据方法、方向不同又有了多种跳法。

（1）长绳跳的基本技术要点

握绳方法：2人可单手或双手握绳各握跳绳一端，如绳长可在拇指与其他四指间适当绕几圈。

摇绳方法：两位摇绳人面对面站立，两人的身高接近为宜。两人向同一方向摇绳，动作要协调一致。

摇绳人需要有较好的臂力，并主动配合跳绳人的速度、节奏，注意力集中，两人配合协调一致。摇绳人技术好，最好是团队中的高个子，有利于跳绳人的发挥。

（2）基本跳法技术分类

①正上绳法。

②反上绳法。

③正斜上绳法。

④反斜上绳法。

⑤正跑"8"字跳。

⑥反跑"8"字跳。

（二）锻炼方法

了解跳绳的练习方法，有助于我们更好地掌握跳绳技术，提高跳绳的乐趣和练习跳绳的积极性，以达到健身和娱乐的目的。跳绳的练习方法很多，这里只介绍简单的锻炼方法，跳绳爱好者可以从中得到启示，创造出更多更有趣的玩法。

短跳绳除了上述的单人跳以外，还可以带人跳，正、反带人跳（分死绳带人跳和活绳带人跳）。

1. 一人短绳跳

①一人带一人。

②一人带两人或多人跳（前后）。

③一人带一人上绳跳：跳绳者在摇绳人的前后自由穿梭，而不干扰摇绳人摇绳的节奏。要掌握好时机，动作要灵巧迅速。

④一人带两人上绳跳：摇绳人前后各带一人，跳绳人掌握好时机和节奏，互相换位。难度比一人上绳跳要大。

⑤一人带三人上绳跳：同上。

⑥一人带多人轮流跳：跳绳人跑进绳中跳规定的次数，当绳摇到另一侧时跑出绳中，接着依次类推。

⑦带人双摇跳：指两个人同时做双飞动作，需要两人密切配合。

2. 双人、多人短绳跳

①一人跳一辅摇。两人面对同一方向，用同侧手握绳，在绳中间的人跳，另一人做辅助摇绳。

②双人摇绳跳。

面对面跳：两人用同侧手各握绳的一端，面对面双人跳的方法。

肩并肩跳：两人用异侧手各握绳的一端，肩并肩双人跳的方法。

两人摇绳带人跳：肩并肩两人跳同时带人跳。

两人跳双绳：两人各握两绳子的同侧端，内侧的两绳始终是交叉状态，朝同一方向摇绳，两人步调一致。

两人双绳交替跳：两人各握绳的同侧端，交替摇绳跳过。这种方法要求摇绳的手臂一上一下，对两人的协调性要求较高。

3. 长绳跳

长绳的玩法花样繁多，目前比较多的比赛形式是集体跳绳，以在绳中跳绳的人数多，齐跳次数多取胜。下面主要介绍长绳跳的各种变换跳法，如果在跳的过程中伴着歌谣或歌曲或者音乐，跳起来则更有趣。

①两人斜上跑过绳。

②两人正、反上绳跳。

③两组同时正斜上绳跳。

④两组跑"8"字正上绳交叉跳。在跳的过程中，可做一些会球、体操等各种动作来增加难度和趣味性。

⑤三人摇两绳跳。摇绳人呈三角站立，跳绳人可在两绳中来回上绳跳。

⑥三人摇三绳跳。方法同上。

⑦四人摇四绳跳。

⑧四人摇平等两绳跳。

⑨四人摇两绳十字跳。

⑩跳绳网。可由三根绳、四根绳或者更多绳组成，要求朝同一方向摇绳，绳子的交叉点必须经过地面。

⑪两根绳子交替对摇跳。这种跳法是长绳跳中最难的技术，但也是最有趣、最具有挑战性的跳法。这种跳法的技巧是在准备上绳时，注意观察靠近自己的这条绳时，另一条绳恰好远离自己，上绳后的第一跳是靠近自已的这条反摇绳，另一条正好转至脚下，立即跳过。如此连续跳过交替摇绳，节奏上要比跳一根绳快 1 倍。下绳的方法同上绳，以一根绳子为目标。

4. 长绳拖短绳跳

一般指长绳带短绳单摇跳。

第三节　空竹

一、空竹运动的特点

空竹为圆盘状，中有木轴，以竹棍系线绳缠绕木轴拽拉抖动。空竹又分为单轮（木轴一端为圆盘）和双轮（木轴两端各有一圆盘）。双轮空竹比单轮空竹容易操作。圆盘四周的哨口以一个大哨口为低音孔，若干小哨口为高音孔，以各圆盘哨口的数量而分为双响、四响、六响，直至三十六响。拽拉抖动时，各哨同时发音，高亢雄浑，声入云表。抖空竹和其他的体育运动相比，有着如下的特点：

（一）姿势多变

空竹抖动时姿势多变，使绳索翻花，可以做出"过桥""对扔""串绕""抢高"等动作，也有以壶盖等器具代替单轴空竹而游戏的。抖空竹的技巧颇多，有"仙人跳""鸡上架""放捻转""满天飞"等诸般名目，令人眼花缭乱、目不暇接，其中"蚂蚁上树"是将长绳一端系于树梢，一端手持，另有一人抖动一只空竹，迅速将飞转的空竹抛向长绳，持绳者用力拉动长绳，将空竹抖向五六十米高的空中，待空竹落下时，抖空竹者将其稳稳接住，令观者惊叹不已。

（二）空竹运动是全身的运动

抖空竹的看上去似乎是很简单的上肢运动，其实不然，它是全身的运动，靠四肢的巧妙配合完成。一般的空竹是 0.2 ~ 0.3 千克，也有为了练力量的把空竹做得比较大，从 1 千克至几千克的都有。一个小小的、上下飞舞的空竹，玩者用上肢做提、拉、抖、盘、抛、接，下肢做走、跳、绕、骗、落、蹬，眼做瞄、追，腰做扭、随，头做俯、仰、转等动作，要在最有利的一刹那来控制它，在空中完成各种动作，过早过晚都会失败，这就需要做到反应快、时间准，动作灵敏、协调。而跳跃时，则不但要跳，腰部动作也很重要，上肢随同摆动，有时颈部也要运动。连续跳跃，心跳也会加速。

（三）抖空竹寓游戏于运动之中，具有广泛的适应性

抖空竹运动量可随意控制，可视自己的体能来确定，不必与人争抢冲撞，不受场地限制，占地小、器具简单、投资少，男女老少都可参加。其抖法多种多样，有单人抖、双人抖、多人抖；有正、反、花样抖等一百多种玩法。抖空竹寓游戏于运动之中，只要玩得开心，合理掌握运动量，不但能够达到强身之目的，还能享受到其中的乐趣，其锻炼效果可与慢跑、游泳、骑车、划船、爬坡、越野和徒手体操相媲美。青少年可以对高难动作进行练习，增加户外活动，以此为电脑游戏的补偿，老年人和慢性病患者，可以通过这种不十分激烈的动作进行练习，坚持下去对健康大有好处。

抖空竹是中国独有的民族体育运动之一，它不仅是锻炼身体的手段，也是一种优美的艺术表演，很具观赏性，它同武术一样，应该加以挖掘、整理、继承和发展。

二、抖空竹的作用

（一）活动四肢，增强体质

抖空竹时，双臂、双手和十指都需要活动，十指握竿的松紧也随臂膀的活动在变化。单头空竹重量一般在 0.2 ~ 0.3 千克，双头空竹一般也在 0.4 千克左右。由于重量和大小适宜，120 毫米直径的空竹比其他规格的使用更为广泛，尤其初学者和大多数练技巧动作的人都常选用此型号。

抖动时左右臂同时运动互相配合，时而一前一后、一上一下挥舞，时而做一挑一拉的弧线运动，以及一抡一撑的回转运动，一外一内的旋臂盘转活动，花样之多，非几句话可描述。总之，是肘、肩和腕关节的全面活动，频繁而又不吃力，使得气血通畅，筋骨舒张。不少老年人的肩周炎，关节痛，风湿病等都在抖空竹的健身活动中得到了改善或痊愈。两腿的活动是随着空竹的水平回转而不断向左或向右转，以调整人体的适当位置，同时需要根据空竹的位置及时作跟进、后退、跨步、跳跃等动作。而青少年更可以做翻跟头和劈叉的动作，这样增强了腿的抗病能力和灵敏度。

（二）练视力脑神经，改善肠胃功能

抖空竹时，两眼不断随空竹的位置调整，在活动中，眼睛一定要盯住绳槽，才能做出好动作。同时，眼睛将空竹上下、前后、左右等位置，以及轨迹和转速等信号随时传输至脑，脑部必须随时应变，不断指挥全身各部位的运动来控制空竹，使其能称心如意地翻腾跳跃。双眼和神经系统在抖空竹的过程中会不断受到锻炼和提高。由于抖空竹运动量适中，改善肠胃功能自然不言而喻了。

三、空竹的场地器材要求

（一）空竹的种类

从当前来看，空竹的种类可以按材料、规格、功能等，分成好多类别。

1.按制作空竹的材料分

（1）竹木空竹

它是采用木材和竹子这两种材料合成的空竹。以前生产的空竹多是竹木空竹。其优点是发出的声音比较悦耳动听。缺点是强度差，怕摔，易损坏，使用寿命短。现在这种空竹使用较少，大多成为了收藏品。

（2）塑木空竹

它是采用现代工业塑料做发音盘外盘，抖轴与发音盘两侧板采用韧性好的木料制作而成的。其优点是质量好，不易变形，耐摔打，音质好。缺点是抖轴易松动，抖动时易产生不同心现象。

（3）玻璃钢空竹

它是采用环氧树脂胶和玻璃纤维布合制而成的。其优点是声音洪亮，强度高，韧性好，使用寿命长。缺点是维修困难。

（4）塑料空竹

它是采用 ABS 工程塑料注塑而成的。其优点是整体性好，耐摔，声音高低清脆分明，旋转平稳。缺点是气盖漏气后不易修复。

（5）橡塑空竹

它是采用橡胶或是改性塑料制作的空竹。其优点是柔软性好，耐摔，不易损坏，使用寿命长。缺点是没有气室。

（6）尼龙空竹

它是采用尼龙材料制作而成的。其优点是耐摔，强度高，不变形，使用寿命长，但价格较贵。

（7）金属空竹

它是采用不锈钢金属材料加工而成的。它也是没有音腔结构的空竹。

2. 按规格分

主要是按发音轮直径的大小来分。空竹大小尺寸有上百种规格。最小的仅 20 毫米，最大的可达 1 米多。常用的空竹规格多在 100 ～ 130 毫米。

3. 按功能分

（1）工艺品空竹

这种空竹可以采用其他贵重或稀有材料制成，它只能当做工艺品收藏。

（2）电子空竹

该种空竹是把电子音乐、彩色灯光相结合的一种空竹。在夜里抖时可以看到多彩的灯光，听到电子音乐，这种空竹多做演示用。

（3）夜光空竹

这种空竹多为注塑工艺生产的空竹，它是在生产时掺入一定量的荧光材料而成，这种空竹在夜间抖练时可发出一定的光亮。

（4）左撇子空竹

这是主要为左撇子的人专门生产的一种空竹。它的不同点就是音室的结构与其他的空竹相反。

从以上的介绍可以看出，不论哪种空竹，空竹的造型、体积的大小、音质音调、空竹外观的色彩等，均具有民族特色和地方风貌，体现了各地民俗文化的多样性和独特性。所以，绚丽多彩的空竹为我国民俗体育增添了无限的魅力，它不愧是宫廷玩物的瑰宝，现代生活的宠物。

除了以上类型之外，还有的空竹高手用酒瓶、花瓶、锅盖、茶杯盖等生活用品和其他物品作为空竹来表演，也丰富了空竹的种类。

（二）如何挑选空竹

前面已经讲过，当前空竹种类繁多，令人眼花缭乱，目不暇接。对初学者来说，挑选空竹并不是件容易的事。应根据自己的条件和场地等因素进行科学选择。

①一般来讲，男性应选用单轮空竹和轴承空竹，以及多轴承的轴承空竹，女性可选用双轮空竹，如果抖两个双轮空竹时，则应选择 V 形轴的空竹。

②初学者要挑选重量大的空竹，年老者或体质较弱、以及病后恢复人员，可选用重量较轻的空竹以及碗形空竹。

③一般体型的人，选用空竹的直径应在 100～130 毫米；体重较大、身材较高的人可选用 150 毫米、300 毫米直径的空竹。初学者选用 120 毫米、130 毫米的空竹比较理想。

④如果在沙土地、草坪绿地的场地、土质场地可选择竹料制作的空竹；在混凝土、砖块铺就的场地，应选用碗形的橡塑材料制作的空竹或者是尼龙材料制作的空竹。

⑤夜间或在光线较弱的地方抖练时，可选择材料带有荧光的空竹。

⑥老年人或者喜欢音乐的人，可以选购带音乐的电子空竹。

⑦初学者可使用抖轴是平面的或 U 形轴空竹，并且抖轴的直径不宜粗，一般在 10 毫米左右。如果你学两个双轮空竹，则要选择两个相同的 V 形轴空竹，颜色应搭配开，不要是同一种颜色。

⑧如果是集体表演，应选择定向性好的双轮空竹。

⑨可根据自己的爱好挑选空竹的颜色。但是在一般情况下，应挑选柔和的颜色，如黄色、浅绿色之类的空竹。在购买空竹时，一方面要购买在市场上有影响的品牌产品，另一方面先试抖一下，观看空竹的旋转是否平稳，听一听低音和高音的音质、音调是否理想。在听音质时，应从低速逐步加速到高速。有的空竹在低速时低音丰富，但当转速升高后便没有了声音，产生断音或哑音。有的空竹高音特尖特脆，比较刺耳。所以挑选空竹时要通过对比来购买最为理想和满意的空竹产品。

四、技术要领与锻炼方法

（一）起动空竹的技术

单轮空竹的起势主要有如下几种。

1. 地面起动法

①将空竹的大轮朝下放在身体右前的地面上，空竹轴尖向上。

②右脚向前上一步，将右手绳从空竹轴外按顺时针在主绳槽中绕两圈，并且右手竿头应距轴中心不得大于 100 毫米。

③抖绳缠绕完成后，两手用力向外撑，同时将空竹拎起，右手逐渐上抬，左手放松抖绳，使空竹从右手竿头处逐渐向左手竿处滚动。

④左手竿子放低，使绳从轴尖边滑脱下一圈，保证绳在主绳槽有一圈，而且右手绳在轴的一侧，左手绳在发音轮一侧形成交叉状。

⑤这时右手徐徐向上拉起，逐步用力，左手随着下送。整个过程中，空竹的轴尖应始终对着身体，身体还应向左缓慢转身。

2. 手捻起动法

这种方法是常用的另一种空竹起动法。它有两种表现形式：左手持竿法和双手持竿法，现以左手持竿法为例进行介绍。

①左手持双竿，绳套顺直打开。

②右手拿住空竹的轴尖部位，将空竹的大轮朝向左方穿过绳套，之后将空竹挂于主绳槽中。

③右手将空竹从左向右绕过左绳和右绳，达两圈后右手拇指、食指与中指按顺时针方向捻动空竹，使空竹在绳上转动。

④同时右手接竿抖转空竹。

3. 绕绳法

绕绳法也是一种常用的起动方法，属于手捻起动的另一种。它双手持竿，然后绕绳、捻转。

①双手持竿，右手的小指和无名指压着竿柄后部，并用拇指、食指和中指拿着空竹轴放于右手抖绳端的抖绳下方。

②左手带着抖绳从空竹的下方由左向右绕绳一圈。

③拿空竹的右手顺时针方向捻转空竹后，将空竹向前方送出脱手，随之右手向上拉动空竹，使其转速提高。

4. 抛接法

抛接法是手捻法的一个变形起势，它是先捻转空竹后，空竹脱手送出，再用抖绳捞住空竹。该起势具有一定的难度，应在练好手捻起动后再练此动作。

（1）正面抛接法

①左右手持竿。

②右手同时用拇指、食指和中指捏住空竹轴尖端。

③三个手指捻动空竹，按顺时针方向旋转。

④在捻转空竹的同时向右前方将空竹送出。

⑤右手做捞月势收住空竹并进行抖动。

（2）背后抛接法

这种抛接法比身前的抛接法难度更高些，因为它是在捻转空竹的同时，从身体的右后侧向左前方抛出，然后再接住空竹。

（3）双抛法

双抛法又称全抛法，就是将抖竿、空竹先后抛出后再接住的一种高难度起动方法。这种起动方法平时用得较少，只有在表演时才用。它的起动方法是：

①左手握双竿，右手拿空竹。

②左手先将右边的抖竿向上抛起。

③在左手将竿抛出的瞬间，右手将空竹向前抛起。

④右手向前接住抖竿。

⑤接住抖竿后，再接住下落的空竹抖转。

5.抖动和加速

（1）抖动

空竹起动后，要将空竹一上一下地进行抖转，并使空竹的转速逐步提高，这就是抖空竹。抖动空竹时应按下列要求。

①起动空竹后，右手向右平伸，左手竿头朝下。

②右手用力带动空竹向右前方，左手竿头随之向右，空竹向上升起。

③右手继续向上，带动空竹到达最上方。

④右手向左收回，使空竹回移到右前方。

⑤重复上述操作。

在抖空竹时，一要保证抖绳与身体平行；二要保证左手绳平行于地面，右手绳垂直于地面成为竖直状，以空竹所在的绳套为直角，使左手绳与右手绳构成一个直角三角形。

（2）加速

就是把空竹的转速提升起来，以满足做各种花样动作的需要。空竹加速一般采用"金鸡引颈"的方法，把空竹由低处向高处拉动，空竹通过抖绳与轴的摩擦力的增大，和空竹在引绳上移动距离的延长来提高转速。其方法如下：

①做抖空竹动作。

②右手用力带动空竹向右上方，左手也随之向右上方，使空竹在惯性的作用下沿绳飞向右上方。这时右手臂与地面应基本为45°的夹角。

③左右手回收，使空竹回到原先位置。

④空竹回到原先位置后，有的是抖动一下空竹，也就是缓冲一下，有的是直接又把空竹按先前的做法送到右上方。这要根据每个人的习惯去决定，但是效果都是一样的。

（二）捞月法

捞月动作不仅是抖空竹动作中最基本的动作，也是空竹失误时"起死回生"的法宝，所以，每个练习者必须苦练捞月动作，保证在抖空竹活动中的"零失误"。

在捞月动作中，有两种表现形式：一是空竹轴与身体平行的捞月；二是空竹轴与身体垂直的捞月形式。这两种表现形式在操作上既有其共性的存在，也具有个性的特征，所以不能一概而论，应分别对待。

1. 空竹轴与身体平行的捞月

（1）正捞月

所谓正捞月，就是右手绳靠近身体一侧，发音轮朝向左方的捞月动作。

①起动空竹后，调整空竹轴与身体平行，发音轮朝向左方。

②左手竿绳在外，左手竿斜向右前方；右手竿绳在里，保持与身体平行垂下。

③右手竿子垂直向上将空竹拉起，同时左手竿子迅速下沉，使空竹脱离绳子，与大腿根部平齐。

④左手竿子由后向上，右手竿子由前向下移动，使绳上下拉紧垂直。当空竹开始下落时，右手竿子也随着空竹下移。

⑤空竹下落时将空竹捞住。

（2）倒捞月

倒捞月这一招式是捞月动作中难度比较大的一种。它是将来学习倒盘丝、怀中抱月动作的基础动作。

①做倒捞月时，右腿应向前一步。

②起势后，调整空竹与身体平行，但应以发音轮向右，空竹轴朝左。右手抖绳于外，左手抖绳在里，左手竿子斜向右方。右手竿子还是与身体保持垂直。

③待空竹平稳后，右手用力将空竹垂直向上拉起后空竹脱绳，左手竿子迅速下沉。

④竿子由上向下，由里向外，从空竹的下方去捞住空竹。

（3）高捞月

高捞月实际上是捞月动作的一个延伸，也就是将空竹提升得比较高，一般是超过人的头部300毫米以上。在练习时，应按照捞月时的基本要求去做，只是在向上拉起时右手用力大些，并附带有抖绳上弹的动作，使空竹高高地升起，左手竿子迅速下沉时动作相应要快些。

（4）左右捞月

左右捞月就是左手、右手交替进行的一种捞月动作，它主要锻炼两手的协调和配合，也是一个最基本的动作。

①抖转空竹后，右手按正捞月将空竹拉起。

②右手竿在头顶上举起，左手竿头向前伸去，经空竹上边向下套住空竹，这时，左右手必须把绳拉直。

③捞住空竹后，向上拉起空竹，待空竹下落时，右竿前伸接住空竹。

④重复上述两项操作，左右交替地将空竹拉起脱绳，然后左右手将空竹捞住。在表演时，左右两边各做3个，不要超过5个。

（5）转身捞月

转身捞月动作优美婉转，它是捞月加转身的一种表现形式。这个动作可锻炼反应的敏捷度。

①抖稳空竹后，将空竹置于身体前方，并使空竹轴与身体平行，发音轮朝向左侧。

②右手向身体右后回收，左手抖竿向前与胸平，手抖绳夹角为60°以上。

③右手向上将空竹弹起脱绳。

④身体快速向右旋转360°。

⑤右手竿前伸，捞住下落的空竹。

2. 空竹轴与身体垂直的捞月

（1）交叉捞月

交叉捞月，就是在左右手臂交叉后将空竹拉起脱绳的一种动作，这在海豚戏水、彩蝶飞舞等花样动作中经常会遇到。

①抖动空竹，使空竹运转平稳。

②调整空竹于身前，并使空竹发音轮朝外，轴尖垂直于身体，右手竿在右，左手竿在左。抖绳为交叉状。

③右手向左在左臂下方，左手向右在右臂上方，使两手交叉，抖绳呈打开状。

④右手向上将空竹弹起离绳，双手复位。

⑤右手竿从空竹轴右侧挂住空竹。

这种捞月由于空竹轴与身体垂直，所以在捞月时有一定难度，这样失误的概率也就比较大；这是因为轴与身体平行时，眼在观察抖绳与轴的视线比较清晰，也就是能看得准。而空竹与身体垂直时，由于主绳槽的宽度受视线的影响较大。所以准确率较低，就不容易捞住空竹。要减少这种捞月的失误，须勤学苦练才能有所成果。

（2）侧捞月

侧捞月，就是把空竹从左侧脱出，用右手绳捞住。侧捞月的操作要点是：

①起动空竹后，调整空竹的发音轮朝前。

②在抖空竹的情况下，将空竹调整于身体左侧，抖绳调整于发音轮侧。

③待空竹到达身体左侧时，右手向右上方拉动空竹，左手下压，空竹离绳向右。

④右手绳由空竹轴右边向下套住空竹。

如果将来动作熟练后，还可以采用反抄的方法脱绳。其方法是：待空竹盘到身体右侧时，右手绳由里向外换于发音轮处，到达左侧后，右手向右拉动空竹，并使空竹离绳向右，右手绳套住空竹即可。

（三）上竿法

所谓上竿法，就是使空竹在抖竿的上边某点进行旋转或进行其他招式的一种技法。

这种技法还在其他地方演变成了一种无绳技法，就是不采用抖绳，而只用两根抖竿来完成所有单轮动作。

1. 上竿

①起动空竹后，调整身体与空竹轴相平行。

②右手竿将绳子向上垂直拉起脱绳。

③右手竿前伸，让空竹落于竿上进行旋转。

④待空竹速度缓慢时，右手竿头低下，使空竹从右手竿子滑到绳上进行提速运动。也可以将空竹向上抛起，抖绳接住后再抖动空竹加速。

2. 换竿

所谓换竿，就是倒换的意思，空竹上竿后从右手竿换到左手竿上的动作。

（1）平面换竿法

①按上竿法做上竿动作。

②两手持竿前伸并使两竿保持平行，待空竹在某竿上转动平稳后，将空竹向上脱竿。

③空竹出竿后，用一竿将空竹接住。然后再将空竹向上脱竿，用另一竿接住空竹。并且身体为了保证与空竹轴相平行，要不断地调整身体与杆轴的位置，这样一来一往，使空竹在两竿上跳来跳去。

（2）调转竿头法（也称调竿法）

①按上竿法做上竿动作，然后向上脱竿。

②待空竹送出后，立即将另一竿与身体平行接住空竹。随后将竿前伸到正常位置，使空竹在竿上平面转动180°，也就是将发音轮从原来在竿左边调转到竿右边。

③待空竹平稳后，再将空竹调到另一竿上。不论哪个竿去接空竹时，手背向前，虎口朝向左方或右方。

（3）反手倒竿法

也叫做月上高楼。空竹上竿旋转平稳后，用竿将空竹向上弹起，弹起的高度应超过头顶300毫米为宜。随即手腕由前向后将竿头调转，使空竹落于竿上。

（4）竿骗马

竿骗马也是上竿动作中的一种。做上竿动作，使空竹在右竿上运转平稳，然后抬起左腿或右腿，把空竹从腿下传给左竿，然后左竿再把空竹倒换到右竿，重复上述动作。

（5）竿背挑

竿背挑就是将空竹上竿后，从身体的背后把空竹挑出后用绳收住空竹，或是重新使空竹上竿。竿背挑的做法是：空竹上竿后，先进行平面倒换竿，并使空竹在倒竿中倒向，也就是空竹返到右竿时发音轮的位置转换到了右边。这时右手竿子通过身体右侧移动到背后，并把空竹向左方挑送出去，身体同时左转，用绳或竿接住空竹。练习这个招式时，应注意两点：一是空竹倒向，二是向身体背后移动时必须保证竿与空竹轴的垂直，否则就会失败。

倒竿时，两竿之间的间距应基本同身宽，不得过小，倒送空竹时，用力要缓和，手腕要灵活。

3. 转竿

转竿，就是利用手腕的转动，使抖竿以空竹轴为中心的一种旋转技法，这种招式是上竿动作的一种演变，它的主要功能就是锻炼手腕的灵活性和掌握空竹的稳定性。

①起动空竹后，做金鸡引颈提高空竹转速。

②调整空竹轴与身体平行，发音轮朝左，并做上竿动作，使空竹上到右竿之上。

③上竿平稳后，右腿向前上一步，同时拇指、食指和中指虚握抖竿。

④以空竹轴为中心，手臂以顺时针方向转动，使抖竿始终不离空竹轴进行圆周运动。

（四）收势

收势就是表示该套动作已经全部完成，并且也是引气归元和调整心态的一个基本动作。

抖空竹的收势中，有各式各样的收势动作，应根据每个人的爱好确定，或是结合不同的场所以及自然环境和气候来确定，介绍几种收势的做法，供大家参考。

1. 直接收势

这是大多数人常用的一种收势。这种收势直接、果断、简单，一般有三种做法。

第一种是平盘丝动作的收势：当一个平盘丝动作结束时，一般是将空竹沉到身体正前方，如果抖绳的位置不是正常抖空竹的位置，右手将空竹拉起，右手竿递到左手，右手直接接住空竹，然后向观众鞠躬下场。

第二种是立盘动作的收势：当一个动作或一个套路完成后，把空竹盘到左侧做脱绳动作，空竹离绳后从左向右飞移下落。这时用手接住空竹轴，并且左手抱住右手向观众谢场。

第三种是立盘动作的收势，当一个动作或一个套路完成后，右手回拉空竹并使其脱绳，然后右手竿递到左手里，两竿头叉开，迎着空竹进入两竿之中。右手从两竿中取下空竹，向观众抱拳下场。

2. 托塔收势

托塔收势中，有前托塔收势和背托塔收势两种。和前托塔收势相比，背托塔收势难度较高。

第一种：前托塔收势。这种收势简洁易做，效果明显。其做法基本同直接收势。只是立盘丝脱绳动作后，右手掌张开展平，空竹轴尖向下自由地落到手掌心上。手指回收握住空竹轴谢场。

第二种：背托塔收势。这种收势比前托塔收势难度要大，但可给人一种回味无穷的感受。其做法最后一个动作为立盘丝。空竹运行到左侧后，做背脱动作，身体右转，右手掌展平接住空竹并回到身前，然后做托塔收势向观众谢场。

第九章 全民健身之球类运动

第一节 篮球运动健身

一、篮球运动概述

篮球运动不仅是一项综合性的活动型游戏，而且是一项现代竞技体育的运动项目。现代篮球运动是在统一的国际篮球组织指导下，以严格、规范的比赛规则和特定的竞赛方式，通过追求更高、更快、更强的奥林匹克精神展开的强者间的对抗、竞争与拼搏，其竞赛活动过程充分显示出人类生命所具有的活力，突出了为民族争荣、自强不息的奋斗品格。篮球运动起源于人类的生存劳动，是社会进步的反映。

当前，篮球已经成为一项魅力无穷的运动。在世界上已经拥有 1.8 亿名运动员，和数亿计的爱好者和观众。我国篮球运动的发展是令人瞩目的，特别是在学校这个育人的场所，篮球运动开展尤为普及，深受青年学生的青睐。经常参加篮球运动，能促进速度、灵敏度、力量、耐力、柔韧度等身体素质的发展，提高中枢神经系统的灵活性，增强心脏、血管、呼吸、消化系统的机能，促进肌肉和骨骼的生长发育，使身体得到全面发展。篮球运动是集体项目，且具有强烈的竞争性和对抗性，因此，能培养人的团结协作、互相配合的集体主义精神，和勇敢顽强、机智果断等优良品质。

二、篮球运动技术

篮球运动技术是篮球在比赛中运动员为了进攻与防守所采用的各种专门动作方法的总称。篮球进攻技术包括传球、接球、运球、投篮、持球突破等；防守技术包括防守对手、抢、打、断球等。不管进攻技术还是防守技术，都含有移动和抢篮板的基本技术。

（一）传接球技术

1. 传球技术

传球技术是篮球运动中的主要技术之一，是指在篮球比赛中进攻队员之间有目的的支配球、转移球的方法。传球动作方法分双手胸前传球和单手肩上传球两种，双手胸前传球主要是以双手胸前传球为基本动作方法，而单手肩上传球则是以单手肩上传球为基本动作方法。下面简单介绍两种传球技术。

（1）双手胸前传球

双手胸前传球是一种最基本、最常用的传球方法，具有准确性高、容易控制，便于和其他技术结合的优点。传球时，两手手指自然分开，拇指相对成八字形，用指根以上部位持球，手心空山。两肘自然弯曲于体侧，将球置于胸腹之间的部位，身体成基本站立姿势。传球时，在后脚蹬地、身体重心前移的同时，前臂迅速向传球方向伸出，拇指用力下压，手腕前屈，食指和中指用力拨球将球传出。球出手后，身体迅速调整成基本站立姿势。传球距离近，前臂前伸的幅度小。中近距离传球，主要靠手腕的翻抖和手指拨球。远距离传球时，要加大蹬地跨步、伸上臂的力量。远距离的传球，就需要加大蹬地、伸臂以及腰腹的协调用力，要注意传球距离越远，蹬地、伸臂的动作幅度也就越大。

（2）单手肩上传球

单手肩上传球是指传球前单手持球于肩上，出手时单手将球传出的一种传球方法，是传球中最基本的传球方法之一。其特点是力量大，适合于远距离的传球，常用于抢到后场篮板球发动长传快攻时。以右手传球为例，传球时，双手持球于胸前，两脚平行开立；左脚向传球方向迈出半步，同时右肩打开引球至右肩上方，肘外展，手腕后仰，左肩对着传球方向，重心落在右脚上；右脚蹬地转体，前臂迅速向前挥摆，手腕前屈，通过食、中指拨球将球传出。

2. 接球技术

接球技术是篮球比赛中进攻时最基本、最重要的技能，接球手法主要包括双手接球和单手接球两种。下面简单介绍这两种接球技术。

（1）双手接球

双手接球是篮球技术中最基本的接球方法，也是在比赛中运用最多的技术动作之一。其优点在于握球牢稳，易于转换其他动作。双手接球时，两眼注视来球，两臂伸出迎球，手指自然分开，两拇指成八字形，手指向前上方，两手成一个半圆形。当手指触球后，两臂随球后引缓冲来球的力量，两手握球于胸腹之间。保持身体的平衡，做好传球、投篮或突破的准备。根据来球的高度不同，伸出两臂迎球的高低也会有所不同。

（2）单手接球

单手接球的优点在于控制的范围比较大，能接不同方向的来球。但是单手接球不如双手接球牢稳，因而，一般情况下应尽量用双手接球。以用右手接球为例，原地单手接球时，两眼注视来球，右手向来球方向伸出，五指分开，掌心对着来球。在手指触球瞬间，顺势收臂，左手迅速扶球，将球置于胸前，保持基本站立姿势，右脚向来球方向迈出，两眼注视着来球。

（二）运球技术

运球技术是持球队员在原地或移动中，用单手持续拍球推进的一种动作技术。下面介绍几种常见的运球技术。

1. 高运球

高运球是在无防守干扰的情况，因整体战术需要，为加快向前推进速度所采用的一种运球方法。采用这种运球方法运球时，要求运球队员身体重心较高，按拍球力量大，球反弹高度在胸腹之间，运球速度快，便于观察场上情况。具体而言，运球时，腿微屈，目平视，上体稍前倾，以肘关节为轴，用手按拍球的正后方向前推进（若为原地高运球，应按拍球的正上方），球的落点在身体的侧前方，高度在胸腹之间，一般拍一次球跑两步。

2. 低运球

低运球是指运球时，球反弹的高度在膝关节以下的一种技术。常在遇到有对手紧逼或接近防守队员时采用这种运球方法，用以保护球或摆脱防守。具体而言，运球时，两腿弯屈，降重心，上体前倾，用异侧臂、身体利腿来保护球，用手腕和手指力量，短促地按拍球，以便更好地控制球，摆脱防守，继续前进。

3. 运球急停急起

运球急停急起是进攻队员在运球推进时，利用速度变化来摆脱防守而采用的一种有效的技术方法。具体而言，在快速运球遇到防守的堵截时，利用跨步急停动作，右手按拍球的前上方，然后短促有力地按拍球的上方，变为原地低运球。急起时，身体重心迅速前移，后脚用力蹬地跨出，同时右手按拍球的后上方，运球前进。

（三）投篮技术

投篮技术是进攻队员将球投入对方球篮而采用的各种专门动作方法的总称。此外，投篮也是篮球比赛中得分的唯一手段，是一切技术、战术运用的最终目的和全部攻守矛盾的焦点，是整个篮球技术体系的核心。投篮的动作方法很多，按照持球方法的不同，可以将其分为单手投篮利双手投篮两种。下面具体介绍这两种投篮方法。

1. 单手投篮

以原地单手肩上投篮为例，投篮手五指自然分开，手心空出，手腕后仰，大、小拇指间的夹角约为80°，以扩大对球的支撑面，用指根及其以上部位托球的后下方，球体的重力作用线近乎落在食指和中指的指根部位，肘关节自然下垂，另一手扶球的侧上部，置球于同侧头或肩的上方。

2. 双手投篮

以原地双手胸前投篮为例，两手手指自然分开，拇指相对成八字形，用指根以上部位握球的两侧后下方，手心空出，两臂自然屈肘，肘关节下垂，置球于胸与下巴之间。

（四）持球突破技术

持球突破是持球队员将合理的脚步动作与运球技术相结合，快速超越防守队员的一种攻击性很强的进攻技术。在篮球比赛中，及时地把握突破时机，合理地运用突破技术，是直接切入篮下得分的重要方式。持球突破技术动作主要由熟练地支配球、假动作吸引、脚步动作、转体探肩、推放球加速五个环节组成。在突破时屈膝降低重心并前倾上体，使重心前移，同时脚步动作配合以朝向突破方向的反方向积极有力地蹬地，以便能达到迅速起动，摆脱对手防守的效果。突破时跨出的第一步要大些，抢占有利的超越位置，但以不影响前进速度为宜。跨出的脚要落在紧靠对手的侧面，脚尖向着突破方向，以便第二步蹬地加速突破防守。

（五）抢篮板技术

篮球比赛中，抢得篮板球是攻守矛盾转化和比赛胜负的关键，也是衡量运动员个人和全队整体实力的标志。凶悍的争拼和控制篮板球是现代篮球运动当代化的重要特征。抢进攻篮板球和抢防守篮板球都是由抢占位置、起跳动作、空中抢球动作和获得球后的动作组成。

1. 抢占位置

抢占位置时，应根据对手和投篮队员所处的位置，正确判断篮板球的反弹方向、距离，运用快速的脚步移动，配合身体动作抢占有利位置。抢占有利位置一定要考虑球的反弹规律，投篮出手弧度与反弹距离，投篮角度等，在准确判断的基础上，力争抢占对手与球篮间的有利位置，力争把对手挡在身后。

2. 起跳动作

抢占到有利位置时，身体应保持正确的起跳准备姿势，起跳前屈膝降重心，利用身体尽量扩大占位面积，准确判断球的反弹方向和落点，及时起跳，控制空间，力争在最高点早于对手抢到球。

3. 空中抢球动作

空中抢球时，要合理地利用身体的各个部位，用肩部挡住对方。两手在头上伸展开，以利于抢球。

4. 获得球后的动作

当进攻队抢到篮板球后，应将球紧紧握牢，两脚分开，前脚掌先着地，保持身体平衡，两肘外展保护好球。若遇防守时，则将球置于防守人远侧，并利用肩背或转身跨步，不断移动球的位置，防止对方将球打掉。补篮或继续投篮，如果没有投篮机会，应迅速将球传给同伴，重新组织进攻。防守队员抢到篮板球时，最好能在空中将球传给同伴，创造快攻机会。

三、篮球运动战术

篮球战术是篮球比赛中，队员个人技术的合理运用，和全队队员相互协调配合的组织形式和方法，其目的是充分发挥本队的特长，制约对方，以争取比赛的胜利。

（一）篮球进攻基础配合

进攻战术配合是在篮球比赛中，队员两三人之间有目的、有组织、相互协同行动的配合方法。进攻战术基础配合包括传切、掩护、策应和突分配合。

（二）篮球防守基础配合

篮球防守基础配合，是在篮球比赛中两三人之间为了破坏对方进攻而组成的简单配合。防守基础配合包括抢过、穿过、绕过、关门、夹击、补防和交换防守配合等。

（三）篮球基本战术

1. 快攻

快攻是由防守转入进攻时，全队以最快的速度、最短的时间，将球推进至前场，争取造成人数上和位置上的优势，以多打少，果断而合理地进行快速攻击的一种进攻战术。

快攻是篮球进攻战术的重要组成部分，其特点是发动突然，攻击迅速，所以它是现代进攻战术中最锐利的武器、最重要的反占得分手段。由于篮球技术的发展，促进了快攻战术的发展，快攻的速度越来越快，成功率越来越高，其关键是争取时间、创造战机、速战速决。

2. 防守快攻战术

防守快攻战术是指由攻转守的瞬间及时组织防守阵形，主动阻止和破坏对方快攻的防守战术。防守快攻要从全力拼抢篮板球开始，在失去球权后，首先封堵第一传，堵截接应队员，边退边干扰，力求延缓对方的进攻速度，打乱进攻的节奏，推迟进攻攻击时间，借机及时组织全队防守。现代篮球比赛速度不断加快，强化攻守转化意识，努力提高防守技能、战术质量和深入研究防守快攻战术，显得越来越重要。

3. 区域联防

区域联防是由攻转守时，防守队员迅速退到后场，每一名队员分工负责协同配合防守一定的区域，随着球的转移而积极地调整自己的位置，形成一定的阵形，把每一个防区的同伴有机地结合在一起所组成的全队防守战术。

现代区域联防战术的特点是：防守队员以球为主，随着球的转移和进攻队员的穿插移动，不断地选择有利的防守位置。对有球区域以多防少，无球区域以少防多。在防守区域内，其主要任务是观察和限制进攻队员的活动，做到防人为主，人、球、区兼顾。当前，区域联防战术已扩大防区，从单一的、固定的防守阵形向综合多变的方向发展，并经常采用轮转换位、紧逼、夹击等手段，形成了"一攻一守"对位区域联防，使区域联防战术具有针对性、攻击性、综合性的特点。

4. 进攻区域联防

无论进攻哪一种联防，最有效的办法就是利用快攻，趁对方尚未返回防守阵地时，以快攻得分。但是任何一个队，都不会总是让对手打成快攻的，因此，就必须学会进攻各种联防。

在进攻联防时，要针对这种防守战术主要是每人防守一定区域的特点，集中优势兵力，在局部地区形成人数上的优势，并进行穿插、迂回、声东击西、调动和打乱对方的联防阵形，创造投篮的机会。

5. 人盯人防守

人盯人防守战术是每名队员负责盯住一名对手并与同伴互相协作，进行全队防守的集体防守战术，以控制进攻行动、争夺球权和阻止对方投篮为目的，为守转攻创造条件。人盯人防守的优点是能充分体现人、场地和球三位一体进行直接争夺的同场对抗规律，战术灵活机动，队员职责明确，有很强的针对性和策略性。

第二节　足球运动健身

一、足球运动概述

足球运动是一项以脚支配球为主，两队相互对抗，以踢进球门多少球判定胜负的球类运动。经常参加足球运动能有效地发展身体素质，增强体质，提高人体各器官系统的功能。长期从事足球训练可以培养和锻炼人们勇敢顽强、机智果断、坚忍不拔、勇于克服困难的优良品质和集体主义与团结协作精神。另外，足球场上双方的激烈争夺和比赛局面的变幻莫测，都能提高参赛者的注意力、观察力、想象力和思维能力，改善心理素质。

二、足球运动技术

足球运动技术是指运动员在足球比赛中所采用的合理行动和动作方法的总称，它分为踢球、停球、顶球、运球与运球过人、抢截球、掷界外球、射门、守门员技术等。

（一）踢球

踢球是指用脚的不同部位将球击向预定的目标。踢球的方法主要有脚内侧踢球、脚背正面踢球、脚背内侧踢球和脚背外侧踢球。

1. 脚内侧踢球

这种踢球技术主要是用脚内侧部位（跖趾关节、舟骨、跟骨等所形成的平面）踢球的一种方法。其特点是脚与球接触面积大，出球准确平稳，且易于掌握。但由于踢球时要求大腿前摆到一定程度时需要外展且屈膝，故大腿与小腿的摆动都受到限制，因此出球力量相对较小。

2. 脚背正面踢球

脚背正面踢球由于其解剖特点，摆幅相对较大，加之用脚背踢球接触面（与球）相对较大，因而踢球力量也大，准确性也较强。但受以上因素的影响，出球的方向及性质相对变化也较小。在比赛中经常使用脚背正面踢定位球、地滚球、空中球、反弹球及倒勾球。球的性质多为不旋转的直线球，但也可用来踢抽击性前旋球。

3. 脚背内侧踢球

这是一种用第一跖骨及跖趾关节部位触击球的踢球方法。其技术结构与前两类踢球方法相同，但技术细节有所区别。

4. 脚背外侧踢球

这种踢球方法预摆动作小、出脚快，能利用膝、踝关节的灵活变化改变出球方向和性质，具有一定的隐蔽性，是一种具有较强实用性的技术，同时也是一种较难掌握的踢球技术。

（二）停球

停球是指有目的地用身体的合理部位，将运行中的球停留在所控制的范围之内。常见的停球方法有脚内侧停球、脚底停球、脚背正面停球、脚背外侧停球和胸部停球。下面简单介绍两种停球方法。

1. 脚内侧停球

这种停球方法由于脚触球的面积大而且弹性大，容易接稳，并便于转变方向和接着做下一动作。比赛中多用于接地滚球、空中球和反弹球。

接地滚球时，支撑脚正对来球方向，膝关节微屈，上体稍前倾，身体重心放在支撑脚上。停球脚提起（约一球高），大腿外旋，膝关节稍屈，脚掌与地面平行，脚内侧对准来球。当脚接触来球时，快放大腿，用脚内侧作为切面与来球前缘相切，切后随即微微上提，将来球挡在身体前并缓缓向前滚动。

接空中球时，根据来球的高度把停球脚抬起，脚尖稍翘起，脚内侧对准来球。当触球的一刹那，迅速后撤或下压，以缓冲来球的力量。

接反弹球时，先要判断好来球的落点，支撑脚快速踏在球落点的侧前方。停球脚提起，膝关节外转，脚内侧对准球的反弹方向。在脚内侧触球瞬间，要稍下压，以缓冲球的反弹力量，把球接在脚前。

2. 胸部停球

挺胸停球时，身体正对来球，两脚前后或左右开立，两膝稍屈，上体略后仰。当胸部与球接触时，脚跟提起，憋气，同时向上挺胸，使球在胸部轻轻弹起。然后根据比赛的需要，接着做下一个动作。收胸停球时，身体正对来球，两脚左右或前后开立，两臂自然张开，挺胸主动迎球，当胸部与球接触时，迅速缩胸收腹，用胸扣压球以缓冲来球力量，使球落地。

（三）射门

射门是指进攻到对方门前时，运用不同的脚法（或头顶法）将球攻向对方的球门。射门是比赛得分的主要手段。一般而言，射门常是在与对手激烈的竞争中进行，需要摆脱对方的阻截、冲撞甚至一些粗野动作，这就要求进攻者技术全面，动作快速，真假结合，起脚突然、准确有力，只有这样才能抓住战机、破门得分。

根据射门方式的不同，射门技术可分成直接射、运射、接趟射、过人射和踢定位球等，直接射、运射、接趟射、过人射往往采用踢球力量较大的脚背正面、脚背内侧或脚背外侧脚法，踢定位球可采用弧线球踢法。掌握好射门技术的关键是起脚时机适当、脚法正确、准确有力。

（四）守门员技术

守门员是全队的最后一道防线，他的主要任务是不让对方将球射入本方球门。守门员要善于观察全局，起到协助指挥全队防守和进攻的作用，并且随时注意比赛发展情况，力争扩大自己在罚球区内的防守范围，以便尽早截获各种来球，并快速及时地把球传到有利于进攻的位置上，组织发动进攻。

三、足球运动战术

（一）局部进攻战术

足球比赛中，在局部区域二三人的配合称作局部战术。

1. "二过一"配合

所谓"二过一"配合，是在比赛中，通过局部区域的两个进攻队员传球与跑位的配合，突破防守队员的方法。

2. 传切配合

传切配合是控球队员向防守队员身后空隙传球时，另一同队队员要越过防守队员，切入得球的行动。切入者要善于掌握时机，动作应快速突然。传球者要做到及时、准确，传球方式要准确合理。传切配合主要有一传一切和长传转移切入两种。

3. "三过二"配合

"三过二"是在比赛中局部地区 3 个进攻队员通过连续配合，突破两个防守者的防守的方法。

（二）局部防守战术

局部防守战术指两个或两个以上防守队员之间的相互配合方法，是集体防守战术的基础，其基本配合形式有保护、补位和围抢。

1. 保护

保护指给逼抢持球队员的同伴心理和行动上的支持，使其没有后顾之忧，全力以赴紧逼对手。一旦被持球队员突破，保护队员可及时补防，堵住进攻路线或夺回控球权。如果逼抢队员夺得控球权，保护队员可及时接应发动进攻。

2. 补位

补位指防守队员弥补同伴在防守中出现漏洞时所采取的相互协助的战术配合。在比赛中，通过同伴间的相互补位，能有效遏制和破坏对方的进攻行动，变被动为主动。

3. 围抢

围抢指两个以上的防守队员从多方位夹击对方的控球队员，将球抢夺回来或破坏掉的战术配合。一般应在边、角场区，对方身体方向和观察角度较差时或在守方门前接球、运球、射门时，坚决展开围抢封堵。

（三）整体进攻战术

整体进攻战术是为完成进攻任务所采用的全局性的进攻配合手段。

1. 边路进攻

利用球场两侧地区发起进攻的方法叫边路进攻。边路进攻是全队进攻战术的主要形式之一。边路进攻的发起、推进通常有两种渠道：一是进攻过程始终沿边路而行；二是通过中路转移至边路。

2. 中路进攻

中路进攻是利用球场中间区域组织的进攻，这种进攻虽能直接射门，但难度最大，因中路防守最为严密，前攻击手必须是反应极其敏锐、意识强、技术高、敢于冒险、速度快和善于路位策应的队员。

3. 快速反击

比赛中当攻方进攻时，后卫线往往压至中场附近，防守人数也由于插上进攻和助攻而相对减少，此时如能抓住对方防区空隙较大和回防较慢的机会，乘其失球发动快速反击，往往能取得良好的效果。快速反击是最有威胁的进攻手段，有效的进攻在于突然快速地反击，但其难度较大，既要冒险，又要有准确、快速的传切配合技能。快速反击要有组织，配合得要极为默契，必须进行专门性的训练，否则很难在比赛中实施。

（四）整体防守战术

整体防守战术指全队所采取的防守配合。整体防守战术按照形式可分为人盯人防守、区域盯人防守和混合防守。

1. 人盯人防守

人盯人防守是指一种除自由人以外，其他每个队员都有固定盯人对象的防守形式。这种打法突出的特点是在全场攻守的每一个时间和空间，让每一个进攻队员始终处于压力之中。人盯人防守要求每个队员都要具有较强的个人作战能力，并且同伴间能相互协作。

2. 区域盯人防守

区域盯人防守是指每个防守队员占据一定的活动区域，当进攻者进入该防区时，区域防守队员实施严密盯人，以控制进攻者在此区域的一切有效行动。

区域盯人防守战术规定了每个防守者的明确任务，但同伴间仍需相互协作，当某一区域盯人防守失败时，邻近队员要及时补位，被突破防守队员应及时地与邻近队员换位，以求整体防守的有效性。区域盯人防守要特别注意各区域间交界处的防守。因为这些交界处经常会由于防守职责不明确而给进攻者带来可乘之机。

3. 混合防守

混合防守是指人盯人防守和区域盯人防守两种形式交织在一起的防守战术。

其最大特点是可以根据对手的情况，灵活地将盯人防守和区域盯人防守的优点充分利用，以提高全队防守的能力。混合防守一般是选择体力好、个人作战能力强的队员，以人盯人防守的方式盯住对方的核心球员，其他队员采用区域盯人防守。

第三节　排球运动健身

一、排球运动概述

排球运动是参与者以身体的任何部位（手、手臂为主）在空中击球，使球不落地，既可隔网进行集体攻防的对抗性的比赛，也可不设球网相互进行击球游戏的一种体育运动项目。排球运动形式多种多样，主要以竞赛规则、比赛形式、参与人数、运动目的等进行分类。一般来说,通过运动训练来提高技术水平,以获取最佳竞赛成绩为目的,并在国际上有统一竞赛规则的运动形式称为竞技排球,如6人制排球、沙滩排球、残奥会坐式排球等。而主要以健身娱乐为目的,享受运动的乐趣,国际上还没有统一竞赛规则的运动形式称为娱乐排球,如软式排球、气排球、妈妈排球、4人制排球、9人制排球、草地排球、泥地排球、雪地排球、墙排球等。

二、排球运动技术

(一)发球技术

发球技术指的是队员在发球区用一只手将自己抛起的球直接击入对方场区的技术动作。发球是排球的基本技术之一,也是排球比赛中一项重要的进攻技术。随着排球运动的发展,发球技术在不断地创新与提高。常见的发球技术有正面下手发球、正面上手发球、侧面下手发球、勾手大力发球、跳发球、发侧旋球和发高调球等。下面简单介绍两种常见的发球技术。

1. 正面下手发球

正面下手发球时,队员面对球网两脚前后开立,左脚在前,两膝微屈,上体稍前倾,重心偏于右脚,左手持球于腹前。发球时将球抛起在体前右侧,离手约20厘米高。抛球前,右臂伸直,以肩为轴向后摆动。击球时,右脚蹬地,身体重心随着右手向前摆动击球移至前脚上,在腹前以手掌击球的后下方。手触球时,手指手腕紧张,手成勺形。击球后,迅速进入场地。

2. 正面上手发球

正面上手发球时,队员面向球网两脚自然开立,左脚在前,左手托球于身前,用抬臂和手掌平托上送,将球平稳地垂直抛于右肩的前上方,高度适中。在抛球的同时,右臂抬起,屈肘后引,肘与肩平,抬头、挺胸、收腹,上体稍向右侧转动,身体重心移至右脚上。击球时,利用蹬地上体向左转动,同时收腹带动手臂挥动,在右肩上方伸到手臂的最高点,用全掌击球中下部。击球时,手腕主动做推压动作,使击出的球呈上旋飞行。

(二)垫球技术

垫球技术是指通过手臂或身体其他部位的迎击动作使来球从垫击面上反弹出去的击球动作。随着排球运动的不断发展,垫球技术也在不断革新。垫球在比赛中主要用于接发球、接扣球、接拦回球以及防守和处理各种困难球。垫球按照动作方法可以分为正面双手垫球、侧面双手垫球、跨步垫球、背垫球、跪垫球、让垫球、挡球、单手垫球、滚翻垫球、前扑垫球、侧卧垫球、鱼跃垫球、其他部位垫球等。下面简单介绍几种垫球技术。

1. 正面双手垫球

正面双手垫球是双手在腹前垫击来球的一种垫球方法，它是最基本的垫球方法，是各项垫球技术的基础，适合于接速度快、弧度平、力量大、落点低的各种来球，在接发球和后排防守时广泛采用。

2. 侧面双手垫球

侧面双手垫球是用两臂在身体两侧垫球的技术动作，这种技术动作主要用于来球速度较快、离体侧较远、来不及移动的情况。侧面垫球动作的特点是伸臂动作快，控制范围大，但不易控制垫球方向，准确性不及正面垫球。因此，在来得及移动的情况下，最好采用正面垫球。当球飞向右侧时，右脚向右跨出一步，这时左脚前脚掌内侧蹬地，右膝弯曲，身体重心放在右脚上。同时，两手臂夹紧向右伸出，左肩微向下倾斜，腰左转、右肩上提，两臂垫击球的后下部将球的飞行路线截住，侧垫时，两手臂要先伸向来球方向截住球，不要随球伸臂，否则球接触手臂后会向侧方飞出，还要特别注意两手臂不要弯曲，否则会影响垫球效果。来球在左侧时，以相反方向的动作击球。

3. 背垫球

背对出球方向的垫球方法叫背垫球。大多用于接应同伴垫飞的球或将球处理过网。其特点是垫击点较高。缺点在于由于背对垫球方向，不便于观察目标和控制击球的方向和落点。击球时，背对出球方向，两臂夹紧伸直，插到球下。击球时蹬地、抬头挺胸、展腹，直臂向后上方摆动击球。

（三）传球技术

排球中的传球技术是指利用手指手腕的弹击，将球传至一定目标的击球动作。传球是排球运动中的重要技术，是组织进攻战术的基础。由于传球是用双手的配合动作来完成击球的，所以触球的面积大，加上手指手腕灵活、感觉灵敏，所以容易掌握传出球的方向、速度、弧度和落点，准确性较高，变化多。

按照传球方向，基本上可以将传球动作分为正面传球、背向传球、侧向传球，这三种传球技术大多都在原地完成。

1. 正面传球

采用这种方法传球时，队员的拇指、食指和中指承担球的压力，其余手指触球两侧协助控制球。球触手的瞬间，手指和手腕应保持一定的紧张程度，利用其弹力和伸臂与脚蹬地的协调力量传球。

2. 背向传球

向后上方传球，称为背传。上体比正面传球时稍直立，身体重心稳定在两脚之间，双臂自然抬起，放松置于脸前，双手上举，挺胸，掌心向上，手腕稍后仰。利用蹬地、上体后仰、挺胸、展腹、抬臂及手腕手指的弹力，将球向身体后上方送出。

3.侧向传球

身体不转动，主要靠双臂向侧方伸展的传球动作叫侧传。侧传有一定的隐蔽性。准备姿势和迎球动作与正面传球相同，击球点保持在脸前或稍偏于出球方向一侧。一侧手臂要低一些，另一侧手臂要高一些。用力时，蹬地后上体要向出球方向倾斜。双臂向传出一侧用力伸展，异侧手臂动作幅度较大，伸展较快。

（四）扣球技术

扣球指队员跳起在空中，用一只手或手臂将本方场区上空高于球网上沿的球击入对方场区的一种击球方法。由于扣球是排球技术中攻击性最强的一项技术，所以扣球技术也在比赛中占有十分重要的地位。按照不同的分类标准，可将排球扣球技术分为不同的技术动作。一般而言，扣球的技术按动作可以分为正面扣球、勾手扣球、单脚起跳扣球、双脚起跳扣球等；按区域的不同可以分为前排扣球、后排扣球等；按照用途和变化可以分为快球类、自我掩护球类及其他变化类等。下面简单介绍几种扣球技术。

1.正面扣球

正面扣球是扣球技术中最基本的一种方法，由于面对球网，容易观察，所以准确性较高。而正面扣球挥臂动作灵活，能根据对方防守情况，随时改变扣球的路线和力量，控制落点，因此进攻效果较好。

2.勾手扣球

勾手扣球是起跳后，左肩对网，通过转体动作，带动右臂向左上方挥动击球的一种方法，这种扣球适合于远网扣球或由后排调整过来的球。它可以扩大击球范围，并能弥补起跳过早或冲在球前起跳的缺陷。

3.单脚起跳扣球

单脚起跳扣球是指助跑的最后一步以单脚踏地，另一只脚直接向前上方摆动帮助起跳的一种扣球方法。由于它能充分利用助跑速度，加上右腿积极上摆的协调动作，比双脚起跳冲得更远，跳得更高。所以它既能高跳扣定点高球，又能追球起跳扣低弧度球，有利于控制时间和空间，兼有位置差和空间差的特点，这对突破和避开拦网有较大作用。单脚起跳扣球，可采用一步、两步或多步助跑。

（五）拦网技术

拦网技术是指队员靠近球网，将手伸向高于球网处阻拦对方来球的动作。拦网是排球比赛中的第一道防线，也是第一道进攻线。现代排球比赛中，网上精彩激烈的争夺战就是扣球与拦网这一对矛盾的展开。高水平的排球比赛中，如果没有有效的拦网，后排防守将是非常困难的。拦网不仅可以将对方的扣球拦回、拦起，减轻后排进攻战术的组织，削弱对方的进攻锐气，而且还能动摇对方的信心，给对方造成心理上的威胁。所以拦网水平的高低，会直接影响比赛的胜负。拦网技术按照人数可以分为单人拦网和集体拦网，而集体拦网又可分为双人拦网和三人拦网。

1. 单人拦网

拦网时，两臂贴耳垂直，两肩上提，两手距离不能超过球的半径，并要尽量接近球的上空。拦网时手指自然张开，手腕略后仰，手指微屈，分开呈勺形，以便包住球。当手触球时，两肩上送，两手要突然紧张，手腕用力下压，盖住球的前上方，将球拦在对方场内。拦网后要正面对网屈膝，缓冲落地。若未拦到或拦起球在本方时，则应在身体下落时向落球方向转体，便于后撤接应或反攻。

2. 双人拦网

和前排两个队员互相靠近，同时起跳组成的拦网，称双人拦网。双人拦网是集体拦网的一种，是比赛中最常用的一种拦网形式，主要在对方大力扣球时采用。拦网的技术动作与单人拦网相同。双人拦网时，应以一人为主拦队员，另一人为配合队员。但主拦队员不是固定的，一般情况下距对方扣球点近的队员应为主拦队员。主拦队员必须抢先移动到对正扣球点的位置，做好起跳准备，配合队员则迅速移动靠近主拦队员准备同时起跳。两队员之间的距离一定要合适：距离太远，跳起后将出现"空门"；距离太近，起跳时互相干扰，致使双方都跳不高。双人拦网起跳时，两人的手臂应该在体前划小弧向上摆伸，都要尽量垂直向上起跳，要防止互相碰撞或干扰。手臂在空中既不能重叠，会造成拦击面缩小，又不能间隔太宽，会造成中间漏球。扣球靠近边线时，靠边线近的拦网队员外侧的手应适当内转，以防打手出界。

3. 三人拦网

三人拦网，多在对方进行高点强攻的情况下运用。在组成三人拦网时，不论对方从哪个位置上进攻，都应以本方中间队员为主拦者，两侧队员主动配合，集体起跳拦网。

三、排球运动战术

（一）进攻战术

1. "中一二"进攻战术

由一名前排或后排队员在前排中做二传，其他队员参与进攻的阵形。"中二传"进攻阵形是最基本的进攻阵形，其特点是二传队员在中间，一传容易到位，战术可繁可简，适合不同技术水平的队。技术水平较低的队可组织前排 2、4 号位扣一般高球，技术水平较高的队可组织各种战术进攻乃至立体进攻。

2."边一二"进攻战术

"边一二"进攻战术也是一种比较简单的进攻战术形式。它与"中一二"进攻战术相同之处，都是前排只有两名进攻队员，其不同点是二传队员不是站在 3 号位，而是站在 2 号和 3 号位之间，将球传给 3 号或 4 号位队员进攻。这种进攻战术称为"边一二"进攻战术。

3."后排插上"进攻战术

"后排插上"进攻战术的基本配合方法是：由站在后排的二传队员在对方发球击球后，或由本队队员将对方进攻的球防起之后，或在对方的第三次击球，不可能进行强有力的进攻时，迅速插到网前担任二传，将球传给前排三个进攻队员中任何一个队员，扣球进攻，其他两名队员作佯攻掩护，这种进攻战术称为"后排插上"进攻战术。根据后排队员插上时起动的位置不同，可以分为 1 号位插上、6 号位插上和 5 号位插上；根据场上战术的时机不同，又分为接发球时的插上和接扣球的行进插上。

（二）防守战术

1.拦网战术

（1）人盯区拦网战术

这是一种对付定位进攻及一般进攻配合较为有效的拦网战术。其特点是把球网分成左、中、右三个区，每一名队员负责一个区，以保证每一个区域至少有一名拦网队员拦网，并在可能的情况下，协助同伴组成集体拦网。

（2）人盯人拦网战术

拦网队员各自负责拦对方与自己相对应位置的进攻队员，进行固定人员的拦网，这种形式称为"人盯人"拦网。其优点是职责清楚，分工明确。但当对方进行交叉进攻时，需要及时交换盯人拦网，以免造成无人拦网的被动局面。

2.后排防守战术

后排防守是防守的第二道防线，是减少失分和争取反攻得分的基础。虽然拦网技术有了很大的提高，但仍有很多球突破拦网后进入本方场区，成功的后排防守不仅可以争取得分机会，还能鼓舞士气。

后排防守要与前排拦网密切配合，相互弥补。一般来讲，拦网队员应封住对方的主要进攻线路，后排防守队员的主要任务是防对方的次要路线、吊球和触拦网队员手的球。

第四节　网球运动健身

一、网球运动概述

网球运动是一项与高尔夫球、保龄球、台球合称为世界四大绅士球类运动，其特有的魅力早已深入人心。由于网球运动是一种老少皆宜的体育项目，上至白发老者，下至少年儿童，均能在球场上体会到无穷的乐趣；同时，网球运动对参加者的体能要求并不太高，且运动量可以得到有效的控制，是一项有效的有氧运动项目；最后，网球运动的魅力还在于能把激烈竞争与平心交流完美地结合在一起，对于参加运动双方的身体和心理都能达到一种和谐、完美的锻炼和净化，所以网球已成为大众健身球类运动项目中的普及性较高的运动。《中国大百科全书》将网球运动定义为"2人或4人在中间隔一网的场地上，用球拍往返拍击一个有弹性的橡胶小球的球类运动"。这里我们将网球运动定义为："由参加运动的人，在一个隔网的场地上，用球拍相互在空中击球，球既可以在地上弹一次，也可以不弹就把球击到对方场地上的一种体育项目。"

二、网球运动技术

（一）发球技术

发球是网球基本技术之一，也是网球比赛中唯一由自己掌握，不受对方影响的重要技术，发球的好坏直接关系到一分的得失。因此，必须要掌握良好的发球技术。主要的发球技术一般分为平击发球、切削发球和旋转发球三种。

1. 平击发球

这种发球几乎没有旋转，球差不多笔直地下去，力量大，往往贴着网才能进入场内，在绝大多数场地上，球反弹得比较低，一般用于第一发球，发球成功有时能直接得分。但平击发球失误率较高。

2. 切削发球

这种发球技术大多为运动员所经常使用，它可以用于第一发球和第二发球，是每个初学者必须要经常练习和掌握的技术。切削发球带有侧旋，这是因为它以曲线进入发球区，发球成功率较低，并且使对方右手握拍接球者拉出场外，造成对方网球困难，但它速度往往较慢。

3.旋转发球

这种发球技术综合了侧旋和上旋的特点，球高高过网后，急速地落进发球区，在大多数场地上球落地后反弹很高，但旋转发球难度较大。

（二）接发球技术

由于对方发球时，来球刹那间千变万化，而且多数球都会击向自己较弱的部位，所以接发球是一项较难掌握的技术。接发球不是某种特定的击球动作，是根据发球的路线、速度和落点，根据接发球的战术，而采用的正手、反手、挑高球、放短球等击球方法。接发球的方法很多，一般常用的有回击深区的接发球、打对方脚下的轻击接发球、接发球挑高球、接发球放短球、接发球随球上网等。

（三）击球技术

1.正手击球

正手击球是指在本人握拍手同侧打落地球的技术。正手击球的技术特点表现为动作深长，击球有力，速度快，它是网球技术中最基本、最主要的方法。

正手击球动作由准备姿势、后摆引拍、挥拍击球和随挥跟进四个环节组成。练习时要根据这四个环节进行。

正手击球方法根据球的旋转性能，分为上旋球、下旋球、平击球、侧旋球等不同旋转的打法。影响球旋转方向的因素很多，主要与来球的方向、力量、旋转速度，击球时的挥拍路线，触球时的拍面角度等因素密切相关。击球方法的不同，也会导致球落地后反弹效果的差异。因此，只有掌握多种正拍击球的方法，才能掌握比赛主动权。

（1）正手上旋球

正手上旋球是由于在引拍击球过程中，球拍摆幅度较大，拍头低于击球点，向上摩擦整个球体，使球产生上旋，球由后下方向前上方转动，故称做"上旋球"。上旋球的特点是飞行弧线高，下降快，前冲力大，落地后反弹很高很远。打上旋球最大的优点在于既能发力，又能较好地控制落点，减少失误，尤其是在快速跑动中，其成功率相对较高。

（2）正手下旋球

正手下旋球，也称为"正手削球"，与正手上旋球相反。在上网截击及削球时运用较多，运动方式是使球下方的气压大于上方气压，球又飘又慢。下旋球与地面接触所产生的摩擦力与球的运行方向相反，故弹跳高度较小，特别是在草地网球场上击下旋球，虽然有时仅有十几厘米，但给对方回击造成很大困难。另外，可以变化场上比赛节奏，缩短对方连续回击球的准备时间，为争取主动创造条件。正手下旋球的打法是，在击球时，球拍稍向后倾斜，挥拍时由后上方向前下方击球的后下部，使球产生由前上方向后下方的旋转，并向前飘行。

（3）正手平击球

正手平击球时，击出的球在飞行过程中没有明显的旋转，故称为平击球。平击球的特点是球速快，球飞行路线较为平直，球落地后前冲力大。在底线对拉相持中或在对攻中，如果平击球技术运用得好，不仅可以为进攻创造条件，而且有时还能直接得分。但由于平击球的飞行路线平而缺少弧线，所以该击球法不易控制，命中率和准确性比较差，因此平击球在比赛中较少使用。

（4）侧旋球

球击出后由外向内侧旋转，故称侧旋球。侧旋球的击球方法是击球时，球拍由后部向内侧平行挥动，通常也称"滑市"，摩擦球中后部使之产生由外向内的旋转。侧旋球的飞行路线呈水平向外侧作弧线飞行，落地后向外跳，常用于正手直线进攻。

2. 反手击球

反手击球的动作技术与正手击球技术有些相似。完美的反手击球的关键是充分掌握展开身体并用力击球的能力。同时，还要掌握在跑动中转身的能力。同正手击球一样，反手击球也由准备姿势、后摆引拍、挥拍击球、随挥跟进四部分构成。

反手击球有上旋击球和下旋击球，又由于反手握拍方法的不同，反手击球技术有两种打法。一种是单手反手打法，简称为"单反"；另一种是双手反手打法，简称为"双反"。下面简单介绍几种常见的反手击球方法。

（1）反手平击球

当对方来球飞向反拍时，要立刻转肩转体并引拍。同时右脚向左前方跨出，扶拍颈的左手帮助右手换握成反手握拍并将拍拉向身体的左后方，重心移向左脚，左脚掌转至与端线平，右肩或右背对着球网，拍面几乎与地面垂直，球拍触球时，手腕绷紧，挥拍击球的路线是从后向前上方比较平缓地挥击，左臂自然展开，保持身体的平衡。击球后，球拍应随着惯性，做完完整的随挥动作后，恢复成准备姿势。反手平击球的球速最快，球的运行路线比较平直，球落地后的前冲力量也较大，但准确性较差，容易下网或出界。

（2）反手上旋球

在准备姿势的基础上，当来球飞向反手方向时，迅速变换握拍方式成为东方式反拍握法，同时立即向左转体转肩，带动球拍向后，上身侧对击球点，右肩的方向几乎对着即将到来的球，右脚同时向左前方跨步，左手扶住拍颈帮助右手将拍拉向身体左后方，似乎是将拍抱在胸前。这时，持拍手臂的肘部保持适当弯曲，靠近身体，拍柄基本平行于地面。重心移向左脚，左膝微屈。右膝的弯曲程度从击球前踏开始就大于左膝，前挥时仍保持弯曲，直到随挥结束时才伸直。在迎球过程中，球拍由低向高挥动，击球点在身体左前方，高度在腰间，略低于正手击球时的高度。拍触球时手腕固定，握紧球拍，锁住肘关节，拍面垂直或稍后仰（60°～75°），用转体和转肩的力量使重心前移至右脚，击球中部附近部位反手击球指掌关节对正的方向就是球飞进的方向，随挥动作也要向这个方向。击球时右臂呈外展动作，网拍和手臂都要充分伸展，使网拍的打势结束在身体的右前上方。然后迅速还原，准备下一次击球。

（3）双手反手击球

双手打反拍最好是右手用东方式反拍握法，左手是东方式正手握法。一旦当来球向你的反手方向飞来时，右手要立即换反拍握法，向后拉拍时，左手顺着拍柄向下滑，直到双手相接，左手掌贴在拍柄背面以东方式正拍握拍法，双手靠拢紧握球拍。

双手反手击球的关键是直线向后拉拍，早点收拍。靠肩转动使手臂后拉，将拍拉至手腕的高度，手腕要固定，手臂要放松，平伸向后，右脚要向边线方向跨出一步，两膝稍屈，使身体形成侧身对网，右肩前探，拍头稍低于击球点，用手臂和手腕从低向高向前挥拍，身体重心前移，眼睛始终看球，保持低头姿势，击球点比单手握拍要靠近身体或稍后一些，击球时双手紧握球拍，最理想的击球高度是与腰齐。对于还击不同高度的来球，要用身体重心的高低来调节，不能用球拍头的高低来调节，拍头一定要随着球飞离的轨迹出去，这有助于延长球与拍的接触时间，开始跟进动作时，使后肩向着球飞去的方向绕出而完成，弧线挥拍向上，把球拍带到身体的另一侧，在高处结束随挥动作。动作与左手单手打正拍基本一致。

（四）截击球

截击球是指在落地之前便将球在网前击回对方场区。它通常速度快、力量大，具有较大的威胁性，在高水平的比赛中，常以主动上网截击的方式控制对手。网前截击分为正手截击和反手截击。

1. 正手截击球

准备时膝盖要弯曲，重心稍前，球拍在身侧。采用大陆式握拍法。击球时，必须转动上体和肩部，带动球拍向后。击球时，握紧球拍，绷紧手腕，在身体前面15～50厘米处迎击球。拍头上翘，拍面稍后仰，向前向下挥拍击球。

2. 反手截击球

反手截击球的准备姿势和正手截击球一样，但是，击球点要比正手截击球靠前一些，因此要及早跨出右脚，重心也要置于右脚。击球时手腕固定，用力紧握球拍，拍面稍前倾，触球中上部。击球后右臂伸展，向前下方压送。

（五）高压球技术

高压球是对付对方挑高球的一项进攻技术。

高压球基本上可分为落地高压球、凌空高压球和跳起高压球三种。下面简单介绍几种常见的高压球技术。

1. 落地高压球

落地高压球是指以高压球技术迎击落地反弹高的来球的技术动作。在来球很高时，可以让球落地反弹后再寻找高点扣杀。因跳得较高，所以有充足的时间后撤，球落地后前冲很少，弹跳平稳，落地后再打较为容易，这可增加打高压球的把握和信心，又可较好地控制球的落点。初学者可以先练习这种高压球技术。

打落地高压球需要一边侧身跑位，一边用小的垫步快速调整，同时高举球拍准备扣杀。击球点的位置和发球一样，在身体的前上方，双脚蹬地，充分伸展手臂，手腕击球时做"旋内"的扣腕动作，争取最高点击球。在击球的瞬间，手臂、手腕和球拍在一条直线上，身体应稍向前倾。击球之后扣腕动作仍旧继续，手臂顺势向身体的另一侧完成随挥动作。当落地球弹跳不够高时，可做屈膝半蹲高压。

2. 凌空高压球

凌空高压球是指以高压球技术迎击对方高空来球的技术动作，多在中前场应用。凌空高压球比打落地高压球难度大。因为凌空球下落的速度比反弹起来再下落的球快很多，击球时机不容易把握，打早了或迟了都影响击球的效果，所以除了要求准确的判断和熟练的步法以外，拉拍动作应该更加迅速、及时，挥拍击球也应该更加果断。

3. 跳起高压球

跳起后在空中高压要比前两种高压球难度更大，它的动作类似于羽毛球的跳起扣杀动作，其目的是不让球从头上方漏过去，失去主动进攻得分的机会，并能从高处增加击球的力量角度。前世界头号男子单打选手桑普拉斯就比较青睐这种高压技术。由于跳起高度对身体柔韧性要求很高，所以并不建议初、中级选手采用。

完成跳起高压球时，动作应十分协调。应避免先跳起再挥拍，这样会失去平衡，甚至造成跌倒受伤。其正确的动作要领是：当判断来球较高、较深时，快速侧身滑步或交叉步向后退，同时持拍手直接后引，向上举起球拍。到达击球位置时，一般以与持拍手同一侧的脚蹬地起跳同时挥拍，击球应尽量在最高点，利用手腕旋内扣腕动作将球压入对方场地。落地时，异侧的脚先着地、缓冲，挥拍击球时双脚在空中有个前后换位的动作，这是转体发力所产生的维持平衡的自然动作。有时对付对方的进攻性上旋高球，在后退起跳时间仓促，打不出强力高压球时，可将球平推过去，尽量把球打深、打准，然后再寻找进攻的机会。

（六）挑高球

挑高球就是把落地球挑过对手的头顶，落在对方底场的击球技术。挑高球挑得好，不仅可以变被动为主动，而且可以直接得分。挑高球技术在业余网球比赛中运用比较多，但在高水平选手中很少看到的，挑高球技术分为防守性挑高球和进攻性挑高球。

三、网球运动战术

（一）单打战术

在网球的单打比赛中，根据自己的技能战术特点和比赛过程的具体情况，将各种技术有机地结合起来运用。现代网球运动的单打比赛战术，可归结为上网型打法、底线型打法和综合型打法三种。

1. 上网型打法

上网型打法战术可分为发球上网、接发球上网、随球上网、偷袭上网、伺机上网及放轻球上网等战术。以发球上网为例，这种战术是指在发球时发出质量较高的球，使对方的回球不至于力量太凶猛或落点刁钻。自己应果断地上网，移动到发球线与网之间，从而便于发挥速度和角度造成对方失误。如果机会不是很好，第一次截击可将球打深，落点在对方的弱侧，以便能够第二次截击得分。

2. 底线型打法

底线型打法战术是一种不可缺少的，必须掌握的基本战术，属于防守性的进攻战术。在比赛中起到过渡、稳定战局和以守为攻的作用。底线型打法的主要战术有：对攻、拉攻、侧身攻、紧逼攻和防守反攻等战术。在运用底线型打法的时候，首先要将球打深，球落在端线前面而不是发球线附近，同时利用落点调动对方，或者抓住对方的弱点作为突破，在有机会的情况下也可上网截击。

3. 综合型打法

综合型打法是根据不同对手的不同技术、战术掌握情况及场地特点，灵活地运用各种不同战术的打法。这种打法是上网战术和底线战术的混合使用。如对方频频上网，可采用挑高球迫使对方退回去；如对方底线技术很好，可适当放一些小球诱使他上前，再用力将球打深来调动他。综合打法就是将底线和上网两种打法结合起来，根据场上情况，随机应变。

（二）双打战术

1. 基本站位

双打比赛，一般是控制网前的队赢分。发球员和接球员都应做好击球后上网的准备。因此，双打时除发球和接发球队员在端线附近外，一般都站在网前位置。发球的队员站在规定发球区的网前，接发球的队员则站在规定发球区另一侧的网前。有时发球的同伴也可以站在端线附近，位于发球队员的另一侧。在后场队员的基本站位为，发球队员站在规定的发球位置，接球人站在端线附近，准备接发球。

2. 发球

双打发球落点要深，如果发球有足够深度，就能控制对手冲到网前截击。第一个发球应采用大力发球，发球后随球上网，这时动作要迅速，先冲前三四步，然后停下来，准备第一次截击。

3. 接发球

对方发球时，接发球的同伴一般站在发球线附近，接发球者回球的情况将直接影响同伴的动作。如果接球队员能有效地接过发球，并且能够上网，这时两个人都应同时上网；如果接发球同击球的力量较弱，这时接球队员的同伴就应立即退到端线附近，不要停在原地。对发过来的球不能做有力的回击，就要到端线附近防御。如果两人同在后场站位时，应保持使球落在中间地带，以减小对手回球的角度。

4. 及时补位

双打比赛中两个人及时补位很重要，它可以补救场上出现的薄弱地区。例如，发球队员的同伴由于截抢冲力过大而冲过中线，这时发球队员就应及时向空当补位。如果遇到两对手同时上网时，同伴向中路回球较低，被对手截击，这时处在截击队员对面的网前队员应及时截抢。如果接球队员将球打给网前队员，这时接球队员的同伴应迅速后退到中场。

5. 双上网和双底线

优秀运动员双打时，采用的理想阵势是两人在前或两人在后，如果两个人处于双上网的位置，而同时对方也是双上网，在这种情况下双方都会向有球的一侧移动。很多球是在中场来回击打，因此球场另一部分就会出现一个很大的空区。这一空区往往是对手进攻偷袭的地区，在比赛中应当有意识地注意。如果两个人是处于双底线位置，那么回击时就应当球多落在中间场区，以减小对方回球的角度。另外，双打比赛应随时重视防御中间地带，因这一地带是被攻击的主要目标，所以要求两人配合默契。

第五节　乒乓球运动健身

一、乒乓球概述

乒乓球是由两名或两对选手，用球拍在中隔一网的球台两端轮流击球的一项室内运动。它主要有直拍和横拍两种打法。乒乓球的特点是球小、速度快、变化多、设备简易。另外，它不受年龄、性别、身体条件的限制，所以能广泛地开展。经常参加乒乒球锻炼，能够训练中枢神经系统的高速反应能力，增强心血管、呼吸、消化系统的机能，促进肌肉和骨骼的生长发育，使身体得到全面发展。可以培养人们勇敢顽强、克服困难、敢于斗争、敢于胜利的精神，培养人们的机智、灵活、冷静、沉着、果断等优良品质。

二、乒乓球技术

（一）发球技术

发球技术是乒乓球比赛时力争主动、先发制人的第一个环节。发球技术好不但可以直接得分，而且可以从心理上占优势，为进攻创造机会，在比赛中争得主动地位。从技术组成上来说，发球是由抛球和挥拍两个动作组成的。抛球是前提，击球部位和挥拍方向直接影响发球的性质，而用力大小和第一落点的远近决定发球的变化。

目前，世界乒乓球发球技术的发展方向是：以旋转、速度、落点三者有机结合，根据自身打法技术特点形成配合，如以旋转为主，控制好发球落点、以速度旋转为主，辅以落点等，直接为自身主动进攻服务。发球的方法多种多样，按形式来划分，可分为低抛发球、高抛发球和下蹲式发球；按方位来划分，可分为正手发球、反手发球和侧身发球；按性质来划分，可分为速度类发球、落点类发球、旋转类发球等。下面我们简单介绍几种常见的发球技术。

1. 平击发球

平击发球是乒乓球初学者掌握和学习发球的入门技术，它具有运行速度慢、力量轻、旋转弱的特点。它又分为正手平击发球和反手平击发球两种。

（1）正手平击发球

发正手平击球时，运动员身体离球台约 40 厘米，两脚开立，略宽于肩。抛球时向后上方引拍，球拍拍面略前倾。在球的下降期击球的中上部并向前方发力，使球的第一落点在球台的中段附近。需要注意的是，抛球和引拍的时机要准确，挥拍击球时有一个略微向前下方压球的动作。

（2）反手平击发球

反手平击发球时，运动员站位于球台中间偏左处，右脚稍前或平行站立，身体略向左转，含胸收腹，将球抛至身体左侧前方的同时，向左后方引拍。右臂外旋，拍形前倾，在球的下降期击球的中上部并向右前方发力，使球的第一落点在球台的中段区域。常见的反手平击发球有直反手平击发球和横板反手平击发球。

2. 正手发奔球

正手发奔球前左脚稍前，身体略向右偏转，左手掌心托球置于身体前右侧，左手将球向上抛起，同时右臂内旋，使拍面角度稍前倾，前臂手腕自然下垂，肘关节高于前臂，向身体右后方引拍。击球时，当球从高点下降至网高时，击球右侧向右上方摩擦，触球一瞬间拇指压拍，手腕从右后方向左上方挥动。球击出后第一落点接近己方的端线。击球后，手臂继续向左前方挥动并迅速还原。

3. 反手发转与不转球

相比于正手"转与不转"发球，更注重落点变化，多为直、横拍两面攻打法的选手选用。发球时，手将球向上抛起，同时右臂内旋，直握拍手腕作屈，横握拍手腕略向外展，使球拍稍后仰，向左后方引拍。发下旋加转球，当球从高点下降至稍高于网或与网同高时，前臂加速向右前方发力，同时直握拍手腕作伸，横握拍手腕内收，以球拍远端（拍头）触球，击球中下部向底部摩擦；反手不转发球与下旋加转发球的区别与正手"转与不转"发球类似。

（二）接发球技术

当今乒坛发球技术不断创新，质量不断提高，在比赛中显示出很大的威力，这也要求接发球技术有相应的提高，重视接发球技术的练习。下面简单介绍两种常见的接发球技术。

1. 接短球

当对方发来近网短球时，可采用下面几种方法回接。

①把球也回到对方近网区域，使其不易发力进攻，动作上要求上步时身体平稳，尤其是击球时必须控制身体的前冲力，在拍触球的瞬间控制住拍形，迅速减力，做回收动作将球接过去。

②用搓球回接，注意拍面要略后仰，稍用力向前送球，若来球下旋力强，则向前用力要相对加大，使回球的弧线增高，以免下网。

③采用快攻回接，当球跳到最高点时，拍形稍竖起，靠手腕和前臂的力量迅速发力回击，但接下旋球时应当加大提拉力量。

④用快蹭的方法接，在球跳到高点期时，拍形竖起，运用手腕和前臂的力量迅速发力回击，利用速度和落点控制对方。

2. 接急球

当对方用反手发来左角急球时，一般用推挡回接。回斜线球应尽可能角度大些，注意手腕外旋，球拍触球的左侧面，使对方难以抢攻或者快速变直线。有时也可回中路靠右或以直线反袭空当。采用反手攻球或削球回接，则必须移步后退，等来球力量减弱时再回击，这样能发挥自己的力量和提高准确性。

（三）攻球技术

攻球是乒乓球技术中最重要的基本技术，是进攻队型选手在比赛中争取主动、克敌制胜的重要手段。乒乓球的攻球技术分为正手攻球、反手攻球和侧身攻球三大部分，包括快点、快带、快拉、突击、快攻扣杀、杀高球、中远台攻球等技术。每种技术的特点不同，所起的作用也不一样。下面介绍两种常见的攻球技术。

1. 正手快攻

正手快攻具有站位近、动作小、球速快的特点。运用得好，能缩短对方的准备回击时间，争取主动，为进攻创造条件，也可直接得分。在攻球时，运动员的左脚稍前，身体离球台约40厘米。击球前，持拍手臂要右前伸迎球，前臂自然放松，球拍呈半横状。当球从台面弹起时，前臂和手腕向前上方挥动，并配合内旋转腕的动作，使拍形前倾，在上升期击球中上部。拍触球刹那，拇指压拍，同时加快手腕内旋速度，使拍面沿球体做弧形挥动。击球后，挥拍至头部高度。常见的正手快攻有直拍正手快攻和横拍正手快攻两种。

2. 反手扣杀

反手扣杀是还击半高球的一种方法，具有动作大、力量重、球速快、攻击性强的特点。运用技术时，运动员的右脚稍前，上体向左转动，持拍手向左后方引拍，并略高于来球。击球时，肘略向前，上臂带动前臂用力向右前挥击，同时配合向外转腕动作，使拍形前倾，在高点期前后击球中上部，腰部应配合由左向右转动。击球后，随势将球拍挥至右前方，身体重心移至右脚。

（四）推挡技术

推挡球是直拍快攻打法的基本技术之一，在直拍左推右攻打法中占有极其重要的地位。推挡技术的特点是站位近、动作小、球速快、变化多。比赛中常用的推挡速度和落点变化压制对方的攻势，运用得当既可以充分发挥近台快攻的优势，也可以直接得分。下面介绍两种常见的推挡技术。

1. 加力推

加力推具有回球力量重、球速快、击球点较高的特点。在运用该技术时，要注意充分发挥手臂前推力量，压制对方攻势，这样有利于争取主动。值得注意的是，加力推的击球时间比快推会稍慢一些。在准备推挡时，前臂要向后收，让球拍稍微提高一些，并及时根据来球弹起的高度，调整好拍形的角度，在上升期后段或高点期击球中上部。主要是要靠前臂向前推压发力。击球时，拍形要固定，手腕不加转动。

2. 减力挡

减力挡具有能减弱回球的力量、前进力弱的特点，所以，通常在对方来球力量较重的情况下使用。运用该技术时，运动员的站位与挡球要相同。在触球瞬间，手臂前移的动作应该骤然停止，甚至根据来球情况要把球拍轻轻后移，用于减弱来球的反弹力。要让减力挡控制得好，要善于根据来球力量和上旋强度的大小，调节好拍形角度和掌握好触球瞬间将球拍后移。

（五）削球技术

削球技术具有两面性，即被动性和积极性。削球技术，从战略上讲是属于防守型打法，在攻球速度、力量不断加大的情况下，其被动性就显而易见。这就是原来在世界乒坛占统治地位的削球打法自20世纪50年代后一直不能重铸辉煌的原因。

现在的削球技术，只有在进一步提高适应弧圈球能力的基础上，加大旋转和落点变化，增强其攻势，才能在比赛中获得更多的主动。这实际上是把削球的积极性方面提高到一个新的高度。为了达到这个目的，提高削球技术的质量就具有非常重要的意义。

（六）搓球技术

搓球是近台还击下旋球的一种基本技术。比赛中常用它为拉弧圈球创造条件。它与攻球结合可以形成搓攻技术，是初学者必须掌握的基本技术。搓球与削球的主要区别是站位近、动作小。由于具有旋转、速度、落点变化的优点，常用于接发球或搓球过渡，为进攻创造机会。按照搓球的时间不同，乒乓球的搓球技术可分为慢搓和快搓。下面对其进行简单介绍。

1. 慢搓

慢搓具有动作较大、速度较慢，主动发力回击的特点，因此有利于增强球的下旋强度，是学习其他搓球技术的基础。搓球时，反手慢搓的站位是右脚稍前，身体离球台约50厘米，持拍手臂向左上引拍。击球时，前臂和手腕向前和下方用力，同时配合内旋转腕的动作，拍形后仰，在下降后期搓击球中下部。击球后，前臂随势前送。常见的乒乓球慢搓技术有正手慢搓和反手慢搓两种。

2. 快搓

快搓是对付削球和搓球的一种方法，具有动作幅度较小，回球速度较快的特点，所以能借助来球的前进力回击。搓球时，右脚稍前，身体靠近球台。来球在身体左侧时，可运用反手搓球。击球时，上臂迅速前伸，前臂跟随向前，拍形稍后仰，利用上臂前送力量，在上升期击球中下部。来球在身体右侧，可以运用正手搓球。搓球时，身体稍向右转，手臂向右前上引拍，然后前臂和手腕向前下方用力，在上升期击球中下部。常见的快搓技术有正手快搓和反手快搓。

三、乒乓球战术

（一）发球抢攻战术

发球抢攻是我国直板快攻打法的"撒手锏"，是力争主动、先发制人的主要战术。各种类型的运动员都普遍采用发球抢攻来抢占每个回合的上风。发球战术运用的效果主要取决于发球的质量和第三板进攻的能力。

1. 快攻类

对付快攻打法的战术：反手发侧上、下旋球至对方中路偏右近网处，配合发大角度长球，伺机抢攻。

对付弧圈球打法的战术：正手发转与不转至对方右角或中路近网处，配合发长球至对手左方，伺机抢攻。

对付削球打法的战术：正手发右侧上旋急球至对方右角或中路，配合发直线近网短球或长球，伺机抢攻。

2. 削攻类

对付快攻打法的战术：正手或侧身发高、低抛左侧上、下旋球至对方反手短路或刚出台处，然后抢攻或抢冲其中路或反手。

对付弧圈打法的战术：正手发转与不转球至对方正手中路近网处，然后抢攻或抢冲其中路或反手。

对付削球打法的战术：正手发下蹲或左、右侧上、下旋转至对方中路，然后抢攻或抢冲其中路或反手。

3. 弧圈类

对付快攻打法的战术：反手发右侧上、下旋短球至对方正手中路，结合发强烈上、下旋球至两角后抢拉或抢冲。

对付弧圈打法的战术：侧身或正手发高、低抛左侧上、下旋球至对方正手近网处，配合底线侧上旋球，伺机抢攻。

对付削球打法的战术：正手或侧身发转与不转球至对方正手中路近网处，配合发侧上、下旋底线长球后抢拉或抢冲。

（二）对攻和拉攻战术

对攻战术是进攻型打法在相持阶段常用的一项重要战术。快攻类打法主要依靠反手推挡（或反手攻球）和正手攻球（或正手拉弧圈球）的技术，充分发挥快速多变的特点来调动对方；拉攻战术是以攻为主的选手对付削球的主要战术。为了发挥拉攻的战术效果，首先要具备连续拉的能力，并有线路、落点、旋转、轻重等变化；其次要有拉中突击和连续扣杀等能力。

1. 快攻类

对付快攻打法的战术：紧压反手，结合变线，伺机抢攻。

对付弧圈打法的战术：加、减力推压对方中路或反手，伺机抢攻。

对付削球打法的战术：连续拉对方反手后，突击中路或直线，然后扣杀两大角。

2. 弧圈类

对付快攻打法的战术：运用高吊弧圈，拉住对方反手后，找机会抢冲对方正手位。

对付削球打法的战术：拉不同旋转和长、短落点的弧圈球后，伺机冲、扣中路或反手。

（三）搓攻战术

搓攻战术是进攻型打法的辅助战术之一，主要利用搓球旋转的变化和落点的变化为抢攻创造机会，这一战术在基层比赛中被普遍采用。搓攻战术也是削球型打法争取主动的主要战术之一。

1. 快攻类

对付快攻打法的战术：快搓加转长球为主，结合搓转与不转短球至对方反手，伺机突击或抢先拉起。

对付弧圈打法的战术：快搓转与不转短球为主，结合突然搓对方反手底线长球，找机会"快点"或抢攻。

对付削球打法的战术：快搓转与不转至不同落点，伺机突击中路或两大角。

2. 弧圈类

对付快攻打法的战术：搓加转短球结合搓加转底线两角长球后，伺机拉高吊或前冲弧圈至对方中路或正手位。

对付弧圈打法的战术：搓转与不转短球结合快搓加转底线反手长球后，伺机拉高吊或前冲弧圈至对方中路或反手位。

对付削球打法的战术：以搓对方反手、中路为主，结合搓正手台内短球后，伺机拉高吊或前冲弧圈球至对方中路或反手位。

3. 削攻类

对付快攻打法的战术：搓加转球至对方反手大角后，攻对方中路、正手。配合搓变对方正手后，攻打对方的反手、中路。

对付弧圈打法的战术：快搓不同旋转和落点，突然搓加转长球至对方反手底线后，伺机突击或拉弧圈球。

对付削球打法的战术："轮换发球法"战术。

（四）接发球战术

接发球战术与发球抢攻战术同样重要，从某种意义上讲，接发球水平的高低可以反映出运动员的实战能力以及各项基本技术的应用程度。事实上，接发球者只是暂时处在被控制状态，如果你破坏了发球者的抢攻意图或者为他制造了障碍，减弱了对方抢攻的质量，也就意味着已经脱离被控制状态，变被动为主动了。控制与反控制是辩证的统一。

1. 快攻类

对付快攻打法的战术：用正手撇板或"快点"攻对方反手位，配合突然变正手或中路。

对付弧圈打法的战术：用快搓短球为主结合快搓底线长球控制对方，然后抢先拉起或突击。

对付削球打法的战术：接发球抢拉或抢冲。

2. 削攻类

对付快攻打法的战术：用加转搓球至对方反手大角，配合送转与不转长球至对方正手。

对付弧圈打法的战术：用快搓或攻球控制对方两角后，伺机进攻或后退削球。

对付削球打法的战术：用快拨或接发球抢拉后，再退后削球，形成相持局面。

第六节　羽毛球运动健身

一、羽毛球运动概述

现代羽毛球运动大约于 1920 年传入我国上海、广州、天津、北京等大城市。当时，一些外国传教士、商人、军人等在留驻中国期间，为了自己健身和娱乐而在小范围内开展这种活动，后来这种活动通过西方人创办的基督教青年会和外国人的俱乐部，逐渐推广到教会学校而传入社会，并很快在民间流传，特别是在京、津、沪及沿海城市，开展得相当活跃。中华人民共和国成立前，由于参加此项活动的人数较少，也没举行过重大比赛，因此我国羽毛球运动的水平很低，更谈不上普及。中华人民共和国成立后，在党和政府的重视和关心下，我国羽毛球运动才得到蓬勃发展。

二、羽毛球运动技术

（一）发球技术

发球技术是运动员在发球区将球由静止状态用球拍击出，使之在空中飞行，落到对方的接发区的技术动作。发球作为组织进攻的开始，其质量的好坏直接关系到比赛的主动或被动，以至赢球得分或丧失发球权。发球可分为正手发球和反手发球两种，下面对其简单介绍。

1. 正手发球

正手发球时，单打发球在中线附近，站在离前发球线 1 米左右。站位可靠近前发球线。发球时，身体左肩侧对球网，左脚在前，右脚在后，重心在右脚上。右手持拍向右后侧举起，肘部放松微屈，左手拇指、食指和中指夹住球，举在胸腹间。发球时，身体重心由右脚移至左脚。此发球站位和准备姿势适用于各种正手发球动作。常见的正手发球有正手发后场高远球、正手发后场平高球、正手发网前球等。

2. 反手发球

反手发球主要靠挥动前臂和伸腕闪动发力，其特点是动作小、出球快、动作一致性好、对方不易判断。可以发除高远球之外其他各种飞行弧线的球，主要用于双打比赛。反手发球的站位应在发球线后 10 ~ 50 厘米及发球区中线的附近，也可以站在前发球线及场地边线附近。发球时，运动员面向球网，两脚前后站立（左脚或右脚在前均可），上体稍前倾，身体重心在前脚上。右手反握拍，左手拇指和食指捏住球的两三根羽毛，球托朝序球体与拍面平行或球托对准拍面放在拍面前方。在这里我们只简单介绍一下反手发网前球。反手发网前球时，小臂带动手腕发力，球拍由后向前推送，拍面呈切削式击球，使球过网后急速下落，落在对方场区的前发球线附近。

（二）接发球技术

接发球指的是还击对方发过来的球。同发球一样，接发球也是羽毛球最基本的技术，在比赛中同样起到非常重要的作用。如果说发球发得好是走向胜利的开始，那么接发球接得好就是走向胜利的第一步。发球方利用多变的发球来打乱接发球方的阵脚争取主动，接发球方则通过多变的接发球来破坏发球方的企图。就这一点来说，接发球也是初学者不可忽视的技术。接发球的种类很多，下面简单介绍两种常见的接发球技术。

1. 接高远球

对方发高远球或平高球时，可用平高球、吊球或杀球还击。一般来说，接发高远球是一次进攻的机会，还击得好，就掌握了主动。一些初学者常因后场技术没掌握好，还击球的质量较差，以致遭到对方的攻击。

2. 接平快球

对方发来平快球时，可用平推球、平高球还击，以快制快。由于接球方还击的击球点比发球方高，下压狠一些可以夺取主动。另外亦可以高远球还击，以逸待劳。不能仓促还击网前球，因为如果击球质量稍差，就有可能遭到对方的进攻。

（三）杀球技术

杀球是把对方击出的球在尽量高的击球点上斜压下去。这种球具有力量大、弧线直、落地快的特点，能给对方造成很大威胁，因此是进攻的主要技术。杀球可分为正手杀直线球和对角线球，头顶杀直线球和对角线球，正手腾空突击杀直线球和反手杀直线球等。下面简单介绍两种常见的杀球技术。

1. 后场正手杀球技术

后场正手杀球指的是在右肩前上方，利用正手握拍，以正拍面击杀球的技术。其准备姿势、引拍动作和击球后的动作均与后场正手击高远球技术相同。运用该技术时，击球点选在右肩前上方较击高远球、吊球稍前一点的位置上。击球前获得较大的力臂距离，引拍动作可较后场击高远球大一些，充分调动下肢、腰腹产生的力量。在准备击球前身体后仰几乎呈弓形，在击球瞬间将全身的力量，通过手腕由伸到屈的快速闪动，用正拍面向前下方全力发力压击球。

2. 反手扣杀球

反手扣杀球的准备动作与反手击高球相同，只是击球点较高远球靠前，力量较高远球大，击球时拍面的仰角较高远球小。击球前的挥拍用力要大，跳起后身体反弓加上手臂、手腕的延伸、外展的用力，可向对方的直线或对角线的下方用力，击球瞬间球拍与扣杀球方向的水平夹角应小于 90°。为了获得最大的击球力量，击球要靠左脚的蹬力和腰腹力、肩力以及上臂带动前臂由外旋至内旋快速闪动屈指发力，用反拍的正拍面击球托的后部。击球瞬间拍面向正前下方压为反手杀直球，击球拍面向斜前下方压则是反手杀斜线球。

（四）挑球技术

挑球是把对方击过来的网前球，从球网下端的较低位置，把球由低往高击到对方后场端线上空的一种技术。这种技术是在被动情况下，为赢得回位时间而经常采用的一种过渡性技术。

1. 正手挑球

准备动作与正手放网前球相同。击球前前臂充分外旋，手腕尽量后伸，右脚向右网前跨出一大步，重心在右脚上。击球时，从右下向右前方至左上方挥拍击球。在此基础上，若球拍向右前上方挥动，挑出的是直线高球；球拍向左前上方挥动，挑出的则是对角线高球。击球后，身体重心即刻还原成准备姿势状态。

2. 反手挑球

准备动作与反手放网前球相同。击球前右臂往左后拉屈肘引拍至左肩旁，同时右脚向左前方跨出一大步，重心放在右脚上。击球时前臂充分内旋，手腕由屈至后伸闪动挥拍击球。若球拍由左下向左前上方挥动，则球向直线飞行；若球拍由左下向右前上方挥动，则球向对角线飞行。击球后，身体即刻还原准备姿势。

（五）搓球技术

搓球是指在网前用球拍切击球托，使球在摩擦力的作用下旋转翻滚过网。搓球技术是在放网前球的基础上发展起来的。因它飞行轨迹异常，能给对方回球造成困难，所以增加了对方进攻的困难。

在搓球时，应争取较高的击球点，搓球时出手要快，根据球离网的远近，运用手指灵活控制好球的角度和击球力量。击球点离网较远时，球拍后仰的程度适当小一点，切击球托时，应有足够向前的力量，否则容易造成球不过网；击球点离网较近时，球拍后仰的程度要大一些。切击球托时，以切削为主，力量也较小。

（六）网前放球技术

网前进攻威胁较大，因球飞行距离短，落地快，常使对手措手不及而直接得分。即使不能直接得分，也能迫使对方被动回球，创造下一拍进攻的机会。如果网前进攻和中后场进攻能紧密结合起来，则能发挥前后场的连续进攻，掌握主动权。放网前球主要有正手放网前球和反手放网前球两种。

1. 正手放网前球

当对方将球击至自己正手网前时，以正手握拍法，用球拍轻轻切、托，将球向上弹起，恰好一过网就朝下坠落，其具体的动作是：侧身向球的方向移动，上身稍前倾，右手握拍于体前。步法移动的最后一步是右脚向来球方向。跨大弓箭步，身体重心要提高，前臂伸向来球，要往前上方举，稍上仰，斜对网。争取高点击球，握拍放松稍收腕，向球托斜侧击或搓切。击球过程中，左手要向后平举以协调动作。挥拍的力量、速度和拍面角度的大小，主要取决于来球离网的远近和速度的快慢。来球离网远，速度快些，则放球时的力量要大些，反之则力量要小些。放网后，身体还原成准备姿势。

2. 反手放网前球

反手放网前球的击球前的动作要领同正手放网前球动作，只是方向相反。反手握拍，反面迎球，击球时，主要靠小臂的前伸、外旋和手腕由内收至外展的合力，轻托底部把球轻松过网。击球后，整个动作还原成下次击球的准备姿势。

三、羽毛球运动战术

（一）单打战术

1. 发球战术

①保持发球技术动作的一致性。做到各种发球技术的前期动作一致，使对方无法预先把握发球的时机和意图，迫使接发球队员多方防备，造成回球质量差，就有机会发起主动进攻。

②要掌握发球的时间差，即每次发球，从准备发球到球发出去（球从拍面弹起）

的时间长短差异。这样，往往造成对方判断错误而被动接球或接球失误。

③要灵活地变换发球点和发球的弧线，将球发向对方接球能力最薄弱的部位。

④要善于发现和把握对方接发球的习惯球路，抓住战机，争取一拍解决战斗。

2. 接发球战术

要全面掌握接发球技术，充满信心迎击各种发球。在接球时能一拍解决战斗是最理想的，但也不要在条件不许可的情况下勉强行事。接发球要力争不让对方有直接进攻的机会，把球回击到远离对方所站的位置的落点上，或者回击到与对方移动方向相反的位置上，或者回击到对方技术薄弱的环节上，迫使对方被动回球。为此，要求在接发球时做到思想高度集中，见机行事。

3. 攻后场战术

此战术通过击高球，重复压对方的底线两角，造成对方的被动，然后寻找机会进攻。用它来对付初学者，或后场还击能力较差、后退步子较慢，以及急于上网的对手是很有效的。

4. 攻前场战术

对网前技术较差的对手，可运用此战术先将其吸引到网前，然后再攻击其后场。采用此战术，自己首先要有较好的网前击球技术。

（二）双打战术

1. 攻人战术

攻人战术也称为一打一战术，是集中攻击对方中有明显弱点的人，并伺机攻击另一人因疏忽而露出的空当，或对此人偷袭的一种战术。双打比赛中配对选手的技术，一般总有一人好，另一人稍差些，即便两人水平相差不多，但若能集中力量攻击其中一人，也可给其造成很大的心理压力，从而使其出现失误。

2. 攻中路战术

当对方在防守状态下左右分边站位时，我方进攻要尽可能地把球攻到对方两人之间的中场空当区域，造成对方抢击球发生碰撞，或相互让球出现漏接失误。这种战术主要用于对付配合不默契的对手。运用这种战术的原则是：不论对方把球打到什么地方，本方进攻的落点都集中在对方两人的中间或中线上。如果对方一左一右分边平行站位防守时，我方就把球攻到对方场地中线附近或对方两人之间的空当区域，造成对方互相争抢击球，或两个人相互让球而出现漏接现象。

3. 攻直线战术

即攻球路线和落点均为直线，没有固定的对象，只依靠杀球的力量和落点来控制对方。当对方的来球靠边线时，攻球的落点在边线上；当对方的来球在中间区时，就朝中路进攻。这个战术的使用较易记住和贯彻。杀直线球虽然难度高一些，但效果不错，便于网前同伴的封网。

4. 攻半场战术

当对方采用一前一后站位进攻时，本方将球击到对方两人前后之间靠近边线的位置，也会造成两人抢接和漏接现象，对手即使把球应付过来，也会因回球的质量差而遭到致命的攻击。这种战术用来对付两人配合较差和接半场球处理不好的选手较为有效。

5. 防守反击战术

防守反击战术是用于对付后场进攻能力弱，或为了消耗对方体力而采用的一种战术。通过压对方后场底线两角，诱使对方在左右移动中进攻，以坚固的防守伺机反攻，争取比赛的主动权，后发制人。

第十章　全民健身之传统项目

第一节　太极拳

一、太极拳概述

太极拳是中国武术的优秀拳种之一。关于太极拳的起源有各种各样的说法，仅宋代以前的太极拳起源传说就包括老子创拳说、南北朝韩拱月创拳说、许宣平创拳说、唐代李道子创拳说以及宋徽宗时期武当丹士张三丰创拳说等。

太极拳在长期演变中形成许多流派，其中流传较广的有陈式、杨式、吴式、武式、孙式等。各式太极拳虽然各有其具体特征，但拳理相同，练习时身体各部位的姿势要求和运动特点基本一致。中华人民共和国成立后，原国家体委为了推广普及太极拳，从 20 世纪 50 年代起，先后编写了二十四式简化太极拳、四十八式太极拳以及太极拳的竞赛套路。

长期以来，通过广大人民的实践证明，太极拳不仅是一种符合人体生理、心理特点的科学健身方法，也是防治疾病的有效手段。太极拳是一种重要的健身、健心和预防疾病的手段，具有很高的保健和医疗价值。近年来，人们发现通过太极拳练习，除能有效增强体质外，对辅助治疗高血压、心脏病、结核病、溃疡病等都有着很好的疗效。太极拳作为一种运动疗法，配合医药治疗某些疾病，已经被广泛地应用到临床工作中，而且太极拳的强体、健心、治病及康复作用，随着人们健康意识的不断提高，也越来越得到进一步的认识与重视，太极拳逐渐成为广大人民喜欢的主要运动项目之一。

二、太极拳的健身方法

太极拳的种类很多，这里主要介绍一下二十四式太极拳健身法。

（一）起势

身体自然直立，两脚开立，与肩同宽，脚尖向前；两臂自然下垂，两手放在大腿外侧；眼向前平看。两臂慢慢向前平举，两手手高与肩平，与肩同宽，手心向下，上体保持正直，两腿屈膝下蹲；同时两掌轻轻下按，两肘下垂与两膝相对；眼平看前方。太极拳的起势动作简单匀畅，长期习练可以起到愉悦身心、健脑益智的功效。此外，起势动作对失眠和抑郁都有较好的缓解作用。

（二）左右野马分鬃

①上体微微向右转动，将身体重心移到右腿上；与此同时将右臂收在胸前平屈，手心向下，左手经体前向右下划弧放在右手下，手心向上，两手心相对成抱球状；左脚随即收到右脚内侧，脚尖点地；眼睛看右手。

②上体微微向左转动，左脚向左前方迈出，与此同时左右手随转体慢慢分别向左上、右下错开；眼睛看左手。

③上体继续向左转动，右脚跟后蹬，右腿自然伸直成左弓步；左右手随转体继续向左上、右下分开，左手高与眼睛相平，手心斜向上，肘微屈；右手落在右胯旁边，手肘微屈，手心向下，指尖向前；眼睛看左手。

④上体慢慢后坐，身体重心移到右腿上，左脚尖翘起，微向外撇（45°～60°），同时两手准备抱球。

⑤左脚掌慢慢踏实，左腿慢慢前弓，身体左转，身体重心再移到左腿。

同时左手翻转向下，左臂收在胸前平屈，右手向左上划弧放在左手下，两手心相对成抱球状；右脚随即收到左脚内侧，脚尖点地；眼睛看左手。

⑥上体微向右转，右腿向右前方迈出，同时左右手随转体慢慢分别向左下、右上错开；眼睛看右手。

⑦左腿自然成右弓步；同时上体继续右转，左右手继续随转体分别慢慢向左下、右上分开，右手和眼睛同高，手心斜向上，手肘微屈；左手落在左胯旁边，手肘微屈，手心向下，指尖向前；眼睛看右手。

⑧与④解同，唯左右相反。

⑨与⑤解同，唯左右相反。

⑩与⑥解同，唯左右相反。

⑪与⑦解同，唯左右相反。

左右野马分鬃动作通过双臂的屈伸、起落，起到扩胸舒腰的效果，而且也有利于改善呼吸系统功能、增强腰部肌力。长期习练，对支气管炎、肺气肿、哮喘、心肌梗死和腰肌劳损等，都具有较好的防治效果。

（三）白鹤亮翅

①上体微向左转动，左手翻掌向下，左臂平屈胸前，右手向左上划弧，手心转向上，与左手成抱球状；眼睛看左手。

②右脚跟进半步，上体后坐，身体重心移到右腿，上体先向右转，面向右前方，眼看右手；然后左脚稍向前移，脚尖点地，成左虚步，同时上体再微向左转，面向前方，两手随转体慢慢向右上左下分开，右手上提停于右额前，手心向左后方，左手落于左胯前，手心向下，指尖向前；眼睛平视前方。

该动作通过身体及四肢的转动、起落，起到舒筋活血、降阴升阳、养精凝神的效果。此外，对身心紧张、压力过重、不适痛症等也有较好的疗效。

（四）左右搂膝拗步

①右手从体前下落，由下向后上方划弧举到右肩外侧，肘微屈，手与耳同高，手心斜向上；左手由左下向上、向右下方划弧到右胸前，手心斜向下；同时上体先微向左再向右转；左脚收到右脚内侧，脚尖点地；眼看右手。

②上体向左转动，左脚向前（偏左）迈出成左弓步；同时右手屈回由耳侧向前推出，高与鼻尖平，左手向下由左膝前搂过落于左胯旁，指尖向前；眼睛看右手。

③右腿慢慢屈膝，上体后坐，重心移到右腿上，左脚尖跷起微向外撇，随后脚慢慢踏实，左腿前弓，身体左转，重心移到左腿上，右脚收到左脚内侧，脚尖点地；同时左手向外翻，掌由左后向上划弧到左肩外侧，肘微屈，手与耳同高，手心斜向上；右手随转体向上向左下划弧落于左胸前，手心斜向下；眼睛看左手。

④与②解同，唯左右相反。

⑤与③解同，唯左右相反。

⑥与②解同。

该动作通过身体及四肢的旋转、划弧，为肝腑器官起到"按摩"的作用，长期习练，可以调理经络、益肺平喘，同时对肩部、肘部、膝部和腰肾等部位的疾病都具有一定的防治作用。

（五）手挥琵琶

①右脚跟进半步，上体后坐，重心移到右腿上，上体半面向右转动。

②左脚略提起稍向前移，变成左虚步，脚跟着地，脚尖跷起，膝部微屈；同时左手由左下向上挑举，高与鼻尖平，掌心向右，臂微屈；右手收回放在左臂肘部里侧，掌心向左；两手成侧立掌合于体前；眼睛看左手食指。

该动作通过双手的起落、分合，可以刺激和调理手太阴肺经，并牵拉人体督脉，对于体虚引的感冒、气管炎，以及受寒引发的哮喘均有较好的防治作用。

（六）左右倒卷肱

①上体向右转动，右手翻掌（手心向上）经腹前由下向后上方划弧平举，臂微屈，左手随即翻掌向上；眼睛的视线随着向右转体先向右看，再转向前方看左手。

②右臂屈肘折向前，右手由耳侧向前推出，手心向前，左臂屈肘后撤，手心向上，撤到左肋外侧；同时左腿轻轻提起向后（偏左）退一步，脚掌先着地，然后全脚慢慢踏实，身体重心移到左腿上，成右虚步，右脚随转体以脚掌为轴扭正；眼睛看右手。

③上体微微向左转动。同时左手随转体向后上方划弧平举，手心向上，右手随即翻掌，掌心向上；眼随转体先向左看，再转向前方看右手。

④与②解同，唯左右相反。

⑤与③解同，唯左右相反。

⑥与②解同。

⑦与③解同。

⑧与②解同，唯左右相反。

该动作的健身功效与手挥琵琶的功效相似。主要通过双臂及上体的弧运和转动，按摩脏腑器官，调理手太阴肺经，从而有效防治肺部疾病。

（七）左揽雀尾

①上体微微向左转动，同时右手随转体向后上方划弧平举，手心向上，左手放松，手心向下；眼睛看左手。

②身体继续向右转动，左手自然下落，逐渐翻掌经腹前划弧到右肋前，手心向上；右臂屈肘，手心转向下，收到右胸前，两手相对成抱球状；同时身体重心落在右腿上，左脚收至右脚内侧，脚尖点地；眼睛看右手。

③上体微微向左转动，左脚向左前方迈出，上体继续向左转动，右腿自然蹬直，左腿屈膝成左弓步，同时左臂向左前方拥出（即左臂平屈成弓形，用前臂外侧和手背向前方推出），高与肩平，手心向后；右手向右下落，放于右胯旁，手心向下，指尖向前；眼睛看左前臂。

④身体微微向左转动，左手随即前伸翻掌向下，右手翻掌向上，经腹前向上、向前伸到左前臂下方；然后两手下捋，也就是上体向右转动，两手经腹前向右后上方划弧，直到右手心向上，高与肩平，左臂平屈胸前，手心向后；同时身体重心移到右腿；眼睛看右手。

⑤上体微微向左转动，右臂屈肘折回，右手附于左手腕里侧（相距约5厘米），上体继续向左转动，双手同时向前慢慢挤出，左手心向后，右手心向前，左前臂要保持半圆；同时身体重心逐渐前移变成左弓步；眼睛看左手腕部。

⑥左手翻掌，手心向下，右手经左腕上方向前、向右伸出，高与左手齐，手心向下，两手左右分开，宽与肩同；然后右腿屈膝，上体慢慢后坐，身体重心移到右腿上，左脚尖跷起；同时两手屈肘回收到腹前，手心均向前下方；眼睛向前平视。

⑦上式不停，身体重心慢慢前移，同时两手向前、向上按出，掌心向前；左腿前弓成左弓步；眼睛平视前方。

该动作通过双手的划弧、抱球，导引人体元气的运行，使其上达头部，下达四肢，因而具有调理气血、养心益肺的功效。此外，该动作还可以刺激手三阴三阳经脉，对关节疼痛有较好的防治作用。

（八）右揽雀尾

①上体后坐并向右转，身体重心移到右腿上，左脚尖里扣；右手向右平行划弧到右侧，然后由右下经腹前向左上划弧到左肋前，手心向上；左臂平屈胸前，左手掌向下与右手成抱球状；同时身体重心再移到左腿上，右脚收到左脚内侧，脚尖点地，眼睛看左手。

②同"左揽雀尾"③解，唯左右相反。

③同"左揽雀尾"④解，唯左右相反。

④同"左揽雀尾"⑤解，唯左右相反。

⑤同"左揽雀尾"⑥解，唯左右相反。

⑥同"左揽雀尾"⑦解，唯左右相反。

该动作的功效与右揽雀尾相似，主要通过双臂的划弧和抱球，导引元气运行，从而增强脏腑功能，促进气血循环。同时，还可以防止心脏病、胃肠病、腰痛及关节痛等病症。

（九）单鞭

①上体后坐，重心逐渐移到左腿上，右脚尖里扣；同时上体向左转动，两手（左高右低）向左弧形运转，直至右臂平举，伸于身体左侧，手心向左，右手经腹前运至肋前，手心向后上方；眼看左手。

②重心再渐渐移到右腿上，上体向右转动，左脚向右脚靠拢，脚尖点地；同时右手向右上方划弧（手心由里转向外），到右侧方时变勾手，臂与肩平；左手向下经腹前向右上划弧停于右肩前，手心向里；眼睛看左手。

③上体微向左转动，左脚向左前侧方迈出，右脚跟后蹬，成左弓步；在身体重心移向左腿的同时，左掌随上体的左转慢慢翻转向前推出，手心向前，手指与眼齐平，臂微屈；眼睛看右手。

该动作通过四肢的协调运动，扩展胸肌，从而使手三阳经与足三阳经贯通。长期习练，可以增加肺活量，对心肺、腰肾、关节等部位病症具有较好的防治作用。

（十）云手

①重心转移到右腿上，身体渐向右转动，左脚尖里扣；左手经腹前向右上划弧到右肩前，手心斜向后，同时右手松勾变掌，手心向右前；眼睛看左手。

②上体慢慢向左转动，重心随之逐渐向左移动；左手由脸前向左侧运转，手心渐渐转向左方；右手由右下经腹前向左上划弧，到左肩前，手心斜向后；同时右脚靠近左脚，成小开立步（两脚距离 10 ~ 20 厘米）；眼睛看右手。

③上体再向右转动，同时左手经腹前向右上划弧到右肩前，手心斜向后；右手向右侧运转。

④与②解同。

⑤与③解同。

⑥与②解同。

该动作通过双臂的起落、划弧，可以改善肺腑气血运行，增强内脏功能，长期习练，对高血压病、心脏病、胃肠病及关节炎等均具有较好的疗效。

（十一）单鞭

①上体向右转动，右手随之向右运转，到右侧方时变成勾手；左手经腹前向右划弧到右肩前，手心向内；重心落在右腿上，左脚尖点地；眼睛看左手。

②上体微向左转动，左脚向左前侧方迈出，右脚跟后蹬，成左弓步；在身体重心移向左腿的同时，上体继续向左转动，左掌慢慢翻转向前推出，成"单鞭"式。

该动作通过双臂的起落、划弧，可以改善肺腑的气血运行，增强内脏功能，长期习练，对高血压病、心脏病、胃肠病及关节炎等具有较好的疗效。

（十二）高探马

①右脚跟进半步，身体重心逐渐后移到右腿上；右勾手变成掌，两手心翻转向上，两肘微伸；同时身体微向右转动，左脚跟渐渐离地；眼睛看向左前方。

②上体微向左转动，面向左前方，右掌经右身旁向前推出，手心向前，手指与眼同高；左手收到左侧腰前，手心向上；同时左脚微向前移，脚尖点地，成左虚步；眼睛看右手。

由于人体五官位于身体之巅，其经络运行主要受少阳经的影响。通过练习该动作，尤其是其中双掌的推出，可以促进少阳经经气自右耳上行，并带动五官经气的运行，有利于防治五官疾病。

（十三）右蹬脚

①左手手心向上，前伸到右手腕背面，两手相互交叉，随即向两侧分开并向下划弧，手心斜向下，同时左脚提起向左前侧方进步（脚尖稍外撇）；身体重心前移动；右腿自然蹬直，成左弓步；眼睛看向前方。

②两手由外圈向里圈划弧，两手交叉合抱于胸前，右手在外，手心均向后；同时左脚靠拢，脚尖点地；眼睛平视右前方。

③两手臂左右划弧分开平举，肘部微屈，手心均向外；同时右腿屈膝提起，右脚向右前方慢慢蹬出；眼睛看右手。

该动作通过腿部的运动，调整中枢神经的平衡功能，增强腿部肌肉，长期习练，对腰、腿、膝、足部疾病及神经衰弱等病症具有较好的防治作用。

（十四）双峰贯耳

①右腿收回，屈膝平举；左手由后向上、向前下落到体前，两手心均翻转向上，两手同时向下划弧，分落于右膝盖两侧；眼睛看向前方。

②右脚向右前方落下，重心渐渐前移，成右弓步，面向右前方；同时两手下落，慢慢变拳，分别从两侧向上、向前划弧到面部前方，成钳形；两拳相对，高与耳齐，拳眼都斜向内下（两拳中间距离为10～20厘米）；眼睛看向右拳。

该动作通过四肢运动，导引浊气下行，因而长期习练，具有醒脑提神、防治五官疾病的功效。

（十五）转身左蹬脚

①左腿屈膝后坐，身体重心移到左腿上，上体向左转动，右脚尖里扣；同时两拳变掌，由上向左右划弧分开平举，手心向前；眼睛看左手。

②身体重心再移到右腿上，左脚收到右脚内侧，脚尖点地；同时两手由外圈抱于胸前，左手在外，手心均向后；眼平视左方。

③两手臂左右划弧分开平举，肘部微屈，手心均向外；同时左腿屈膝提起，左脚向左前方慢慢蹬出；眼睛看右手。

该动作的功效与右蹬脚相似，主要通过腿部的运动，增强腿部力量，改善中枢神经的平稳功能，同时可以防治腰痛、背痛、髋痛、关节痛及神经衰弱等。

（十六）左下势独立

①左腿收回平屈，上体向右转动；右掌变成勾手，左掌向上、向右划弧下落，立于右肩前，掌心斜向后；眼睛看右手。

②右腿慢慢屈膝下蹲，左腿由内向左侧（偏后）伸出，成左仆步；左手下落（掌心向外）向左下顺左腿内侧向前穿出；眼睛看左手。

③身体重心前移，左脚跟为轴，脚尖尽量向外撇，左腿前弓，右腿后蹬，右脚尖里扣，上体微向左转并向前起身；同时左臂继续向前伸出（立掌），掌心向右，右勾手下落，勾尖向后；眼睛看左手。

④右腿慢慢提起、平屈，成左独立式；同时右勾手变掌，并由后下方顺右腿外侧向前弧形上挑，屈臂立于右腿上方，肘与膝相对，手心向左；左手落于左胯旁，手心向下，指尖向前；眼睛看右手。

该动作通过四肢的伸展运动，可以促进血液回流，增强身体的平衡性，增强腿部及腹部力量。长期习练，对关节炎、胃下垂、便秘等均有较好的防治作用。

（十七）右下势独立

①右脚下落于左脚前，脚尖着地，然后以左脚前掌为轴，脚跟转动，身体随之左转，同时左手向后平举变成勾手，右掌随着转体向左侧划弧，立于左肩前，掌心斜向后；眼睛看左手。

②同"左下势独立"②解，唯左右相反。

③同"左下势独立"③解，唯左右相反。

④同"左下势独立"④解，唯左右相反。

本动作主要通过四肢的运动，增强腿部、腹部力量，同时利于机体血液回流，对关节炎、胃下垂、便秘、神经衰弱及肝病等均有较好的防治作用。

（十八）左右穿梭

①身体微向左转动，左腿向前落地，脚尖外撇，右脚跟离地，两腿屈膝成半坐盘式；同时在左胸前成抱球状（左上右下）；然后右脚收到左脚内侧，脚尖点地；眼睛看左前臂。

②身体向右转动，右脚向右前方迈出，屈膝弓腿成右弓步；右手由脸前向上举并翻掌停架在右额前，手心斜向下；左手向左下，再经体前向前推出，高与鼻尖平，手心向前；眼睛看左手。

③身体重心略向后移，右脚尖稍向外撇，随即身体重心再移到右腿上，左脚跟进，停于右脚内侧，脚尖点地；同时两手在胸前成抱球状（右上左下）；眼睛看右前臂。

④同②解，唯左右相反。

该动作通过双臂在胸前的升降，疏通三阳经，将上焦肺气导引至左右手末端的手阳明大肠经而出，可以治疗便秘之症。

（十九）海底针

①右脚向前跟进，身体重心移到右腿上，右脚稍向前移举步；右手下落经体前向后、向上提抽到肩上耳旁，左手下落到体前侧。

②左脚尖点地成左虚点；同时身体稍向右转；右手再随身体左转，由右耳旁斜向前下方插出，掌心向左，指尖斜向下；与此同时，左手向前、向下划弧落于左胯旁，手心向下，指尖向前；眼睛看前下方。

本动作主要通过四肢的屈伸运动，导引元气运行，痛经活血，对便秘等症具有较好的治疗效果。

（二十）闪通臂

①上体稍向右转动，左脚微回收举步，同时两手上提；眼睛看向前方。

②左脚向前迈出，脚跟着地；左右两手分别向左前、右后分开；左手心向前，右手心向外；眼睛看向前方。

③重心前移，左腿屈膝弓成左弓步；同时右手屈臂上举，停于右额前上方，掌心翻转斜向上，拇指朝下；左手由胸前随重心前移慢慢向前推出，高与鼻尖平，手心向前；眼睛看左手。

习练本动作要求稍加力度，配合弓步和推掌等，有利于机体气血的通畅，提高机体耐力。此外，本动作对便秘也有较好的疗效。

（二十一）转身搬拦捶

①上体后坐，身体重心移到右腿上，左脚尖里扣；身体向右后转，然后身体重心再移到左腿上；与此同时，右手随着转体向右、向下（变拳）经腹前划弧到左肋旁，拳心向下；左掌上举于头前，掌心斜向上；眼睛看向前方。

②向右转动身体，右拳经胸前向前翻转撇出，拳心向上；左手落于左胯旁，掌心向下，指尖向前；同时右脚收回后（不要停顿或脚尖点地）即向前迈出，脚尖外撇；眼睛看右拳。

③身体重心移到右腿上，左腿向前迈出一步；左手上起经左侧向前上划弧拦出，掌心向前上方；同时右拳向右划弧收到右腰旁，拳心向上；眼睛看左手。

④左腿前弓成左弓步，同时右拳向前打出，拳眼向上，高与胸平，左手附于右前臂里侧；眼睛看右拳。

本动作通过双手的握拳、双臂的划弧动作，可以调节人体经脉，尤其对女性的任脉、冲脉和带脉具有较好的健身功效，长期习练，可以防治妇科病。此外，本动作还具有补气益心、健肾补肝的作用。

（二十二）如封似闭

①左手由右腕下向前伸出，右拳变掌，两手手心逐渐翻转向上并慢慢分开回收；同时身体后坐，左脚尖跷起，身体重心移到右腿上；眼睛看向前方。

②两手在胸前翻掌，向下经腹前再向上、向前推出；腕部与肩平，手心向前；同时左腿前弓成左弓步；眼睛看向前方。

该动作通过双手的握拳、双臂的划弧动作，可以调节人体经脉，长期习练，可以帮助妇女防治妇科病。

（二十三）十字手

①屈膝后坐，身体重心移向右腿，左脚尖里扣，向右转动身体；右手随着转体动作向右平摆划弧，与左手成两臂侧平举，掌心向前，肘部微屈；同时右脚尖随着转体稍向外撇，成右侧弓步；眼睛看右手。

②身体重心慢慢移到左腿上，右脚尖里扣，随即向左收回，两脚距离与肩同宽，两腿逐渐蹬直，成开立步；同时两手向下经腹前向上划弧交叉合抱于胸前，两臂撑圆，腕高与肩平，右手在外，成十字手，手心均向后；眼睛看向前方。

该动作中，两手分开及环抱的动作，可导引人体气血运行，对肝血亏损、胸闷体疲、内分泌失调、月经不调等症都具有一定的防治作用。

（二十四）收势

①两手向外翻掌，手心向下，两臂慢慢下落，停于腹前；眼睛看向前方。

②两腿缓缓蹬直，同时两掌慢慢下落至大腿侧，然后收左脚成并步直立；眼睛看向前方。

该动作神意内含，沉气松体，能够使身体处于无极状态，使内脏恢复自然状态。

第二节　五禽戏

一、五禽戏概述

五禽戏又称为"五禽操""五禽气功""百步汗戏"等，它是中华民族优秀的民族健身功法，也是我国古代体育锻炼的一种重要的方式，具有疏通筋骨、预防疾病、延年益寿的功效。

据说五禽戏是古代养生家模仿动物姿态创造的各种形意动作，也就是古人所说的"禽戏"。东汉名医华佗在《庄子》"熊经鸟伸"和《淮南子》"六禽戏"的基础上创编了以模仿虎、鹿、熊、猿、鸟五种动物活动形态的五禽戏，从而开创了导引套路术的先河。

《五禽戏》主要模仿天上飞的鹤、树上攀爬的猿、地上善跑的鹿、行走敦厚的熊和善于跑扑的虎的形神。具体而言，在虎戏中体现了虎的凶猛，神威并重，动作变化刚柔相济；在熊戏中表现出熊的敦厚沉稳、松静自然的神态；鸟戏主要表现鹤的轻捷挺拔；鹿戏中表现出鹿的神态安静，奔跑轻松；猿戏中表现出猿的灵敏。

五禽戏发展至今已经形成了不少的流派，这些流派都有自己特殊的风格和特点，有的甚至直接冠以华佗之名。但是从总体上看来，他们都是根据"五禽"动作，结合自己练功体验所编出来的"仿生式"导引法，都具有活动筋骨、疏通气血、预防疾病、健身延年的目的。这些五禽之戏中，有外功型，也有内功型。外功型多偏重肢体运动，模仿"五禽"动作，意在健身强体，也就是我们通常所说的五禽戏。内功型多仿效"五禽"神态，以内气运行为主，重视意念锻炼，如五禽气功图就是其中的典型代表。这些功法动作简便易学，数量沿用了陶弘景的《养性延命录》的描述，特别符合中老人运动的规律。所以，随着国家体育总局的大力推广，"五禽戏"已经成为我国大众健身的重要项目之一。

二、五禽戏的健身方法

（一）虎戏的健身方法

虎戏模仿虎的形象，取其神气，以及善用爪力和摇首摆尾、鼓荡周身的动作。要求意守命门，命门乃元阳之所居，精血之海，元气之根。意守此处，有益肾强腰、壮骨生髓的作用，可以通督脉、祛风寒。虎戏的健身方法主要有以下两个。

1. 虎举

①起势调息。

②两手掌心向下，十指撑开，再弯曲成虎爪状；眼睛看两拳。

③两手外旋，由小指开始弯曲，其余四指依次弯曲握拳，拳心相对。两拳沿体前慢慢上提，到肩前的时候，十指撑开，举到头部上方；眼睛看两拳。

④两拳再弯曲成虎爪状外旋握拳，拳心相对；眼睛看两拳。

⑤两拳下拉到肩前时，变掌下按，然后沿体前下落到腹前，十指撑开，掌心向下；眼睛看两拳。

⑥重复②~⑤三遍后，双手自然垂于体侧；眼睛看向前方。

该动作中，双掌举起下落，一升一降，吸清气，呼浊气，可疏通、调理三焦；手掌变成虎爪，再变成拳头，可以改善血液循环，增强握力。

2. 虎扑

①接上式。两手握空拳，沿身体两侧提到肩部的前上方。

②两手向上、向前划弧，十指弯曲成"虎爪"，掌心向下；与此同时上体前俯，挺胸塌腰；眼睛看向前方。

③两腿屈膝下蹲，收腹含胸；与此同时，两手向下划弧到两膝之侧，掌心向下；眼睛看前下方。随后，两腿伸膝，送胯，挺腹，后仰；同时两掌握空拳，沿体侧向上提到胸侧；眼睛看前上方。

④左腿屈膝提起，两手上举。左腿向前迈出一步，脚跟着地，右腿屈膝下蹲，成左虚步；与此同时上体前倾，两拳变"虎爪"向前、向下扑至膝前两侧，掌心向下；眼睛看前下方。随后上体抬起，左脚收回，开步站立；两手自然下落于体侧；眼睛看向前方。

⑤与①同解，唯左右相反。

⑥与②同解，唯左右相反。

⑦与③同解，唯左右相反。

⑧与④同解，唯左右相反。

⑨重复①～⑧一遍后，两掌向身体侧前方举起，与胸同高，掌心向上；眼睛看向前方。两臂屈肘；两掌内合下按，自然垂于体侧；眼睛看向前方。

虎扑的动作锻炼了脊柱各关节的柔韧性和伸展性，从而带动了腰部运动，增强了腰部肌肉力量，也对腰肌劳损、腰习惯性扭伤等疾病具有显著的治疗和预防作用。另外，脊柱的伸展运动，还起到疏通经络、活跃气血的作用。

（二）鹿戏的健身方法

鹿戏模仿鹿的形象，取其长寿而性灵，善运尾闾，尾闾是任、督二脉通会之处，鹿戏意守尾闾，可以引气周营于身，通经络，行血脉，舒展筋骨。其健身方法主要有下面两种。

1. 鹿抵

①接上式。两腿微屈，身体重心移到右腿上，左脚经右脚内侧向左前方迈步，脚跟着地；与此同时，身体稍稍向右转动；两掌握空拳，向右侧摆起，拳心向下，高于肩部相平；眼随手动，看右拳。

②身体重心前移；左腿屈膝，脚尖外展踏实；右脚伸直蹬实；与此同时，身体向左转动，两掌成"鹿角"，向上、向左、向后划弧，掌心向外，指尖朝后，左臂弯曲外展平伸，肘抵靠在左腰侧下；右臂举到头部前方，向左后方伸抵，掌心向外，指尖朝后；眼睛看右脚跟。随后，身体向右转动；左脚收回，开步站立；同时两手向上、向右、向下划弧，两掌握空拳下落于体前；眼睛看向前下方。

③与①同解，唯左右相反。

④与②同解，唯左右相反。

⑤~⑧动作同①~④。

⑨重复①~⑧一遍。

中医认为，"腰为肾之府"。腰部的侧屈拧转，不仅能够带动脊柱的旋转，增强腰部力量，防止腰部脂肪堆积，还能够强腰补肾、强筋健骨。此外，眼睛看后脚跟这个动作又会加大腰部的旋转程度，起到较好的防治之效。

2. 鹿奔

①接上式，左脚向前跨出一步，屈膝，握空拳，向上、向前划弧到体前位置，屈腕，心向下；眼睛看向前方。

②身体重心后移；左膝伸直，全脚掌着地；右腿屈膝；低头，弓背，收腹；同时，两臂内旋，两掌前伸，掌背相对，拳变"鹿角"。

③身体重心前移，上体抬起；右腿伸直，左腿屈膝，成左弓步；松肩沉肘，两臂外旋，"鹿角"变空拳，高于肩部相平，拳心向下；眼睛看向前方。

④左脚收回，开步直立；两拳变掌，回落于体侧；眼睛看向前方。

⑤与①同解，唯左右相反。

⑥与②同解，唯左右相反。

⑦与③同解，唯左右相反。

⑧与④同解，唯左右相反。

重复①~⑧一遍后，两掌向体侧前方举起，与胸部同高，掌心向上；眼睛看向前方。屈肘，两掌内合下按，自然垂于体侧；眼睛看向前方。

该健身方法中，双臂内旋、前伸，牵拉肩、背肌肉，对颈肩病症具有很好的防治作用；弓背收腹，增强腰背肌肉力量，起到矫正脊柱的作用；身体后坐后时，打开大椎骨，可以疏通经气，振奋全身阳气。

（三）熊戏的健身方法

熊戏模仿熊的形象，熊体笨力大，外静而内动。要求意守中宫（脐内），以调和气血。练熊戏时，着重于内动和外静。有使头脑虚静、义气相和、真气贯通且有健脾益胃之功效。熊戏的健身方法主要有下面两种。

1. 熊运

①接上式。两掌握空拳成"熊掌"，拳眼相对，垂于下腹部；眼睛看两拳。

②以腰、腹为轴，上体做顺时针摇晃；同时，两拳随之沿右肋部、上腹部、左肋部、下腹部划圆；眼睛随着上体摇晃环视。

③与①同解。

④与②同解。

⑤~⑧同①~④，唯左右相反。

⑨做完最后一动作，两拳变掌下落，自然垂于体侧；眼睛看向前方。

该方法中，腰、腹转动，双拳划圆的动作，不仅可以活动腰部关节，防治腰肌劳损等，还可以引导内气运行，加强脾胃功能。同时，对消化不良、腹胀腹泻、便秘等也有很好的治疗效果。

2. 熊晃

①接上式。身体重心右移；左髋上提，牵动左脚离地，再微屈左膝；两掌握空拳成"熊掌"，眼睛看向左前方。

②身体重心前移；左脚向左前方落地，全脚掌踏实，脚尖朝前，右脚伸直；身体右转，左臂内旋前靠，左拳摆到左膝前上方部位，拳心朝左；右拳摆到身体后面，拳心朝后；眼睛看向左前方。

③身体左转，重心后坐，右腿屈膝，左腿伸直；拧腰晃肩，带动两臂前后弧形摆动；右拳摆到左膝前上方的部位，拳心朝右；左拳摆到身体的后面，拳心朝后；眼睛看向左前方。

④身体向右转动，重心前移，左腿屈膝，右腿伸直；与此同时，左臂内旋前靠，左拳摆到左膝前上方，拳心朝左；右拳摆到身体后面，拳心朝后；眼睛看向左前方。

⑤与①同解，唯左右相反。

⑥与②同解，唯左右相反。

⑦与③同解，唯左右相反。

⑧与④同解，唯左右相反。

⑨重复①~⑧一遍后，左脚上步，开步站立；与此同时，两手自然垂于体侧。两掌向身体侧前方举起，与胸同高，掌心向上；眼睛看向前方。屈肘，两掌内合下按，自然垂于体侧；眼睛看向前方。

该健身方法中，健身者通过身体的左右摇晃，可以牵动两肋，起到调理肝脾的作用；提散行走，落步微震，增强髋关节的肌肉力量，提高平衡能力，对于老年人的下肢无力、关节劳损、膝痛等有很好的治疗效果。

（四）猿戏的健身方法

猿戏模仿猿的形象，猿机警灵活，好动无定。练此戏就是要外练肢体的灵活性，内练意志思想活动，达到体轻身健、思想清静的目的。要求意守脐中，以求形动而神静。猿戏的健身方法主要有下面两种。

1. 猿提

①接上式。两掌在体前，手指伸直分开，再屈腕搓拢捏紧成"猿钩"。

②两掌上提至胸前，两肩上耸，收腹提肛；与此同时，脚跟提起，头向左转，目光随头部转动，眼睛看身体左侧。

③头转正，两肩下沉，松腹落肛，脚跟着地；"猿钩"变掌，掌心向下；眼睛看向前方。

④两掌沿体前下按落于体侧；眼睛看向前方。

⑤～⑧同①～④，唯头向右转。

⑨重复①～⑧一遍。

该健身方法中，"猿钩"的快速变化能够增强神经及肌肉的反应能力和灵敏力；而双掌上提及下按，带动了颈、肩、腹部的运动，增强了呼吸功能，改善了脑部供血；提脚跟直立，增强了腿部力量，从而提高了人体的平衡能力。

2. 猿擒

①接上式。左脚向左后方退步，脚尖点地，右腿屈膝，重心落于右腿；同时，左臂屈肘，左掌成"猿钩"收到左腰侧位置；右掌向右前方自然摆起，掌心向下。

②身体重心后移；左脚踏实，屈膝下蹲，右脚收到左脚内侧，脚尖点地，成右丁步；与此同时，右掌向下经腹前向左上方划弧至头左侧，掌心对太阳穴；眼睛先随着右掌转动，再转头注视右前上方。

③右掌内旋，掌心向下，沿体侧下按至左髋侧；眼睛看向右掌。右脚向右前方迈出一大步，左腿蹬伸，身体重心前移；右腿伸直，左脚尖点地；与此同时，右掌经体前向右上方划弧，举至右上侧变"猿钩"，稍高于肩；左掌向前、向上伸举，屈腕搓钩，成采摘势；眼睛看左掌。

④身体重心后移；左掌由"猿钩"变为"握固"；右手变掌，自然回落于体前，虎口朝前。随后，左腿屈膝下蹲，右脚收至左脚内侧，脚尖点地，成右丁步；与此同时，左臂屈肘收至左耳旁，掌指分开，掌心向上，成托桃状；右掌经体前向左划弧至左肋下捧托，眼睛看左掌。

⑤与①同解，唯左右相反。

⑥与②同解，唯左右相反。

⑦与③同解，唯左右相反。

⑧与④同解，唯左右相反。

⑨重复①～⑧一遍后，左脚向左横开一步，两腿直立；同时，两手自然垂于体侧。两掌向身体侧前方举起，与胸同高，掌心向上；眼睛看向前方。屈肘，两掌内合下按，自然垂于体侧；眼睛看向前方。

该健身方法中，健身者通过眼神的左张右望，可以锻炼颈部，促进脑部血液循环；而模拟猿猴摘桃的动作，可以减轻神经系统的紧张度，对缓解压力、精神忧郁有很好的作用。

（五）鸟戏的健身方法

鸟戏模仿鹤的形象，动作轻翔舒展。练此戏要求意守气海，气海乃任脉之要穴，为生气之海；鸟戏可以调达气血，疏通经络，活动筋骨关节。鸟戏的健身方法主要有下面两种。

1. 鸟伸

①接上式。两腿微屈下蹲，两掌在腹前相叠。

②两掌向上举至头部前上方，掌心向下，指尖向前；身体微前倾，提肩，缩颈，挺胸，塌腰；眼睛看向前下方。

③两腿微屈下蹲；同时，两掌相叠下按至腹前；眼睛看两掌。

④身体重心右移；右腿蹬直，左腿伸直向后抬起；同时，两掌左右分开，掌成"鸟翅"，向体侧后方摆起，掌心向上；抬头，伸颈，挺胸，塌腰，眼睛看向前方。

⑤与①同解，唯左右相反。

⑥与②同解，唯左右相反。

⑦与③同解，唯左右相反。

⑧与④同解，唯左右相反。

⑨重复①~⑧一遍后，左脚下落，两脚开步站立，两手自然垂于体侧，眼睛看向前方。

该健身方法中，健身者通过双手前伸后摆，可以疏通经脉之气，而上举下按，可以增加肺活量，增强肺部功能，进而改善慢性支气管炎、肺气肿等病症。

2. 鸟飞

①接上式。两腿微屈；两掌成"鸟翅"合于胸前，掌心相对；眼睛看前下方。

②右腿伸直独立，左腿屈膝提起，小腿自然下垂，脚尖朝下；与此同时，两掌成展翅状，在体侧平举向上，稍高于肩，掌心向下；眼睛看向前方。

③左脚下落在右脚旁边，脚尖着地，两腿微屈；与此同时，两掌合于腹前，掌心相对；眼睛看前下方。

④右腿自然伸直独立，左腿屈膝提起，小腿自然下垂，脚尖朝下；与此同时，两手掌经体侧，向上举到头顶上方，掌背相对，指尖向上；眼睛看前方。

⑤左脚下落在右脚旁边，全脚掌着地，两腿微屈；与此同时，两手掌合于腹前，掌心相对；眼睛看前下方。

⑥与②同解，唯左右相反。

⑦与③同解，唯左右相反。

⑧与④同解，唯左右相反。

⑨与⑤同解，唯左右相反。

⑩重复②~⑨一遍后，两掌向身体侧前方举起，与胸同高，掌心向上；眼睛看向前方。屈肘，两掌内合下按，自然垂于体侧；眼睛看向前方。

该方法中，健身者通过双臂的上下运动并配合呼吸，可以起到按摩心肺的作用，增强血氧交换能力；手指的上翘紧绷，可以加强肺经经气的流通，进而提高心肺功能；提膝独立运动，可以增强人体平衡。

第三节　八段锦

一、八段锦概述

八段锦之名始见于南宋文学家洪迈所著的《夷坚乙志》中。它是北宋开始出现的一种成套术式导引，全套由八节连贯动作组成。在我国古老的健身术中，八段锦是流传最广、对导引术发展影响最大的一种。

"八段锦"以"锦"命名，一则可以表明这种导引术的精美可贵，二则表明这种导引术不是各个互不相连的单个导引术式的汇集，而是由各个具有不同作用的导引术式组成的套路式导引术，如织锦那样绵绵不断。"八"字也不是单指"段"的数目，而是表示如八卦那样，其功法由多种要素相互联系、相互制约、循环运转之意。

八段锦是中国民间广泛流传的具有保健作用的导引养生功法。它只有八节动作，每一段都有锻炼的重点，而综合起来，则对五官、头颈、躯干、四肢、腰、腹等全身各部位进行了锻炼，对相应的内脏以及气血、经络起到了保健、调理作用，是机体全面调养的健身功法。经常练习八段锦可起到保健、防病、治病的作用。自古以来，八段锦以其优美似锦的动作和祛病强身的功效深受人们的喜爱。

此外，八段锦不只是简单的肢体活动，而是包括"意念"和有节奏的呼吸在内的一种全身心的健身运动。简言之，八段锦的意念活动就是在做动作时要集中思想，排除杂念，不受外界干扰，将注意力放在丹田部位，使自己处于一种"虚无"的状态。呼吸要尽量做到轻轻悠悠，似春风吹拂，如鹅羽轻飘。

二、八段锦的健身方法

八段锦在长期的发展中，根据风格和练法的不同，形成了多种流派。按照练习姿态，可以将八段锦分为坐式八段锦和立式八段锦；按照南北刚柔练法的不同，可将八段锦分为文八段和武八段。在众多八段锦套路中，清代光绪年间定型的立式八段锦成为后来较为稳定和流行的健身方法，下面将对其动作进行重点介绍。

（一）两手托天理三焦

直立，两足分开，与肩同宽。两臂自然松垂身侧，然后徐徐自左右侧方上举至头顶，两手手指相叉，翻掌，掌心朝上如托天状，同时顺势跷两脚跟，再将两臂放下复原，同时两脚跟轻轻着地，反复多遍。若配合呼吸，则上托时深吸气，复原时深呼气。

该动作中，健身者两手交叉上托，缓慢用力拉伸，可以上调心肺，中调脾胃，下调肝肾，使习练者的肝腑器官得到舒展，并可以调和气血运行；而拉长躯干与上肢各关节周围的肌肉、韧带及关节软组织，对防止肩部疾患、预防颈椎病等也有很好的疗效。

（二）左右开弓似射雕

直立，左足跨出一大步，身体下蹲作骑马式。两臂在胸前交叉，右臂在外，左臂在内，眼看左手，然后左手握拳，食指跷起向上，拇指伸直与食指成八字撑开。接着左臂向左推出并伸直，头随而左转，眼看左手食指，同时右手握拳，展臂向右平拉作拉弓状。动作复原后左右互换，反复多遍。如配合呼吸，则展臂及拉弓时吸气，复原时呼气。

做该动作时，习练者展肩扩胸，可以刺激督脉和背部俞穴，坚持习练，可以有效地增加手臂和手部的肌肉力量，提高手腕及手指的灵活性。该动作同样利于矫正不良姿势，比如驼背和肩内收等，对于肩颈疾病也有很好的治疗效果。

（三）调理脾胃须单举

直立，两足分开，与肩同宽。右手翻掌上举，五指并紧，掌心向上，指尖向右，同时左手下按，掌心向下，指尖向前。动作复原后，两手交替进行，反复多遍。如配合呼吸，则上举下按时吸气，复原时呼气。

做该动作时，习练者通过上肢的一松一紧、一上一下的对拉，可以刺激腹、胸等部位的相关经络及穴位，达到调理脾胃、肝脏的作用。此外，还可以锻炼脊柱内各椎骨间小关节及小肌肉，从而增强脊柱的灵活性和稳定性，起到预防肩颈疾病的功效。

（四）五劳七伤向后瞧

直立，两足分开，与肩同宽。两手掌心紧贴腿旁，然后头慢慢左顾右盼向后观望，反复多遍。如配合呼吸，则向后望时吸气，复原时呼气。

该动作中，上肢伸直、外旋、扭转的动作，可以扩张牵拉胸腔、腹腔内脏。同时，"瞧"的转头动作可以刺激颈部大椎穴，增加颈部及肩关节的运动幅度，可以预防眼肌疲劳，防治肩、颈、背部等疾病，还能够改善血液循环，解除精神疲劳。

（五）摇头摆尾去心火

两足分开，相距约3个足底的长度，屈膝半蹲成骑马式。两手张开，虎口向内，扶住大腿前部。头部及上体前俯，然后作圆环形转腰，转动数圈后再反方向转腰。在转腰的同时，适当摆动臀部。如配合呼吸，则在转腰时吸气，复原时呼气。

做该动作时，健身者双腿下蹲，摆动尾间，可以刺激脊柱、督脉，有利于疏经泄热，去除心火。此外，摇头摆尾的动作还能够加强颈、腰、髋等关节的灵活性和力量性。

（六）两手攀足固肾腰

直立，并足，两膝挺伸、上身前俯，以两手攀握两足趾（如碰不到，不必勉强），头略昂起。然后恢复直立姿势，同时两手握拳，并抵于腰椎两侧，上身缓缓后仰，再恢复直立姿势，反复多遍。本式采用自然呼吸。

健身者通过双臂的前屈后伸，可以刺激脊柱、督脉及命门等穴，坚持习练，有助于防治泌尿生殖系统慢性病，达到固肾壮腰的作用。此外，对于肾、肾上腺及输尿管也有很好的刺激改善作用。

（七）攒拳怒目增气力

两腿分开屈膝成骑马式，两手握拳放在腰旁，拳心向上。右拳向前方缓缓击出，右臂伸直，拳心向下，两眼睁大，向前虎视。然后收回左拳，如法击出右拳，左右交替进行。如配合呼吸，则击拳时呼气，收拳时吸气。

中医认为，"肝主筋，开窍于目"，而本动作中的"怒目瞪圆"可以刺激肝经，调理肝血，进而强健筋骨；两腿下蹲，双手攒拳、抓握、旋腕等动作可以刺激手足经脉及穴位，长期习练，可以使全身肌肉结实，气力增加。

（八）背后七颠百病消

直立，并足，两掌紧贴腿侧，两膝伸直，足跟并拢提起离地数寸，同时昂首，作全身提举式。然后足跟轻轻着地复原，反复多遍。如配合呼吸，则足跟提起时吸气，足跟着地时呼气。

该动作中，脚趾抓地，可以刺激足部经脉，调节脏腑功能；颠足刺激脊柱与督脉，畅通全身肝腑气血；颠足而后立，可以锻炼小腿肌肉力量，提高人体平衡能力；落地震足，可以刺激下肢及脊柱各关节，利于全身肌肉放松，关节紧张。

第四节　八卦掌

一、八卦掌概述

"八卦"最早见于《易经》："两仪生四象，四象生八卦。"从这一点来说，八卦掌与中国古代哲学中的八卦学说有直接关系。所谓八卦，就是用两种符号，阳爻和阴爻组成的八种基本图形，每个图形有一定的方位，分别叫做乾、坤、震、巽、坎、离、艮、兑。这八种图形，互相之间有一定的对应关系和变化规律。八卦掌就是按照将八卦的基本图形与阴阳鱼结合在一起的八卦图来进行演练的。因此八卦掌也称游身八卦掌、八卦连环掌。八卦掌最突出的特点就是不断地在弧线上走圈，左旋右转，右旋左转。故八卦掌又称"转掌""游身八卦掌""阴阳八卦拳"等。八卦掌的走圈用术语来讲，叫做"行桩"，是八卦掌的基本功。

在内家拳种中，八卦掌算是一个后起之秀，虽然自问世以来只有一百多年的历史，但它以简单新颖的运动形式、独特神奇的技击效果、快速显著的健身作用、古老神秘的拳术理论、精彩迷人的神功轶事享誉武林，成为中华武林中不可缺少的拳种之一，引起世人瞩目。如今，八卦掌的传人已经遍及世界各地，并形成了不同的流派，其中程派八卦掌、尹派八卦掌、史派八卦掌、梁派八卦掌、张派八卦掌因流传面广、传人较多而成为八卦掌的主要流派。

二、八卦掌的健身方法

八卦掌最早形成的套路是"先天八卦掌"，也称"老八掌"，其套路在不断的传习中又衍化出"后天八卦掌"，即一掌生八式，八掌共生64种掌法。在一定程度上，"后天八卦掌"的出现大大丰富了八卦掌的练习内容。这里我们主要介绍一下八卦掌中几项基本的健身练习方法。

（一）单换掌

1. 起势

健身者立正，两脚尖外展。两臂垂于两腿侧，下松。口自然闭合，呼吸自然。眼平视前方。随后两膝略蹲，两手由两侧向腹前交叉（左下右上），手心均向上。右手顺左前臂外侧上穿，两手指尖均向上。在右肘起到略高于肩部、左手约与头顶齐平时（两手右高左低），身体渐渐向右转。随着身体右转，两前臂内旋拧转下落，两掌随转随向外推，手心均向外，右掌高与眉齐，虎口圆撑，食指挺直，拇指、小指、无名指微向里扣：左掌落到右肘下方，虎口对右肘尖，右掌对圆圈的中心。同时右脚向前迈一步，膝部微屈，脚尖向里扣，两脚跟前后相对，重心偏于左腿。眼神随右掌移动，然后注视右掌食指指尖。

2. 摆步右推掌（石青龙反首）

由起势（右脚在前）开始，右脚前进半步，左脚沿着圆形路线继续前进，向右旋转（右脚为里脚，左脚为外脚）。右脚迈步要直，左脚要微向里扣。走到右脚在前时（步子多少均可），左脚尖向右脚尖处内扣上步，两脚尖距离约10厘米，两脚跟向外撑（成八字形）。同时身体向右转，两掌不动。随后，右脚向右方摆步（沿圆圈路线），脚尖外撇。同时身体右转，右前臂内旋，掌心向外推，拇指侧向下，左掌仍停在右肘下方。眼看右掌。

3. 右穿左推掌（青龙转身左势）

上势不停，身体继续向右转。左脚随身体转动，再向右脚处扣步，两脚尖距离约10厘米，两脚跟外撑（成八字形）。同时左掌顺右腋下向后穿，掌心向上；右前臂外旋，掌心翻转向上，小指侧贴于左肩外侧。眼向右看。左手顺右臂外侧向上移动。同时身体向左扭转，左肘部起到略高于肩、右手高与头齐平时（两手左高右低），两前臂内旋（向里拧转）并向下落，两掌随向外推，手心均向外。左掌高与眉齐，虎口撑圆，食指挺直，拇指、小指、无名指微向里扣；右掌落到左肘下方，虎口对左肘尖，左掌对圆圈的中心。同时左脚前移半步，膝部微屈，脚尖微向里扣，两脚跟前后相对，重心偏于右腿。眼神随左掌移动，然后注视左掌食指指尖。

（二）转身掌

1. 右转身左穿掌（燕子入林）

右掌在前，身体向右环行，走至右脚在前时，左脚（外脚）向右脚尖扣步，身体随之右转，右脚再向右摆步。然后左掌由右前臂下前穿，掌心向上，右掌停在左肩前。同时左脚进一步，重心偏于右腿。眼看左掌。

2. 转身仆步盖掌（走马回头）

上势不停，右脚随之外摆；然后左脚继续进一步，脚尖里扣。右掌经胸前内旋使掌心向外，手背贴肋，接着再顺着肋部向右腿外侧下插。伸直，全脚掌着地。左掌随之收到左腰侧，掌心向上。眼看右掌。

3. 转身双推掌（白猿献果）

右脚尖外撇，身体随之右转，左脚再向右脚尖扣步，左掌由右腋向右穿。然后身体再向左转，左脚随之前移半步。同时左掌随转体向左旋转，两掌心翻转向上，高与胸齐，两前臂相靠，两肘接近胸部。眼看左掌指尖。

（三）双抱掌

1. 翻转抱掌（狮子滚球）

两手心上下相对（左掌在下，右掌在上），向左环行，走至左脚在前时（里脚），右脚向左脚尖扣步前进，身体左转。然后左脚向左方外摆，右脚再向左脚扣步。同时左掌经腹前下落，两掌心相对，随身体的转动，左掌由下向上提，掌心向下；右掌由上向下转动，停在右腿外侧，掌心向上。眼向上看。以右脚掌为轴，脚尖里扣，身体向左后，左脚向左后方撤一步，膝部微屈，体重偏于右腿。同时右掌由下向上托起，左掌由上向下落，随身体转动停在两膝上方，掌心相对。眼看左掌。

2. 双抱掌（狮子抱球）

由上势左脚尖向外撇，身体左后转，右脚随之向左脚扣步，同时右掌向左腋下穿出。然后身体右转，右脚前移半步。右掌随着转身动作由左向右旋转伸出，掌心向上；左掌举在头上方，掌心向下，两掌心上下相对。眼看右掌。

第十一章 全民健身之青岛特色项目

第一节 胶东秧歌

一、胶东秧歌的相关概述

（一）胶东秧歌的概况及分布

胶东秧歌是流传于胶东地区的一种舞蹈和戏曲，主要是在重大节日、平时庆贺时，在空旷的广场和田间平地上进行表演，演员都是当地的村民。尤其在重大节日的表演，主要是寄予新年风调雨顺、五谷丰登的愿景。

胶东地区是山东半岛经济最发达的地区，包括青岛、烟台、威海。胶东地区具有优越的自然条件、安定的社会环境，使得其文化活动丰富多彩，但它不是经济、政治、文化的中心，胶东秧歌处在当时环境中，很少有名人改造、文人参与，因此保留了原来自娱自乐的歌剧形式。山东省内最具代表性的三大秧歌有胶州秧歌、海阳秧歌、鼓子秧歌，而胶东秧歌分为青岛的胶州秧歌和烟台的海阳秧歌。

（二）胶东秧歌的艺术形式

胶东秧歌发展近四个世纪的历史，舞蹈风格迥异，目前胶东秧歌仍然作为一项大型集群性休闲娱乐活动，风靡于胶东这块土壤肥沃的大地，乃至全国各地。

胶州秧歌肇始于马店小屯，其形成历经多个世纪的发展，2006年成功入选国家非物质文化遗产名录，其艺术魅力享誉国内外。胶州秧歌中的舞蹈、乐曲、情节剧、角色出演独树一帜，是一种艺术形式活泼多样、文化内涵丰富的歌舞剧。

海阳秧歌的形成比胶州秧歌要早，兴盛于烟台海阳的凤城。它不断吸收各种传入艺术的精髓，融入民间武术的基本招式，其表演内容变得越来越丰富、队伍结构日趋严谨。舞者主要是跑扭结合，男的彰显山东大汉，女的展现山东姑娘，出行时打头阵的是执事部分，中间是乐队组合，最后是各种角色的舞队组合。

不管是胶州秧歌还是海阳秧歌，都属于民间舞蹈艺术，都代表着胶东人民的传统文明，代表着胶东人民的物质文化追求，代表着胶东人民休闲娱乐的精神文化追求。都是从民间走向舞台，成为家喻户晓的广场健身舞蹈，从健身舞蹈融进校园。

二、秧歌的场地与器材

（一）秧歌场地环境与音乐的选择

在室外的场地扭秧歌，可以选择较为平整的土地，环境比较安静，空气清新，保持良好的通风状态，保证有洁净的空气及时充分供给，这是因为锻炼中人们心跳、呼吸会加快，需要大量的氧气，所以只有在氧气充足的环境下，才能够使人们的锻炼正常有序地进行下去。现在很多老年朋友愿意集合在一起扭秧歌、锻炼身体，他们大多选择在公园或是社区，这都很符合秧歌这种健身运动的室外场地要求。

选择秧歌音乐，要使音乐风格与舞蹈动作风格相吻合。对于自娱自乐的中老年朋友，跳大众健身秧歌，在音乐使用上可以选择具有一定民族特色的音乐。

根据动作选配音乐时，涉及音乐选择、音乐处理以及音乐制作三个方面。一般来讲，成套动作大多选择节奏鲜明、结构完整、旋律优美、健康向上的音乐，在选择中要把握好音乐的整体基调，使其能够起到很好的烘托作用。

在秧歌中，音乐与动作的关系十分密切。扭秧歌时，音乐不仅起到伴奏的作用，还可以强烈地感染舞者的情绪，使动作和音乐融为一体。正是因为有了音乐的伴奏，秧歌才更加火爆、热烈、优美、快乐。

秧歌中的音乐是经过历代民间艺人和广大劳动人民创造而成的。它深深地扎根于民间，生动活泼，富有生活气息和鲜明的地方特色。许多传统的乐曲经过长期的实践检验被保留和传承下来，如《柳青娘》《满堂红》《五匹马》等。此外，秧歌中的伴奏音乐在保留其风格外，也随着时代的发展而发展，具有时代的风貌，如延安新秧歌运动时的秧歌乐曲《打黄羊》就具有时代的气息，深受人民的喜爱。在现今的健身秧歌中，除采用一些优秀的传统乐曲外，一些流行歌曲也被作为扭秧歌的新节拍，如《纤夫的爱》《黄土高坡》《中华民谣》等。

在秧歌音乐中，跑场音乐热烈火爆，速度较快，与秧歌舞相协调，常用的乐曲有《柳摇金》《柳青娘》《满堂红》等。清场音乐根据秧歌中角色不同而各具特色。

（二）秧歌服装与手绢扇子等的挑选

在衣着装束方面，可以选用专门的秧歌服饰。如果没有专用服装，则要选择质地柔软、弹性好、吸湿性和透气性强的服装，这类服装穿着舒适，约束性小，便于活动。选择衣着要尽量做到美观、大方、合体，这样的衣服会增添自信，使参与者更加精力充沛，更便于在秧歌表演中展现与众不同的魅力和风度。对于发式的选择，应该以简洁、利落为原则，长发最好束于脑后，不要让其遮挡视线。身上各种装饰物如手链、耳环等，都应取下，以免给练习带来不便，不愿取下的饰物要做一定处理，如戒指可以用棉布包住，避免划伤他人。

鞋袜的选择也是十分关键的，在鞋子方面需要选择大小合适，柔软性、弹性、通透性都很优良的运动鞋，不能穿厚底鞋和高跟鞋。鞋子的松紧程度以感觉舒适为最佳，太紧会影响下肢的血液循环。袜子以纯棉质地最佳，尼龙袜不适合秧歌锻炼时穿用。

手绢是秧歌中常见的一种道具，持手绢扭秧歌是秧歌中最重要的方法之一，特别是在东北秧歌中，手绢的舞法非常丰富，持手绢扭秧歌的方法也更具特色。我们所说持手绢扭秧歌的方法，实际上就是手绢舞法与脚下步法协调配合的扭法。手绢的形状有八角形和正方形两种。

八角形手绢是用两块正方形手绢交错而成，在手绢的八个角和位于中心的圆处都镶嵌亮片。运用这种手绢还可以完成很多技巧的动作。

正方形手绢的制作没有严格的要求，也可用其他类似的物品代替，用这种手绢可以舞出简单的花形。

扇子是秧歌中最为常见的道具。扭秧歌时，人们舞动色彩鲜艳的扇子、扇花。选择质量好的手绢和扇子会使秧歌更容易上手。

三、秧歌的动作节奏与基本技术

（一）基本体态

体对 2 点，左前点步，左手背，右手虎口捏合，中指点于左胯前，上身拧腰对 1 点，肋部上提并自 2 点探出，压肩、腆腮，形成"提、探、拧"的基本体态。

（二）动作方法

1. 齐眉扇

基本体态，左手捏巾垂于体旁，右手五指夹扇与右眉平齐，扇面朝下、扇口向前，压腕、抬肘。

2. 前立扇

基本体态，左手捏巾垂于体旁，右手五指夹扇压腕于体前，略屈臂，扇口呈垂直状。

3. 举扇

站正步，左手捏巾垂于体旁，右手五指夹扇，直臂上举扇。

4. 追扇

基本体态，站右长踏步，左手搭右肘，右手五指夹扇于腰旁，右臂略屈、压腕，立扇口。

5. 侧端扇

基本体态，站正步，左手捏巾于左腰前，夹肘，右手五指夹扇，端扇于左肋旁，扇面朝上。

6. 托扇

①肩托扇。基本体态，站右长踏步，左手捏巾直臂上举，右手五指夹扇，托扇，于右肩上，夹肘。

②上托扇。站长踏步，左手捏巾于肩前，架肘，右手五指夹扇，直臂托扇于斜上手位，手心朝上。

7. 羞扇

①夹扇式羞扇。站左后踏步，左手搭右肘，右手五指夹扇，扇遮于脸前，夹肘。

②握扇式羞扇。右手握扇，其他同夹扇式羞扇。

③平时式羞扇。左后踏步，右手五指夹扇，扇遮于脸前，左手捏巾于扇后，双手心朝前，架肘。

8. 夹臂扇

站正步，左手捏巾，直臂上举贴于耳旁，右手三指捏合扇，直臂下垂贴于体前。

9. 耳旁提扇

右后踏步，左手捏巾，右手握扇，双手提腕架肘，扇口对右耳。

10. 按扇

基本体态，左手捏巾，右手五指夹扇，按扇于胯旁，扇口朝外，左手按在扇面上。

11. 金鸡独立

右直腿踮脚，左腿紧贴右腿高前吸，左手捏巾下垂，右手举扇，目视前上方。

12. 探身扇

基本体态，站右后踏步，左手捏巾，直臂上举贴于耳旁，右手握扇贴于左胯旁。

（三）技术要点

①主要鼓点为慢鼓点 4/4，快鼓点 2/4。

②羞扇动作要表现害羞的神态。

第二节　场地高尔夫球（健步球）

一、概念与名称

场地高尔夫球（Ground Golf）也叫健步球，是一项在走路过程中，用球杆击球，以击球进洞（也称作穴位器，可移动）为目标的，适合于百姓参与的户外休闲娱乐健身运动。走路是该项运动最基本并持续进行的身体动作，可以有效增进心肺功能和腿部力量；挥杆击球是该项运动的目标性动作，可以有效锻炼身体的协调性和稳定性。参与其中，拿起球杆，迈开双腿，在阳光下，可以在轻松愉快的气氛中收获健康，增进友谊。

二、项目产生与发展

（一）项目产生

上世纪 80 年代初，日本鸟取县东伯郡为了使高尔夫球更加简单化和大众化，依据高尔夫球的相关规则，经过改良精简，创造形成了场地高尔夫球项目。

（二）国际发展

目前，此项运动已经在中国、韩国、新加坡、俄罗斯等国家或地区得到了良好的推广与发展。2013 年在日本举办了东亚地区场地高尔夫球比赛。

（三）中国发展

上海：1997 年传入中国（上海），2007 年上海市成立了"上海市场地高尔夫球协会"（当时叫健步球协会，后改为场地高尔夫球协会）。同年上海市老年体协成立了项目专项委员会，十几年间，每年都举办多项各级各类比赛，并将场地高尔夫球列入上海市老年运动会项目。

青岛：青岛市老年体协、青岛市黄岛区老年体协成立了项目专项委员会。每年举办多项比赛。

济南：山东体育学院自 2010 年开设了长期高尔夫球课程，并已成功举办了三届全国邀请赛。2013 年在山东大学洪家楼校区，社区居民自发开展此项运动。2017 年 4 月举办了第一届"洪家楼杯"济南市场地高尔夫球邀请赛。

三、项目特点

概括起来，场地高尔夫球运动具有简单化、小型化、灵活性、大众化、趣味性和安全性等特点。

①简单化。器械、玩法、规则、技术等简单。

②小型化。场地不需要多大，一个比赛用 8 洞，场地总占地也不过 1000 多平米，最远的球洞距离是 50 米。

③灵活性。器械（包括球杆和球洞等）携带方便，场地无须专门规划建设，摆放设置灵活便利。

④大众化。男女老少都可以参加，可多人同场参与活动或比赛。每个球洞都有一个比赛组参加比赛，每组 6 ~ 10 人，这样，一个 8 洞比赛场地可同时容纳 50 ~ 80 人同

时参与比赛，且不管技术水平高低，所有参与者都有同等的机会和权利去完成全场比赛。

⑤趣味性。场地高尔夫球集中体现了一种挑战文化，每一杆球都是在挑战自己的心态和技术，每一次进洞都是一次自我征服和超越。参与者在一次次的自我挑战、自我征服和自我超越的体验中，获得一种身心的愉悦。

⑥安全性。球场上没有冲撞；参与者之间不需要技术、战术上的配合，"各自为战"，相互之间不会产生矛盾意见、埋怨或指责，人人都能保持平和的心态；运动节奏舒缓，运动量可根据自己的身体状况自我调控；球的运动基本是在地面上的滚动，一般不会有腾空"飞球"，没有安全隐患。

四、器械与场地

高尔夫球属于一项高消费休闲运动，甚至被认为是一项贵族运动，器械装备复杂，要求很高，且价格不菲，而造价更高的场地建设和成本巨大的场地维护就更不用说了。所以高尔夫球运动目前还是普通百姓难以企及的，并且其场地多建造于郊外，平时百姓难以获得，这些都在很大程度上制约了大众的参与。而场地高尔夫球就完全不同了，其场地和器械装备非常简单，符合百姓消费水平，因而便于大众参与。

（一）器械

场地高尔夫球运动所需器械很简单，参与者每人只需1根球杆、1个球，场地上摆放可移动球洞（穴位器），每个球洞匹配一个开球垫。

（二）场地及其设置

场地高尔夫球的场地无需专门规划建设，也无须在地上挖球洞。球洞是可移动的，所以无论在城市还是乡村，无论在运动场、公园还是庭园，随便一处天然草地、土地、沙滩、河滩或人造草坪，不管场地规整与否（场地有一些起伏或障碍物，会使活动或比赛变得更有趣），都可临时设置球场，灵活方便。场地就在身边，便于大众参与。每一个球洞由开球垫和球洞组成，两者之间的带状区域部分称作球道，其长度可自定。一般比赛最长球道为50米。

（三）日常健身活动场地设置

日常健身活动中，场地高尔夫球的场地设置非常灵活，场地可大可小。根据实地情况，可随意摆放数量不等、球道长度不等的球洞。地方小，则可少摆放几个球洞；地方大，则可多摆放几个球洞；球道的距离也可近可远。超过三个球洞，一般要形成一个环形，便于循环打球。

注意：球场设置的原则是，打完一个球洞应在不远的地方就是下一球洞的开球垫。当然，下一球洞的开球垫与上一球洞之间的距离也不宜太近，避免不同组的队员互相影响。切勿将开球垫放在其他球洞的球道上，否则会影响活动或比赛的顺利进行。

标准比赛场地设置：正式比赛场地一般设 8 个球洞，一般分外圈（逆时针 1～4 洞）和内圈（顺时针 5～8 洞）。

如果地方不够大，不能在同一块场地上同时摆放 8 个球洞，则可以按照相应的球道长度要求，将球洞分散摆放在互不相连的几块场地上，只要能满足 8 个球洞即可组织比赛。

五、场地高尔夫球打法与基本规则

场地高尔夫球不仅器械简单，打法和基本规则也很简单，很容易理解和把握。本节将主要介绍如何完成每一个球洞与整个场地的比赛、球场基本规则和球场礼仪。

（一）打法

与高尔夫球的打法一样，场地高尔夫球也是一边走路，一边挥杆击球，最终目标是击球进洞。在完成一个球洞之后，继续按顺序完成其余所有球洞。每一个球洞的完成都基本包括开球、续击、进洞三个过程。

（1）开球

开球是每一个球洞的起始。将球置于开球垫的球托上，朝着球洞的方向挥杆击球即为开球。开球的目的是将球打到球洞边甚至直接进入球洞中。

（2）续击

开球后球未进洞，则需要从球停止的地方朝着球洞的方向继续击球，称为续击。为了最终击球进洞，可能会出现多次续击。

（3）进洞

经过续击，球进入球洞（静止在内，进入后又滚出去不算），称为进洞。击球进洞是场地高尔夫球的最终目标，也是重要的乐趣所在。

（二）基本规则与礼仪

1. 基本规则

场地高尔夫球运动基本规则很简单，与高尔夫球一样，就是从开球开始，谁能用最少的杆数将球击人洞内，谁就胜出。

2. 其他规定

（1）开球

开球时，如果不慎将球碰下球托，视为 1 杆。

（2）击球

①击球时，球杆推球向前一段距离属于"持球"犯规，加罚 1 杆。

②击球时出现"连击"，加罚 1 杆。

③球处于图 11-1 的位置，如果直接击球进洞属于"拨球犯规"。正确的做法是首先将球移开（算一杆），然后再击球进洞（图 11-2）。也可以经裁判员同意，直接捡球结束此洞的比赛，该球洞成绩加 2 杆。

④按顺序击球：裁判员按顺序呼号后，队员方可击球。

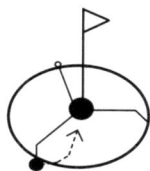

图 11-1　拨球犯规　　　　图 11-2　正确击球

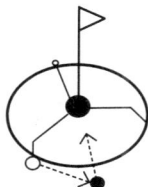

⑤近距离优先击球：球离球洞 30 厘米以内时，裁判员允许运动员优先继续击球，也就是接着继续击球。

（3）撞球

当 A 队员的球撞到 B 队员的球时，B 队员的球放回原位置，A 队员的球自然停止滚动为止。

（4）妨碍球

①指停在球道上妨碍他球正常向前运动的球。

②A 队员击球时，认为场上的 B 球属于妨碍球，A 队员可向裁判申请，请 B 队员拾移 B 球。

③拾移球时，队员应安放标志牌标，以标记球的位置，标志牌应在贴住球的正后侧三点（牌、球、球洞中心）一线位置（图 11-3），先放牌后拾球。

图 11-3　放置标志牌

轮到该队员击球时，把球放回原地，再拾取标志牌。

（5）进洞球

球进入球洞（穴位器）底框内且呈静止状态为球进洞。球进洞后又弹出球洞，不算进洞。

（6）界外球

有时为了增加比赛的难度，球场会设置界线。在有界线的比赛场地上，打出球场界线的球叫界外球。界外球进场的击球点在出界处一杆长的半圆内选定（图 11-4）。

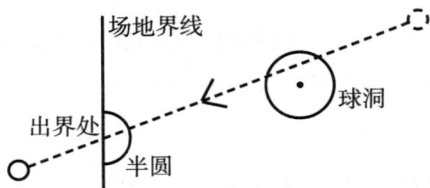

图 11-4　界外球及进场

3. 成绩计算

（1）轮成绩

按序完成场地上规定球洞为一轮，所有球洞杆数之和为该轮成绩。

（2）场成绩

完成规定的比赛轮数，各轮杆数之和为比赛总成绩。

4. 胜负判定

（1）个人

①全部比赛结束，总杆数少者为胜。

②若总杆数相同，再看轮杆数，少的名次列前。

③若每轮杆数均相同，以一杆进洞数多者名次列前。

④若一杆进洞数也相同，就看一杆进洞的球道距离，长者名次列前。

⑤若再相同，就看二杆进洞数，多者名次列前。以此类推。

（2）团体

①每支球队人数相等（正式比赛一般为 6 人）。

②所有队员比赛成绩之和为该队成绩。总杆数少者为胜。

③若总杆数相同，以杆数最少队员所在的队名次列前；再相同，杆数次少队员所在队名次列前。以此类推。若均相同，则看杆数最少队员一杆进洞数，再看球道的距离，长者名次列前。以此类推。

5. 球场礼仪

场地高尔夫球运动特别强调礼仪、自律和诚信。

（1）按顺序击球

比赛组队员需按排定顺序依次轮流击球。

（2）不妨碍他人

击球后要迅速离开球道，不妨碍他人击球；击球进洞后要及时将球拿出球洞，以免影响他人进球。

（3）诚实自律

参与者自我约束，自我裁判（正式比赛有裁判员）；不得私自挪动静止的球；不可人为停止滚动中的球；不得随意挪动场地上的球洞、球垫及其他设施。

第三节　持杖健走

一、健走运动的特点

（一）技术简单易学，群众参与度高

健走即一种使用握杆的特殊行走，其动作技术简便易学，参与者行走时可以根据自身的需要选择适合自己高度的手杖，每个人都可以找到适当的步态和目标，能够满足不同身体状况和不同年龄段人群的需要，是一项老少皆宜的运动。它四季皆宜且不受场地限制，可在市区（社区、公园等）、郊外和山地等地进行。人们在越野行走时轻松快乐，既健身又时尚，适宜广泛开展。

（二）较强安全性

健走运动行走时借助于两支手杖，大大提高了行走的安全性。研究表明，使用健走杖健走可减轻脚踝和膝关节的压力，减少关节磨损，也能够避免传统登山对膝关节的伤害，对预防骨关节病、延缓骨骼的衰老作用明显。

（三）显著健身性和有效康复性

健走着重的是有效地增进身体机能而非身体技能，具备有氧运动所需的中低等运动强度、较长运动时间和全身大肌肉群同时参与等条件的要求，参与此项运动能够提高心肺功能、预防和治疗"三高症"、肩周炎等，特别对于那些中老年、肥胖等不适宜参与剧烈运动项目的群体，其健身性和康复性的效果尤为显著。

近年来，国外关于健走的研究越来越深入，有关此项目与体适能以及对于某种疾病的预防、康复等方面的研究逐渐增多。根据国外健走的研究数据得知，健走与没有使用健走杖的行走运动相比，参与此项运动的受试者基础代谢率（BMR）能增加20%；所消耗的卡路里明显增多，在消耗更大能量的同时，增强了受试者的心肺功能。此项目特别适合那些需要燃烧卡路里但无法走太快的人群，同时使用健走杖健走，也为那些重视平衡感的人群提供了很大的稳定；持杆健走能够动用全身大肌肉群，能够改善那些因周边动脉阻塞疾病所造成的间歇性跛足患者的走路能力。研究证明规律地使用健走杖能明显的增进上半身肌肉耐力，有助于乳腺癌幸存者的日常活动以及重拾自主生活方式；根据对帕金森症患者持杖健走八周后的研究得知，受试者感知能力和活动能力都有显著改善。

二、健走运动价值分析

（一）实现人类和谐与发展理念

人与自然的和谐是人类生存的基础，人类源于自然，同时也是大自然的有机组成部分，人类的生存发展依托于自然。人与自然的关系如何，直接反映着人类社会的文明程度，同时也反映着全社会成员的整体素质和生态道德面貌。追求人与自然的和谐发展，是所有文明社会共同的价值取向和最终的归宿。

健走能够使人们更多地接触自然，走进自然，亲近自然，拥抱自然，挑战自我，培养个人毅力，锻炼人的体魄，还能呼吸到真正的大自然气息，体验绿色出行，欣赏周围浓郁自然奇景的大好河山，同时可以缓解工作压力，充分释放自我，使自己充满自信和活力，充分展现了回归人的本性与初衷，体现人类返璞归真、回归自然、保护环境的美好愿望。因此健走将会越来越引起人们的重视，成为关注的焦点。

（二）显著的医疗保健价值

2400 年前《黄帝内经》就有"恬淡虚无，真气从之；精神内守，病安从来"，以及"百练走为先""百练不如一走"之说，强调步行走路是各项运动之首。古希腊医学家希波拉底也曾说过："如果一个人想保持工作能力、健康，以及有充分价值和欢乐的生活，他应该使步行成为生活的一部分。"世界卫生组织在 1992 年明确提出"世界上最好的运动是步行"；美国《公共科学图书馆·医学》杂志刊登了一项新研究发现，每周快走 2.5 小时最多可使寿命延长 7 年，即使运动时间减半（即每周快走 75 分钟）也足以使寿命延长 2 年。

现在，许多国家都把倡导民众步行健身纳入国家计划，我国卫生部极力倡导全民行走运动，将每月 11 日定为"步行日"，号召大家每个月的这一天走出家门，加入行走健身的行列。而以散步为主要运动方式的人，因为运动次数不足，走得也不够快，运动的总负荷难以达到促进健康的要求，很难为健康带来真正益处。达到理想健身目的的行走要求迈大步，抬头挺胸，双臂摆动，而且要达到一定的速度。健走即升级版的步行，平均比正常走路要多燃烧 46% 的热量，运动时会用到身体 90% 的骨骼肌，相比之下游泳仅用到 35%，跑步只用到 70%。这种独特的运动方式（越野行走）安全、简单、轻松、有趣、成本低、锻炼效果高，非常适合大众参与，能让其参与者达到一定的效果，尤其是对老年人和肥胖者而言，运动过程中膝关节和踝关节承受的压力较大，容易造成膝踝关节的损伤，所以参与健走较其他运动项目更为安全。经调查研究发现，健走锻炼者普遍反映自己在体能、体重、血压、血脂、血糖、肩颈腰腿、睡眠、精神状态等方面改善显著，其健身效果整体上明显优于其它健身项目。健走促进体适能的效果也已获得德国政府和保险业者的肯定，伦敦医院的运动理疗家都极力推荐健走，认为其对帕金森病人和中风患者的康复治疗都有一定的辅助作用，这可是其他运动所不能比拟的。

人口老龄化是 21 世纪人类面临的最突出的社会问题，由此而产生的多方面的问题也引起世界各国的高度重视。我国是世界上唯一 65 岁及以上老年人口过亿的国家，且增长快速，重度老龄化和高龄化问题将越来越突出。老龄化将对医疗卫生服务带来了新的挑战，因而探索推广开展符合中国国情的大众体育健身项目显得尤为重要。健走则顺应了发展的潮流，能够使参与此项目的人在提高身体健康的同时，既丰富了中老年人群的休闲娱乐活动，又能预防老年人摔倒，降低摔倒率，进而有利于医疗卫生保健资源的整合与投入。

（三）促进全民健身，加快体育产业发展

21 世纪以来，体育向着休闲、娱乐等功能方向发展显得尤为突出，随着时代的不断发展以及参与人群比例的增加，在体育逐步迈向大众休闲体育的改革道路过程中，体育产业市场被推至更高的台阶，户外休闲市场也迎来前所未有的发展机遇，尤其是户外运动，在给人类生活带来健康活力的同时，能够使人们脱离狭小空间的束缚，尽情感受大自然，从产业建设到市场消费，以及其巨大的成长空间和盈利空间等方面解析，户外运动被世界各国誉为"未来黄金体育产业"，户外运动将成为国际大众体育发展主流，而这种现象在欧美发达国家已经成为社会现实。在我国，随着近年来体育产业的几何式增长，不断深入地挖掘体育产业新体量市场，户外运动这个项目也得到了极大发展，如户外运动俱乐部数量急速增长、各项新兴户外运动项目不断涌现、户外运动产品的销售量与日俱增，等等，虽然与欧美发达国家相比还存有一定的差距，但是户外运动在我国必将逐步发展成为国民参与体育休闲的主要运动方式之一。我国体育发展主旋律已逐步从体育大国到体育强国、从金牌体育向全民体育方向发展转变，同时根据日益凸显的老龄化现象的需要，各级体育部门和协会等相关单位，注重以"全民健身日"为契机，延伸和拓展健身活动空间，为全民健身活动常态化和品牌化创造条件，不断增强广大人民群众主动参与体育健身以及终身体育的意识。在这样的大好背景下，健走作为一项接地气的户外体育健身活动，能够充分体现体育以人为本和"节能、环保、健康、阳光、进步"的理念，同时可以实现与旅游的完美融合，因此被专家誉为"最接近完美的行走"，今后将会吸引更多的人群参与到这项活动中。这也正切合我国发展体育产业、促进体育消费以及全民健身计划的国家战略需求，也迎合了当前广大人民群众积极参与休闲健身项目的需求，进而推动我国体育产业进入黄金发展时代。

三、健走基本要领

健走有徒步健走和北欧健走两种基本方式，健走的基本要素有：

站姿：挺胸、抬头、收腹、提臀、肩放松、眼平视、双腿直立、脚尖朝正前方。

走姿：徒步健走和北欧健走。

腰腹：腰腹微扭。

呼吸：鼻腔吸气，腹式呼吸。

脚姿：脚跟着地，过渡到脚掌中部，过渡到前脚掌，脚趾弹起向前。

频次：健走持续 20 分钟以上，60 ~ 120 步 / 分钟。

效果：健走时微微出汗是最佳状态，其他康复需求需测评后制定。

四、健走锻炼法

《黄帝内经》认为，广步于庭，是一种晨起散步的形式。中医不十分赞成跑步，但极力提倡散步和力所能及的适度劳动，这些尤其适合于老年人锻炼。下面介绍几种散步健走锻炼法：

（一）普通散步法

每分钟以 60 ~ 70 步或 80 ~ 90 步散步，每次 30 ~ 60 分钟。

（二）定量步行法

运动强度以脉搏为尺度。30 多岁者一般以每分钟 130 次为标准；40 岁者每分钟 120 次；60 岁以上者每分钟 110 次。每次步行 30 ~ 60 分钟。这种步行法对减少腹壁脂肪、降低血压、增进身体的轻快感和听力有相当好的疗效；或者走到微微出汗，就达到了效果。

（三）摆臂散步法

步行时两臂用力前后摆动，可增加胸廓的活动，适用于有呼吸系统慢性病的患者。

（四）摩腹散步法

轻松的散步及柔和的腹部按摩，有助于防治消化不良和胃肠道慢性疾病。

（五）走上坡路和爬楼梯

有助于防治高血压、动脉硬化、冠心病、肥胖病等。

五、健走养生法

（一）倒走

古代的《山海经》记载有倒走如飞的奇怪仙人，后来的道家人士也常以此法健身。倒走能使全身的腰脊肌、膝关节周围的肌肉、韧带和股四头肌得到锻炼。

（二）赤足

我国古代对赤足走路的体疗效果早有记载，由于人体大部分经络皆通向足底，故医家认为，赤足走路有健身的作用，尤其是赤足在鹅卵石上行走效果更佳。这就是今日之所谓"足底反射"学说。

（三）持仗健走

《黄帝内经·灵枢经脉篇》中的补肾法，原文为："缓带披发，大杖重履而步。"也就是要求宽松腰带，披头散发，拄着大拐杖，穿着沉重的鞋子而散步。这就是我们现在推崇的持仗健走。

持仗健走是一项老少皆宜的运动。它带来的益处多种多样，每个人都可以找到适合自己的步态和目标。它满足不同身体素质和不同年龄人们的需要，简便易学（10分钟即会）、廉价（买一副手杖终身可用）而且四季皆宜。它可在市区（社区，公园等）、郊外和山地进行。借助两支手杖，人在行走过程中可以实现四肢同时参与运动，非常容易达到有氧运动的靶心率，且适合长时间行走，并能够实现全身大肌肉群的同时锻炼。持仗健走是徒步健走的升级版，提升了徒步健走和徒手登山的健身作用，健身效果可提高40%，科学研究证明，持仗健走与徒步健走相比，心率可提高 5 ~ 17 次 / 分钟，热量消耗平均增加20%，能量消耗增加可达到46%，对心血管功能的提高有较大的帮助。健走时特别是山路行走时有效地减轻了下肢关节压力，减少了关节磨损，避免了传统登山对膝关节的伤害，对预防骨关节病，延缓骨骼的衰老作用明显。两只手杖的支撑，大大提高了山地行走的安全性。

因为持仗健走时手掌与健走杖的配合，对上肢经络穴位有疏通作用。手部有六条经脉运行，与全身各脏腑、组织器官相通，约有99个穴位可以反映五脏六腑的状况，这些穴位几乎可以缓解全身疾病。

第四节　青岛市广场舞

一、青岛市广场舞的产生及特点

广场舞是全民健身运动发展过程中参与人数最多的一项运动，从城市到农村参与人数众多，群众所跳的广场舞五花八门，选曲和舞步形式呈现多样化。广场舞作为一种草根文化极具群众基础。一方面，广场舞已成为当今社会最受欢迎的健身方式之一；另一方面，广场舞对加强人与人之间的交流、活跃社区文化生活，特别是改善中老年人的精神状态具有十分重要的作用。

广场舞在人们的脑海中一直是与中国民俗舞，或者群众性自发的非职业舞蹈联系在一起的。一个层面是各个民族在民间流传着的"原生态"舞蹈，另一个层面是艺术家根据不同民族的民间舞蹈风格特征，提炼、加工、创作的广场舞。事实上，随着时代的发展，它的内涵与外延一直在拓展，除了民间尚存的舞蹈形式外，也有了都市文化、时尚文化的舞蹈形式。而这两个层面传承展演的舞蹈形式，已成为广场舞主流文化与艺术表现的一部分。这种转变见证了民族民间艺术向百姓艺术的过渡，也透射着从"自然的我"向"人民中的我"的提升。作为用音乐和舞蹈堆砌的百姓广场艺术，广场舞以其质朴的表现形式，良好的互动氛围，明显的健身效果受到各年龄段，尤其是中老年舞蹈健身爱好者的认可与喜爱。每一位参与其中的普通民众，都可以迅速在音乐和舞蹈的享受中充分愉悦精神，强健体魄，展现自我。

近几年，广场舞在青岛市得到了迅速的普及和推广，广场舞已经走进了群众们的日常生活，已成为全市群众文化活动的主要内容。据不完全统计，目前全市已有40万人会跳广场舞，在全国各类城市对比性排名中，青岛市广场舞已成为一大特色。据数据显示，青岛市2014年年底，常住人口已经突破900万，按此数字推算，平均每23个青岛人中就有一个是广场舞爱好者。这股全民起舞的热潮，就像一股"最炫青岛风"，正席卷全国广场舞坛。显然，青岛市广场舞已成为全国广场舞的坐标，呈现出时代的文化特征，广场舞风行的当下，对其深入探讨是极有必要的。

二、青岛市广场舞推广组织体系

广场舞作为文化馆"文化惠民"活动之一，采取馆内办班、深入基层培训多种方式对广场舞进行推广，这种点面结合的推广、培训方式受到了广大群众的热烈响应。

在推广广场舞之初，青岛市政、文化、体育主管部门与社会人员共同协商，成立了广场舞整理与创编小组，并从体育、文化与民间基层聘请了多位广场舞相关的专家，共同进行广场舞的梳理与创编，这保证了广场舞的科学性和规范性，推动其健康有序发展。

为使广场舞在青岛本地得到更好的推广，青岛市主要通过"三个层次，两个部门"开展推广工作。三个层面分别为：上层（领导）、中层（协调）和基层（操作），而具体的广场舞推广则由所在地区的文化部门和体育部门进行负责。上层以青岛市体育局、青岛市文化馆作为主体，利用自身优势向基层进行以广场舞为主体的推广活动；中层则形成以居委会和社区为主体的推广模式；基层则形成以社会体育指导员、协会、俱乐部等形式组织广场舞的练习。为更好的完成青岛市广场舞的推广工作，政府将广场舞活动纳入基层社会治理体系，建立由政府倡导、相关部门依法管理、场地管理单位配合、社区居委会和业主委员会以及相关社会组织等广泛参与的广场舞活动管理机制，积极引导和推动建立广场舞协会等文化体育社团组织，鼓励群众自我管理。通过由上至基层的严密组织，青岛市开展广场舞的工作更加有序，这一组织体系的形成也为青岛市广场舞的开展提供了一定保障。

政府依据青岛市广场舞的推广组织体系（图11-5），（上层）体育部门和文化部门在推广组织体系中起到领导控制的作用，通过组织各类培训发展队伍骨干，培养社会指导员。（中层）街道办事处和社区居委会在推广组织体系中起到协调规划的作用，结合本社区范围内活动的广场舞队伍进行全面规划协调，设立健身服务点，统筹安排广场舞队伍的活动时间及地点，确保每支队伍都有固定场所和活动时间。（基层）俱乐部和广场舞协会在推广组织体系中起到具体操作和服务的作用。提供音响充电、器材维护和存放，以及活动经费的使用等。青岛市广场舞的推广，形成了由（基层）广场舞活动点，（中层）街道办事处和居委会活动中心和（上层）体育部门和文化部门等组成的"三个层次，两个部门"的推广组织体系，构成了多层次、网络化的组织和管理体系。社区文体中心为社区居民提供公共活动空间，为社区人们的教育、文化、娱乐、健身等生活配套服务。社会体育指导员协助广场舞的团队的组织者，规范活动场所、区域、时段、音量等，维护公共资源，清洁场地等，充分发挥团队的自我管理、自我教育、自我监督的能力，使广场舞的组织更加合法化，增强广场舞团队的自律性。政府设立由街道办事处体育站牵头，公安、城管、环保等部门共同组成执法检查小组，监督和检查广场舞的工作。

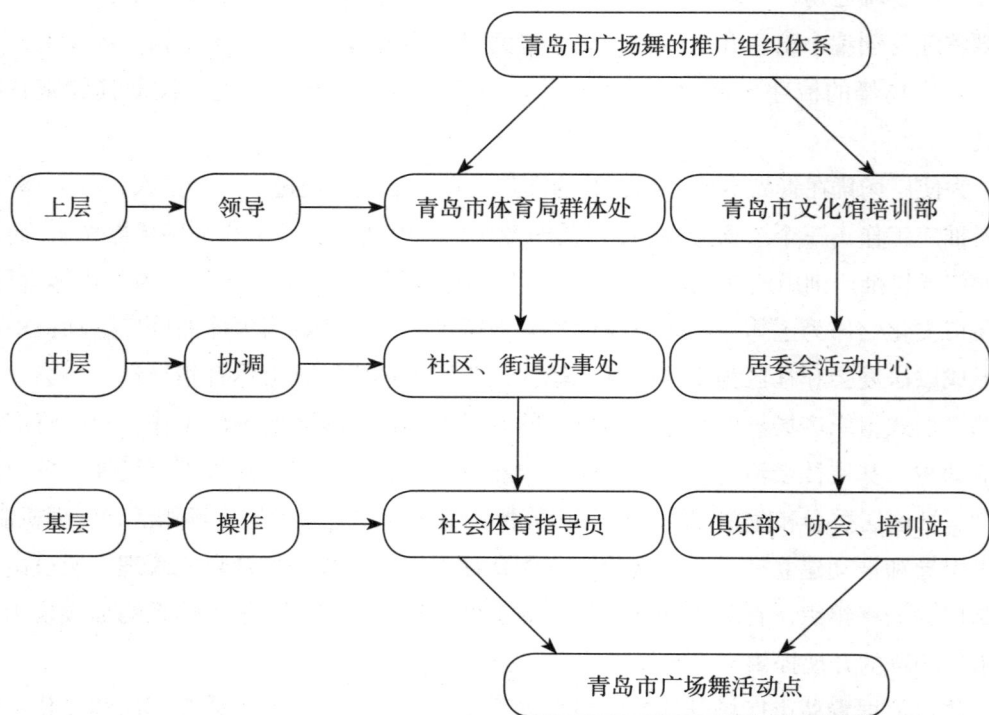

图 11-5　青岛市广场舞的推广组织体系

三、青岛市广场舞的推广途径与方式

（一）政府建立广场舞妇女组织，（中层）协调力量得以加强

政府为了促进广场舞在本地区的发展和推广，鼓励本地居民进行广场舞练习，允许规模在 20 人以上的广场舞队伍建立广场舞妇委会，同一街道 5 个以上的广场舞妇委会可成立广场舞妇联。广场舞组织由所在街道办事处和社区居委会管理，妇女既可参加街道办事处和社区居委会组织的活动，也可参加广场舞妇委会活动，实行双重覆盖。这在全国属于首创，也是政府加强基层组织建设的一项创新举措。

广场舞妇女组织可以有效地把本地的广场舞队伍组织起来，从松散的状态转变为相对约束的状态，从没有一个统一的管理机构到组建一个管理机构。广场舞妇女组织成立后，通过下发《文明健身共促和谐》倡议书，教育带领大家参与有益身心的文化娱乐活动，有效控制配乐音量等扰民因素，促进和规范广场舞活动健康文明发展，营造和谐的居民生活环境；同时妇女组织成员通过邀请体育部门和文化部门的专家传授新舞蹈和举办广场舞大赛，提高居民的舞蹈水平，进一步丰富群众的文化生活。体育局、文化馆等政府组织也会定期深入社区，指导各个社区组建并成立相应的广场舞协会和俱乐部等组织。出现了银铃风采舞蹈队、青岛市老年大学鞭鼓队、胶州秧歌舞蹈队和康乐健身舞蹈队等。目前，广场舞妇女组织已经在全市得到了推广，使广场舞真正成为积极向上、传播正能量的群众集体活动。

（二）以赛代练：上层主管与基层互动促进

为了更好的促进各广场舞队伍与协会之间的交流，更好的推进青岛市广场舞的发展，青岛市体育局和文化馆多次组织各种类型的广场舞比赛，使得广场舞的比赛已经成为常态化，通过比赛进行广场舞的学习和交流，从而丰富广场舞的形式和内容。2013年第十届中国艺术节在山东举办，群星奖舞蹈决赛在青岛举办。2013年10月全国各地群文同仁云集青岛，青岛市文化馆作为承办单位适时把已经成熟的新编"青岛广场舞"制作成光盘，在比赛期间发放给各地参赛单位，单一的区域性产品，放在全国瞩目的平台上，以这种方式亮相，"青岛广场舞"的推出可谓是占尽先机。

另外，青岛市还定期举办培训班，编辑出版著作，制作教学光盘，举办比赛，外出表演，举行交流会、研讨会，重大节庆是青岛广场舞推广的快车道。由此，形成了青岛文化馆舞蹈干部为"树干"，各区市文艺骨干为"树枝"，各界群众为"树叶"三部分组成的推广体系。

（三）以体育局为"龙头"对专业人士进行培训

广场舞所推广的对象为社会人群，很多市民以前均没有任何锻炼基础，仅仅是凭借自身爱好便参与其中，但在实际的练习过程中，很多广场舞动作看似简单，但由于练习者缺少必要的力量与技巧，很容易造成损伤，如广场舞中一些跳跃动作、下腰动作、以及转体动作等。为更好的保障青岛市广场舞的推广与发展，青岛市体育局多次组织对广场舞社会体育指导员进行培训工作。每片场地拥有两名以上广场舞一线社会体育指导员，村（社区）充分发挥社会体育指导员的作用。近些年对广场舞社会体育指导员的培养与提高已经初步形成规模，目前青岛市拥有530余片广场舞健身场地，拥有各级社会体育指导员达21000余名，全民健身辅导站点4620余处，免费帮助市民科学健身，科学合理锻炼，避免受到运动损伤。目前，青岛市已经初步形成在专业广场舞社会体育指导员指导下，进行科学、有序的广场舞练习。

2013年五月初，青岛市艺术馆举办第1期青岛市广场舞舞蹈干部培训班，五月、六月和七月连续三个月推出4期广场舞培训班。新编"青岛广场舞"培训班第1期参与人数为45人，第2期达150人、第3期、第4期参与人数逐次递增。参与群体包括街道、社区、文化馆、协会、文化志愿者、甚至还有外国留学生在内的各界人士，经过不到一年的推广，各个街道、社区、公园、广场、学校随处可见学跳新编"青岛广场舞"的身影，作为文化馆"文化惠民"活动之一的新编"青岛广场舞"已深入到基层。

（四）从文化馆为"枝结"深入基层进行推广

青岛市文化馆在广场舞推广过程中采取馆内办班、深入基层培训等多种方式对广场舞进行推广，这种点面结合的推广和培训方式受到广大群众的热烈响应。先将城阳区作为广场舞的辅导试点地区，派专职舞蹈老师多次赴城阳区各街道，现场教授舞蹈，培养了一批广场舞骨干，再由骨干带动整个团队的建立、提高。这种送文化到家门、种文化到基层的培训方式，加上这16套广场舞简单、易学、优美，并具有青岛元素，深受群众欢迎。目前整个城阳区包括企业、社区、机关干部、学生、新市民等各类群体，纷纷建立广场舞队伍，在城阳区的成功试点，已经为文化馆在全市范围内全面铺开、推广、练习广场舞，起到了示范导向作用，文化馆推出的广场舞作为一粒和谐的种子已在岛城各县区开花结果。

在文化馆推广普及的同时，各区市文化馆如城阳区、黄岛区、市南区、即墨市、莱西市、胶州市等地相继开展了广场舞培训班和广场舞大赛。至2014年，新编"青岛广场舞"已走进岛城百姓日常生活，并已成为全市群众文化活动的重要内容。据不完全统计，目前全市已有35万人会跳新编"青岛广场舞"。2014年4月，安徽省艺术馆在合肥市举办广场舞培训班，邀请青岛文化馆的老师教授新编"青岛广场舞"。来自全省16个地市的200名舞蹈学员参加培训，由于参加培训的学员远远超出了预期数量，艺术馆的领导不得不把培训场地改为安徽省体育馆，以尽可能的满足各地广场舞学员的需求。至今，新编"青岛广场舞"火热的余韵辐射至更广阔、更基层的地域。其工作步骤先由文化馆举办培训班，培训各区市骨干，再由各区市的骨干组建各自队伍分别进行培训和辅导，期间作为"树干"的市文化馆舞蹈教师和教练，定期定点深入到各个基层，直接面对居民、群众，最终分布至全市。

青岛市广场舞能够拥有今日的成绩，除与广场舞自身特点有关外，还与政府在广场舞发展过程中的支持密不可分政府建立广场舞妇女组织，（中层）协调力量得以加强；以赛代练：上层主管与基层互动促进；以体育局为"龙头"对专业人士进行培训；从文化馆为"枝结"深入基层加强进行推广；各级广场舞协会的建立、广场舞专业人员的培训以及广场舞竞赛的开展，这些措施的实施有效的保障了青岛市广场舞的开展。

四、青岛市本土文化与广场舞的融合

（一）胶州秧歌与广场舞的融合及推广优势

胶州秧歌是调动全身各部分的，"扭、拧、韧、碾"循环往复连绵不断、富有内在激情的动作，具有活动起来"扭断腰"的动作特点，形成了特有的"三道弯"。"三道弯"特指在舞蹈动作中的头和胸、腰和臀、胯和腿以逆反方向运动所呈现的"S"形的状态。在前期编排的时候，青岛文化馆邀请市舞蹈家协会还有省民间舞的专家，对胶州秧歌

"三道弯"的风格特征为主线条的编排进行了论证。在胶州秧歌中，"拧"和"碾"是紧密相连的，同时也是形成"三道弯"体态特征的关键点所在。"拧"主要是以"腰"为轴，并向外侧拧转成"三道弯"体态，"碾"是指在形成或者移动重心的过程中，膝盖反射在脚步的旋力。"三道弯"是舞者在运动过程中利用动力腿脚掌或者以脚跟的碾动形成的。通常所说的"扭断腰"就是胶州秧歌中的典型特点，其主要是通过腰、膝、脚拧碾扭动，并在每拍流动部分形成"三道弯"体态，再配合双手手臂的交替横八字，就形成了全身"扭"的感觉。胶州秧歌的广场舞在广场上跳起来，身姿扭起来袅袅娜娜，就像喝了醇香的女儿红，推扇撇扇、前仰后合间，令人迷醉。文化馆在编排广场舞的过程中，将秧歌中"三道弯"融入广场舞中，使广场舞有了秧歌的元素，还不失广场舞简单易学的特点。《社区好》《秧歌汇》就是含有胶州秧歌特色的广场舞。

1. 胶州秧歌与广场舞的融合

胶州秧歌是在胶州湾地域文化的大背景下产生并发展起来的，它同其它文化一起，在长期以来不断地消化和吸收人类各种文化因素的过程中协调发展，并使自身也处在不停的衍化和变异之中。它不断地过滤、筛选和沉淀，从而凝聚在民众的心理结构和集体无意识中，它是基础文化，又是深层文化。胶州秧歌又被称作"地秧歌""跑秧歌"；民间习惯称它为"扭断腰""三道弯"，是山东三大秧歌之一，距今已有230多年的历史。胶州秧歌以其辉煌的艺术魅力闻名全国，并在2006年入选第一批国家非物质文化遗产名录，成为国家重点保护的文化遗产。胶州秧歌中的舞蹈动作、音乐曲牌和情节剧在中国秧歌群体中独树一帜。

胶州秧歌是我国民族艺术百花园里的一朵绚丽奇葩，是胶州人引以为傲和自豪的艺术品牌，具有舞蹈艺术的民族传统项目。当前《全民健身纲要》积极实施，在休闲体育蓬勃兴起下，作为老少皆宜的民族传统项目的胶州秧歌与悄然兴起的全民广场舞融合成了青岛市城市文化的一张名片，有利于丰富休闲运动的内容和群众体育锻炼的方式，有助于促进新形势下城乡文化建设。

2. 胶州秧歌特色广场舞的推广优势

第一，民俗基础雄厚，深受本地居民喜爱。胶州秧歌是山东省的汉族民俗舞蹈，属于三大秧歌之一。胶州秧歌有超过230年的历史。由于受我国传统文化的影响，体育活动形式少见于我国民族发展历史，但是秧歌却是我国古代非常重要的一种民族、民间体育活动形式。在我国古代，秧歌无论是南方还是北方均非常常见。胶州秧歌是山东省重要的秧歌形式，在山东省的民俗文化中占有重要地位，上至耄耋老人，下至牙牙儿童，均非常喜爱这一运动形式，可以说胶州秧歌是山东地区重要的民俗文化，有着深厚的群众基础。

第二，对练习人员和场地条件要求较低。胶州秧歌与广场舞进行融合，由于其具有技术简单、动作变化幅度和方向相对较小、易学习等特点，降低了对练习者的年龄、身体素质等要求，使居民很容易参与进来。再就是胶州秧歌还具有对场地与器材要求相对较低的特点，在现实的练习过程中，仅需要很小的社区空地、角落便可组织人员进行练习。

第三，曲调欢快、动作美观深受群众喜爱。胶州秧歌与现代的广场舞进行融合后，在结合胶州秧歌自身所具有的摆动和扭动等动作外，辅以彩带、扇子等工具，在传统和现代音乐的配合下，能够带给练习者和观看者以美的享受，深受群众喜爱。

非遗传承离不开群众的参与，"非遗"胶州秧歌融入广场舞，群众参与的积极性高涨。青岛市文化馆将延续了两百多年的传统民间艺术、国家级非物质文化遗产胶州秧歌和现代广泛流行的广场舞巧妙地融合，满足了群众的需求，赢得一片赞誉。由青岛市文化馆编创，以胶州秧歌为蓝本，地方特色浓郁的广场舞正舞向全国。

（二）茂腔、柳腔与广场舞的融合

茂腔距今有两百多年的历史，茂腔作为山东省胶东半岛的一个地方小剧种深深地扎根于民间，有着深厚的民族文化土壤，被誉为"胶东之花"。茂腔作为传统剧目，深受群众喜爱，久演不衰。茂腔和柳腔同属本肘鼓系统，民间有茂、柳不分家，两剧姊妹花之说。在旧社会，老艺人常常既唱茂腔又兼唱柳腔，很多人习惯将茂腔与柳腔合称为茂柳腔，还有很多人还把茂腔、柳腔误认为是同一个剧种，其实不然。茂腔比柳腔早一百多年。柳腔与茂腔虽然因流传地域的不同而在演唱曲调和音乐上略有不同，但是，在演出剧目和表演形式等方面基本上都是相同的，长期以来，她们作为一对戏曲姊妹花在齐鲁大地上并蒂盛开。

1. 茂腔、柳腔的特色

茂腔音乐火热奔腾，而又不失质朴的纯粹情怀。深藏在其中使乡亲们流连忘返的是那些熟知人物的经历，以及对自己所处境况的表达。茂腔来自群众生活，是对乡间生活本质的诠释。在岁月的流淌中，洗去了浮华，成为本方水土最为真实的缩影。柳、茂腔传统剧目，塑造了众多具有个性的女性形象。柳、茂腔在胶东被称为"拴老婆橛子戏"，农村女性在听戏时常达到"针尖扎在手指上，饼子贴在锅盖上，枕头当成孩子抱"的忘我境界。究其原因，是这些土生土长的唱腔符合当地群众，尤其是农村女性的审美，以致在柳、茂腔流行的部分地区，一些腔调已经深入到人们的生活中。在青岛的崂山山区，至今仍有中老年女性在抒发哀伤的情绪时借助于柳腔（悲调）的曲调哭诉。茂腔对胶州秧歌小调的吸纳绝非个例，成为茂腔音乐吸收他类艺术形式中不可忽视的组成部分。但随着经济社会的发展，"戏曲热"的年代已然过去，观众群体也偏向中老年群体，中国也步入了老龄化社会。如何扩大受众群体的范围？如何能够使茂腔生存的土地更加宽广？茂腔如何更好地传承？在哪些方面进行改革和创新？均是人们正在力图解决的问题。青岛文化馆将柳腔、茂腔融合到广场舞中，是在沉浮中为延续茂腔而进行的尝试和探索。在广场舞《马扎舞》《秧歌汇》中，就大量采用了柳腔、茂腔的元素。

2.茂腔、柳腔特色广场舞的推广优势

第一，茂腔、柳腔与广场舞结合，丰富了广场舞的练习内容。茂腔、柳腔是山东地区特有的民族文化和民族习俗，在几百年的历史发展中，和山东当地居民的生活已经深深融为一体，茂腔、柳腔是多年来齐鲁先人在生产与生活中总结出的文化瑰宝，是了解齐鲁先人生活方式的重要途径。但随着社会文化与经济的进步，特别是互联网的出现，使得人们的思维方式和行为习惯更加集中统一，一些具有民俗特色、文化习俗的地方逐渐褪色，逐渐暴露出自身唱功与伴奏乐器单调、舞蹈步伐简单缺少生机等缺点，很多年轻人不愿意再从事这些传统体育项目。茂腔、柳腔与广场舞的结合则很好地解决了这一问题。茂腔、柳腔具有很好的地缘基础，而具有时代气息广场舞则很好地解决了音乐、律动、美感等问题，使得以茂腔、柳腔为主题的广场舞在青岛地区备受追捧。

第二，茂腔、柳腔与广场舞的融合，可以更好的增加民族认同感。随着社会经济的发展，群众的娱乐方式和娱乐内容呈现多样化、多元化的特点。传统的戏剧对广大群众，尤其是青少年群体的吸引力在减弱，反映时代特点的新剧目严重缺乏。茂腔、柳腔是齐鲁先人遗留下来的重要历史文化，代表着本地先人智慧的结晶。青岛市文化馆通过创新来吸引观众，广场舞与传统戏曲柳腔、茂腔的融合是对传统艺术留存传统的同时，与时俱进地与当下社会相结合，创作出反映时代特点的新形式，培育群众土壤，实现了传统文化的传承，使本土特色文化在社会文化建设中发挥出应有的作用。创编以茂腔、柳腔为主题的广场舞，则能够更好地激发出中老年群体对以往历史民族的记忆，也可以教育后人更好地传承与铭记先人的文化习俗，对齐鲁先人文化的继承与发展、增加本地区居民的民族认同感具有积极意义。

（三）社会文明发展与广场舞的融合

1.青岛市的文明之风

青岛市是全国文明城市，近年来，青岛市先后涌现出"微尘""红飘带""爱心伞"等一系列先进事迹。青岛在全国已经树立起了自己的城市品牌、城市文化和城市精神，社会文明蔚然成风。

第一，"微尘"——青岛的城市名片。"微尘"起源在青岛，最后闻名全国。最初是一名数次捐款而不留姓名的普通岛城市民，后来扩展为一个爱心群体，再后来扩展成一个关爱他人的爱心符号。"微尘"不断记录着青岛这个城市的文明足迹，为岛城创建和谐社会增添亮丽风景。如今，"微尘"已成为青岛公益事业的一张新名片。现在，以"微尘"为背景创作的歌曲《微尘》（古倩敏作词作曲，张学友演唱）被广为传唱。

还有以倪萍、唐国强为代表的45位青岛籍演艺明星倾情演绎，以"微尘"真实故事为背景的公益电影《寻找微尘》已被搬上荧屏，影片通过岛城"微尘"们一个个感人事迹，展现了青岛人无私奉献的精神，再次掀起了青岛爱心公益事业的热潮，整个城市沉浸在寻找"微尘"，学习"微尘"的温情之中。

第二，"红飘带"——传递温暖，情动青岛。在青岛，"红飘带"被赋予一种特殊的含义，它是助人为乐、见义勇为、拾金不昧等美德的代名词。"红飘带"一词诞生于2006年，当时，青岛的三位出租车司机先后将捡到的巨款主动交还给失主，由此，青岛市民自发地在他们的出租车上系起红飘带，向他们表达崇高敬意。从那时起，红飘带就成了这座城市文明的象征，讲述着一个又一个感人的故事。2011年11月26日，中央电视台综合频道《焦点访谈》栏目报道了青岛出租车司机"红飘带精神"，此后，又有好心出租女司机帮助街头摔伤老人。青岛市委书记李群向全市出租车司机师傅致信表示感谢和敬意，并希望全体市民系起心中的"红飘带"，关爱他人，传递温暖，让"红飘带"再次成为社会关注的焦点。

第三，"爱心伞"——雨中温情一刻。一位老人下雨没有带伞，在大雨中拄着拐杖过马路。这时候，一名年轻人正在对面躲雨，看到了大雨中过马路的老人，他迅速跑过去给老人撑起了雨伞。就要到马路对面了，一辆行驶的商务车立即停下，走下一名红衣女子，拿出自己的伞给老人一起遮雨，把老人搀过马路后，才悄悄离开，雨伞留在了老人手里。发生在青岛街头的这幕意外地被一名摄影爱好者抓拍下来，并发布在网络上，成为网民们热烈讨论的话题，并引发了一座城市的文明行动。当地媒体和青岛市文明办联合发出倡议，希望更多的公共场所配备雨伞奉献爱心，让彰显文明的"爱心伞"持久涌现在岛城的大街小巷。

这一个个故事无不体现着青岛人的爱心，青岛这座城市用"微尘"感动了中国，用"红飘带"传递着温暖，用"爱心伞"撑起了文明与温情。来自平凡百姓的朴素爱心，更容易让人感动。虽然只是一件小事，却透出人间温情，这座城市被这种朴素的温情感动着。

2.社会主义核心价值观与广场舞的融合

2014年10月2日，国务院印发《关于加快发展体育产业促进体育消费的若干意见》，鼓励日常健身活动。提出各级政府机关、企事业单位、各类学校和社会团体等都应实行工间、课间健身制度，倡导每天健身一小时。

2015年3月，文化部和体育总局启动广场健身操舞系列活动，历时5个多月，面向学校、机关、部队、企业、社区等，在全国范围内广泛征集广场健身操舞优秀作品。青岛文化馆在广场舞创编之初就顺应了国家的要求，除了固定的十六套动作，还根据舞者自身要求编创适合不同群体的广场舞，为青岛市的好人好事创编，体现青岛文明精神的广场舞。

　　这套社会精神文明元素与广场舞融合创编的独具特色的广场舞,把青岛的公益品牌"微尘"等故事用音乐和舞蹈表达出来,受到了群众的广泛欢迎。大家借着跳舞增进了邻里关系,文化馆推出的独具特色的广场舞吸引了众多广场舞爱好者,这套广场舞跳的都是青岛当地感人的爱心故事,让人备感亲切。比如《赞微尘》讲的是全国公益品牌"微尘"的故事,《邻里亲》讲的是和谐的邻里关系,大家在跳广场舞的时候既可以锻炼身体,又能增进感情、愉悦心情。跳《红飘带》《爱心伞》的时候,作为青岛人的那种自豪感油然而生;跳《帆船都》的时候,可以使人联想到青岛海边美丽风景。这套广场舞讲述的是青岛市民身边的故事,让人倍感亲切,道具也非常生活化,大家随时随地都可以跳,不仅锻炼身心,在跳舞的同时又增加了快乐的氛围。

　　3. 社会主义核心价值观广场舞的推广优势

　　社会的发展与历史的进步,特别是改革开放后,随着人们对经济利益追求日趋激烈,很多优良的民俗、价值观、信仰等逐渐被经济利益冲淡。青岛是全国文明城市,在编排的时候把"微尘""红飘带""爱心伞"等青岛本土的好人好事编排到广场舞里面去,用舞蹈和音乐的形式表达出来,使参与者踏着欢快的节奏,做出充满活力的动作,在潜移默化中传递正能量。这种以社会主义核心价值观为主体的广场舞的创编,可以更好地激发出人们内心信仰。中华民族自古就有很多优良的价值观得以传承,出现了很多对后世具有重要影响的历史人物,像孔子、孟子、荀子这些仁者;李清照、辛弃疾、戚继光等怀有爱国情怀的伟人,时时刻刻影响着后人的爱国思想,也使得社会主义核心价值观在本地具有很深的认同感,因此,以社会主义核心价值观为主题的广场舞也深受本地居民的喜爱。

　　健康、文明、和谐是现代社会的主旋律,也是广场舞健身形式的价值体现。广场舞作为群众健身娱乐的主要方式,有其存在的重要价值和发展空间。政府和相关部门需要重视群众的需要,丰富广场舞的内容,积极制定有效措施,科学合理布局,开辟建设更多的公共场地和娱乐设施,满足群众的不同需求。目前,在活动空间不足的情况下,当个人利益影响到他人利益时,需要对个人行为进行纠正和规制,遵守社会公共秩序,多措并举,推动广场舞舞出青岛,舞向全国,舞出广场舞的健康之美、文明之美、和谐之美。

　　结合青岛本地胶州秧歌的舞蹈特点和柳腔、茂腔的音乐特色,市体育部门和文化部门充分挖掘"三道弯"等动作元素,将其巧妙融合到广场舞蹈当中去;结合青岛本地特有的"微尘""红飘带""爱心伞"等文明全国的先进事迹,用肢体动作讲述青岛市民的好人好事,以广场舞为载体进行传播与歌颂。这些以青岛本土文化为主题特点的广场舞,既丰富了休闲运动的内容和群众体育锻炼的方式,也促进了新形势下城乡文化建设,为青岛市广场舞的推广和发展提供了必要支持。

第十二章 "互联网＋体育"应用下全民健身的发展

第一节 全民健身公益事业与体育产业的融合

一、全民健身民生工程的可持续性原则和可持续模式

改革开放以来，我国经历了从政府大包大揽、无法维持的"短缺型"计划经济状态，走向社会主义市场经济的过程。经历了整个过程的大部分人体会颇深。

在深化改革的发展阶段中，民生工程是一个极大的关注点。这与中央以民众幸福为政府工作目标的立足点是完全相符的。

在这种情况下，各地都出台了注重民生工程的措施，大量的措施是好的，但是我们也从这些改革措施中看到了一些"激进的政绩化民生工程"，这些激进的民生工程一定是无法延续的。

我们也在后来了解到，西方发达社会的高福利是如何造就一批从出生到老死都不工作的超级懒人，而使辛劳工作者倍受打击的问题。有鉴于西方高福利社会的经验与教训，我国深化改革中的民生工程不能重蹈覆辙。

我们需要的民生工程一定是可持续发展的，符合中国现有国情和现实国力，当然也应是一个高节省化、高效率和相对公平的民生工程。好的全民健身民生工程如何才能让民众有良好的获得感呢？我们认为应体现在以下方面：

①民享（均等化）。

②民知（高宣传度、高认知度）。

③民爱（丰富多彩、个性化、高吸引力）。

④民益（好效果、高受益）。

⑤民易（大道至简、简单易行）。

具备以上五要素，才是民众需要的民生工程。

民生工程的可持续性研究表明，政府在民生工程的投资中应建立分层级的原则模式：

第一层，群体性健康公共服务——政府全资投入＋民众免费享用；

第二层，个体性健康公共服务——政府补贴投入＋民众低成本享用；

第三层，商业化健康干预——市场运营为主，政府引导支持。

这就要求全民健身民生工程从第一层开始就要设计合理的可持续发展机制。现分述如下：

（一）"群体性公共健康服务工程"——政府最应投入的全民健身工程

现代健康社会学的研究表明，能惠及全体公民、人人有份的公共健康服务，既是健康干预效率较高的社会服务，又是比较公平的公共健康服务。因此，这样的工程是政府最应投入的工程。

例如，卫生防疫类的民生健康干预工程就是"群体性公共健康服务工程"。以此类推，在全民健身民生工程中，人人有份的"全民健身入户工程"也应成为"群体性健康公共服务"类工程。

此类民生工程主要由政府投入，但第一层的公益免费模式中也包含着一些产业元素，如广告模式、延伸服务模式与大数据利用模式。挖掘这些元素是为增强此类公共服务的可持续发展机制。

（二）"个体性健康公共服务"——政府补贴投入模式

什么是"个体性健康公共服务"呢？卫生系统中的医院就是典型的个体性健康公共服务。此类公共服务虽属人人需要，却非人人享用。例如，有些人一生中很少去医院，而有些人一生中去医院享用的服务很多，因此，存在个体享受不平衡的社会公平性问题。美国学者沃林斯基所著《健康社会学》将此类公共服务定义为"个体性健康公共服务"。

鉴于此类服务的个体差异化性质，不少国家采用了非均等化的补贴政策，即享用服务的个人出一部分费用，国家补贴一部分。我国医疗公共服务亦采用此类办法。西方高福利国家采用政府全投入的办法，但此类办法已显现高成本、高浪费的问题，导致西方高福利模式难以为继。

目前，我国各类全民健身已有工程，如"健身路径""社会体育指导员""社区中心"（含社区站点）等，均属个体性健康公共服务，但是我国在此类工程上采用了政府全投入和全免费模式。

此类工程在未来的服务深化发展中，投入模式、服务模式、运营模式和可持续机制应有新的考量，比如第二层公共服务可引入"非营利组织"提供社会公共服务的模式。如上文所述，此类模式在西方发达国家中，非营利组织可作为经营主体进行非营利性质的市场运营。

（三）商业化健康干预——政府引导支持模式

此类服务属市场行为，但政府应给予大力支持和特别关注。理由已在前文中做了论述，即商业健身天然存在社会健康管理的"公益效果"，而且此类产业利润较薄，政府应在用地、用房、税收、培训、贷款（或基金）等多方面给予优惠政策支持。

同时，此类企业可以在力所能及的条件下承担一定的公益事业，或政府向其购买服务用于公共服务。如果对此类产业模型下大功夫去研发，很可能产生中国特色的民众健康服务模式，而且应是极有生命力的模式。

（四）社会体育指导员和指导站点的服务模式与政府支持建议

这是一个存在大变革可能的公共服务领域：最佳模式很可能是社会体育指导员向"非营利组织"模式的变革。

依照《社会体育指导员管理办法》，社会体育指导员作为志愿者，是免费为民众提供公益服务的。每个社会体育指导员按《管理办法》，每年只要完成 30 次以上免费教学，就可以有资格成为社会体育指导员。

从宪法的权利出发，这些社会体育指导员在公益指导时段之外，完全可以进行商业健身服务，当然也可以为学员代购一些器材服饰。如果了解现实，我们的体育行政职能部门应主动关心志愿者群体的需求，并积极为这个群体做些力所能及的服务。

政府职能部门如果能够在"非公益时间段"给予他们贴心服务，例如对社会体育指导员提供商业健身的政策、硬件及电子平台支持，这将远远好过"购买服务"这样的激励政策。因为这样做不仅维持和激励了公共服务，而且产生了消费价值。而"购买服务"更多的是要依靠政府支付去维持公共服务。

关于这个问题，我们已写调研报告，提出修改《社会体育指导员管理办法》的建议。有一件典型事例也深刻表明了《管理办法》应及时修订。

在一次调研中我们了解到，一位社会体育指导员在公益指导时段内教太极拳是公益免费的，而在公益指导时段外，她需要少量收费。大部分学员都表示理解，但有一个学员向纪检委投诉，指责该指导员"非法收费"，地方纪检委的解决办法是依现有《管理办法》，要求指导员退费。

这件事纪检委没有错，因为他们依据的是具有指导性的《管理办法》。如果我们在"社会体育指导员义务每年 30 次（最低限）义务教学"条款后加上一句"公益指导时段外，社会体育指导员有权进行合法健身指导经营活动，但是这些活动应有合法注册"的条款，这样的问题就能迎刃而解。至于这个注册属于"非营利"或"商业性质"，要看指导员的具体工作而定。否则，高调门的规定只能抹杀公益服务与产业服务相结合的模式创意。我国公共服务事业实践表明，个体性健康公共服务（如医院）中践行的办法正是"政府补贴 + 适当收费"。

作为个性化运动健身服务的社会体育指导员同样可照此办理。《管理办法》的不合理和不细化是显而易见的，问题是《管理办法》一旦形成，行政机构不能快速根据实践情况做出合理反应，这应是系统"自组织"不灵的表现。

二、积极探索全民健身事业与体育产业有机融合之路

全民健身与群众体育由于长期处在传统计划经济的举国制模式中运行，结果，僵化的国营供给模式导致全民健身与群众体育一方面停留在低水平的政府供给状态，另一方面也导致社会各方力量不易介入。虽然在硬件方面，现在要比上世纪 50 ～ 70 年代好很多，但目前"最大短板"仍是群众体育。

如何突破全民健身与群众体育纯投入而没有产出的模式？如何突破公益事业与体育产业之间的"禁区"，使二者有机融合？这不仅是突破思想意识禁区问题，也是找到全民健身与群众体育蕴藏的"大金矿"，从而使二者走向新发展之路的问题。

（一）突破"公益事业"发展的社会意识环境

几年前，我们看到大量针对我国"慈善和公益"环境的讨论，其中有一个问题引起了国内外媒体和研究人员的关注。这个问题就是："为什么中国的企业家做公益和慈善的意愿远远低于国外平均水平？"

原因找出不少，但大多没能触及本质。我们赞同国内媒体刊登的某专家的分析，该分析认为：西方社会的法规和社会意识都理解社会应对公益和慈善行为有合理的社会回报。这是一种正面激励，而且没有人会对此有歧义。但是在中国，无论法规、制度，还是社会意识，都未形成对公益慈善行为的"法定共识"或"社会共识"。特别是对公益慈善的目的要求比较偏激，要求这些公益慈善者要很"纯"，纯到不能得到任何回报，只要稍稍有一点迹象，污水就劈头盖脸而来。这样的社会公益意识环境完全不利于公益慈善行为的激励。说到底，这样的社会文明共识首先与政府法规引导缺失有关。

这样的社会公益环境表现在对社会体育指导员志愿者的要求上时，政府职能部门的态度明显比民众的态度更偏激。官方协会要求社会体育指导员保持"没有商业气息的纯净阵地"，而且一旦提到商业就非常敏感。反倒是社会被服务的广大民众接受和默认了社会体育指导员在免费教学以外的"延伸服务"收费行为或"辅助营销"行为，这实际上是国外"非营利组织"的合理营销行为。

我国的医院（公立医院）建设费用是国家出资，为什么可以向民众实行部分收费办法呢？答曰："法规规定。"那么，问题还是出在政府职能部门的管理规定上。如果全民健身的立法者从一开始就考虑到社会体育指导员的生存实情，在社会体育指导员的工作条件与工作方法方面给予更人性化的法规考虑，那么，社会体育指导员的发展肯定不会是现在的状况。

这个问题我们在调研中几乎随时碰到，未来深化改革要求这个问题不能再回避。因为这个问题涉及未来全民健身深化发展、多层次发展和可持续发展的原则，这也是顶层设计的问题，因此务必予以重视。

（二）免费公益事业中蕴藏的四个"大金矿"

免费公益的全民健身如果按传统思维，那么一切都是政府投入。但电子时代的"线上＋线下互联网免费公益事业"模式下也有四大金矿可以挖掘，即：延伸服务产业金矿、大数据产业金矿、广告产业金矿、"O2O"延伸营销链金矿。因此，全民健身和群众体育在电子时代的发展中，除了政府投资加速公益事业发展外，应大力支持社会企业，积极关注公益事业中蕴藏的产业资源。这些产业资源如果开发得好，就可以补贴或支撑免费的公益服务。这样的产业起步资金相当大，政府给予必要支持是完全应该的，因为这远比全资投入而不计产出的效果要好得多。

（三）增加 10 亿平方米健身场地

全民健身与群众体育发展中，体育场地是一个必备资源。我国目前多年建设积累的体育场地总面积是 19.92 亿平方米，人均为 1.48 平方米。按一般体育场地建设费用计算，要让人均场地增加 0.2 平方米，也要投资 1000 亿元左右。

我们也曾计算过，体育总局设计的社区健身中心（大、中、小三种建筑标准）达到全国硬覆盖的成本，如果按 8 万个社区健身中心计，就需要 5000 亿元～8000 亿元，而且 8 万个中心也不可能达到全覆盖。这样的硬覆盖除了成本高，建设周期也会很长。

从经济学原理出发，节约即为收益。如果我们从全民健身的项目发展中能整合出 10 亿平方米的体育用地，这样的节约就等于产出。例如，可以通过"全民健身入户工程"的虚拟家庭健身房或社区健身站点，将健身服务送入千家万户、机关、厂矿、学校、乡镇。该办法的优势是，以"政府的软系统服务"加上社会体育指导员工作室和社会体育指导站点形成的立体网络软覆盖，就可将民众家庭的空地和机构、社区空地变成实实在在的"体育用地"。

这样的模式叫"挖潜整合模式"。从经济学理论看，世界上最快、最省、最易形成大规模优势的商业或公益事业模式都可以是"挖潜整合模式"。但是世界上最难的模式也是"挖潜整合模式"。因为这种模式必须要找到真正有整合吸引力的理由和技术。从已有的国际产业实践看，免费的"全民健身入户工程"应具备这样的整合吸引力。

（四）全民健身平台能为国家节省资金

我们对这个问题的回答是："不仅可以，而且效益不止于此。"这一判断是基于下述理由：

其一，国际预言家早已预测，未来大健康概念的产业会在 21 世纪超越一切大产业，成为首屈一指的"超级产业"。对于这个产业的规模，预言家说："它可能占人类社会经济 GDP 的 50%。"

其二，有人预言 21 世纪将成为人类健康世纪。因为从"大健康生态圈"涉及的传统产业领域看，其中相当一部分产业在 20 世纪就已经形成。这意味着"大健康生态圈"的原材料已基本准备就绪，"快速整合"将成为大健康产业的主要发展模式，而整合的关键就是找到"大健康产业"的逻辑组合密码。当然，这个密码并不简单，因此，看到这个巨大前景的人都在积极探索产业密码。不过这个密码并没有隐藏在电子网络技术层面，而是隐藏在更高层的哲学、社会管理学、健康社会学、伦理学、法学、经济学、系统工程学，以及体育运动与医学的跨学科综合研究成果层面，而且这个层面的研究人员还必须深刻了解互联网的主要技术与宏观架构，这才有可能获取超级产业的密码。

有鉴于"大健康产业"与"全民健身产业"存在大面积重合区和互补区这一特点，发展大健康产业时注意跨界融合模式，应引起国家体育总局和各级体育局的高度关注。这不仅是我国核心体育产业中出现"巨无霸"的机会，也是大群体与大健康产业为国家"医疗健康干预"节省上万亿成本的机会。

三、全民健身工程通过服务的模式探索

在《全民健身计划》和社会体育指导员工作的各种会议上，我们多次听到"购买服务"的名词与建议，但是向社会体育指导员购买服务的设想却始终是"干打雷不下雨"。

稍作计算就能明白。即使我们按 50 万社会体育指导员作为计算基数，人均每月向一线社会体育指导员支付 1000 元购买服务费，那么 50 万人 ×1000 元 / 月 ×12 月 / 年，等于 60 亿元 / 年。

显然，体育系统无力承担这样的"购买服务费"，而如果我们真有 150 万社会体育指导员，那么购买服务费还要翻三倍，达到 180 亿 / 年。这样的成本先不说是否能够支付，首要考虑的是这样的成本是否可以购买到好的服务。有些情况下，比政府购买服务更为简捷的办法，是支持提供服务的企业获得良好的产业发展。

调研表明，社会体育指导员中相当数量的人是真心实意的志愿者。他们需要政府的支持和理解，如果政府能提供条件好一些的社会体育工作站，并明确"非营利组织"模式和相应的政策支持，社会体育指导员公益服务工作很可能走向新发展阶段。

目前我们了解到，有些社会体育指导员已加入到了文化系统的文化工作站或社区文化中心去做公益服务。因为文化工作站和社区文化中心工作条件相对比较好，"公益＋产业"的政策也已明朗。

这个情况给了我们三点启示：

①基层站点要积极与文化站点跨界合作整合，这也完全符合《国务院关于加快发展体育产业促进体育消费的若干意见》中"鼓励基层社区文化体育设施共建共享"的政策精神。而且随着基层县级政府体育职能部门与文化职能部门的合并，这种合作整合将可以更加顺利地进行。

②要加速"软件＋硬件"模式的社会体育指导站点建设，大幅提升社区站点的工作效率，大力提升对社会体育指导员工作的支持力度。如果新型的"健身路径"和"社

区社会体育指导站点"实现一体化,而且站点有良好的可持续机制,那么,招募更多的社会体育志愿者进入站点工作,应比支付费用去"购买服务"更有吸引力。

③社会体育指导站点不应只建在社区、公园、广场,还应延伸至学校、机构、部队、厂矿等。

四、走上全民健身"公益 + 产业"的有机融合之路

全民健身正面临前所未有的"黄金发展期",深化改革和锐意创新是全民健身加速进入黄金发展期的先决条件。

不突破传统体制的禁区和对思想的禁锢,改革就无法启动。而不进行锐意创新,深改也不能取得良好成果。特别是,如果无法开创出一条"公益 + 产业"的有机融合之路,那么改革即使获得进展,也很难持续发展,而这一切都取决于理念与认识的先行突破。

第二节 "互联网 +"助力全民健身

一、深改时代需要更新换代的整体解决方案

无论从经济学、文化学、哲学,还是管理学视角看,事物发展过程都有两个明显的阶段,我们暂且把这两个阶段分别命名为"变革效应叠加期"和"变革效应递减期"。

在"变革效应叠加期",大部分局部的、零星的变革措施都可较顺利引进,而且这些局部的小措施都可为整体系统的发展带来累积、叠加和促进的积极效应。而在"变革效应递减期",过去引进有效的局部、零星的变革措施不仅起不到对整体的推动效应,而且会因这些小局部措施增加成本。

前者实质上是哲学"代偿过剩"的无为而治状态;后者实质上是哲学"代偿不足"必须进行积极自为的状态。换句话说,当事物进入代偿不足的状态时,人类必须通过积极的有为或自为努力改变现状。这种情况下,突破事物停滞的条件必须是代偿度的大幅突破,小打、小闹、小局部的代偿度增加已不能起到作用。反映在"系统"概念上就是要进行"系统的整体升级"或"跃迁"。今天,国家的改革已进入了后一个阶段,原有改革政策带来的社会前进激发力已不足,需要通过深化改革获得大的代偿度来突破,体育系统的改革同样也进入了这样的阶段。

我国的体育由于在传统计划体制的"举国制"机制中运行太久,当推动系统发展代偿余量被消耗到一定程度时,这个体制就急需重大的变革,而且所需的变革常常是系统结构性变革。我们在与部分体育局局长的洽谈中听到了他们类似的看法。

二、树立互联网模式下全民健身服务体系的新理念

信息技术的不断发展给我国全民健身服务体系的构建带来了新的机遇和挑战，针对种种问题，在克服自身不足的基础上，结合互联网时代的相关特征，应当树立"互联网+"与全民健身新常态融合的新理念。

（一）增强创新理念

信息技术的发展极大地促进了人们关于健身理念认识的改变，构建以互联网为基础的全民健身服务体系，也应增强各个方面上的理念创新：

首先，服务理念上的创新，人们越来越重视服务这个概念，有学者从软技术的角度来定义它，认为其通过围绕人的情感、思维、世界观、行为等进行创造的智力技术，并以必要的方法和手段来提供给对象所必需的物质或者支撑，它从心理和精神层面上提高了服务的技术水平。在互联网模式下，信息的更新和传播更为迅捷，健身中心所提供的场地设施、服务模式、服务态度成为衡量质量高低的重要评估标准，因此，在服务上加强理念创新，时刻做到"以人为本"，才能更好地发挥健身中心的作用。

其次，体育健身理念上的创新。体育健身成为现代最重要的健身观念之一，在快节奏、高压力的社会生活下，现代化的文明造成了人类机能和生物结构的退化，各种心理疾病和身体疾病层出不穷。根据世界卫生组织的相关调查显示，每年在全世界因为缺乏运动造成超过200万人的死亡，这个数据不是危言耸听，而是确实存在的，并随着社会发展呈逐年增长的趋势。因此，体育健身服务的作用，在信息高速发展的今天正被更多的人所了解，人们的健身观念也在发生着巨大变化。

最后，公共产品理论上的创新。根据公共产品需求弹性理论，公众的收入水平会影响公众对公共产品及服务的需求，不同收入的阶层有着不同的公共服务消费模式，并且随着公众收入水平的提高，对社会服务的要求也会相应增加，其结果就是政府提高公共支出的比例。从国家角度而言，体育健身服务是政府面向公众提供的体育公共设施以及体育服务，公共供求关系的理论变化是公共产品理论变化的体现，在互联网模式下，构建全民健身服务体系要立足于各地实际，根据区域性的经济水平和阶层收入，调整体育公共产品的投入比例，并积极搜集相关信息和数据，根据情况的不同作出相应改变，实现体育公共产品的效益最大化。

（二）设立目标机制

设立全民健身服务体系的目标机制，其实质在于确立该体系的性质、宗旨及其价值导向。《全民健身计划纲要》是长期的体育发展战略，第一步计划至20世纪末，建立起我国全民健身体系的基本框架，第二步计划经过下一个10年的建设，基本上能够建成具有我国特色化的全民健身体系。根据这些政策性文件，政府分别从体育场地设

施的建设、体育公共资金的投入、社会体育指导员的培养等方面积极努力，推动全民健身体系的建立和完善。

随着信息技术的高速发展，全民健身服务体系也在发生着重要变化，目标机制的设立是推动互联网体系发展的重要路径，在这种背景下，可以结合现代化的信息技术，逐步完善信息化的目标机制，如确定每一个阶段的发展目标，在初期可以通过丰富的网络资源，对民众进行多渠道的健身宣传，以线上视频和健身活动掀起全民健身的热潮。在健身过程中，针对不同的健身人群，根据年龄、健身目的等差异，设计和建立具有针对性的健身网站，并以青少年和儿童为重心，加强对各个群体的健身指导和管理，并在管理和日常工作中引入激励机制，培养出一批热爱健身的群众性体育队伍。还可以针对社区、农村地区等不同区域特点，通过线上和线下结合的方法，积极了解群众健身需求，发挥体育产品和体育设施的最大作用。目标机制的设立和逐步完善，是构建和推动互联网全民健身服务体系的重要步骤。

（三）整合运行机制

运行机制所包含的内容广泛，全民健身服务体系的运行机制符合系统理论，它的构成要素包括运行主体、运行环境、运行目的、运行程序、运行手段，等等。其中任何要素的变化都会影响全民健身服务体系的运行。

从运作环境上来说，全民健身服务体系体现为它的输出作用和环境的输入，环境主要包括政治环境、社会环境、经济环境、自然环境、文化环境等。政治环境主要指的是国家的政治制度、法律制度，虽然我国一直重视全民健身事业的发展，并对其活动的开展颁布了一系列的指导性法律法规，但随着网络时代的到来，网络的开放性、信息的流通性、内容的丰富性等特点在很大程度上影响着全民健身活动的开展，法律法规不能够及时对所有行为进行定义，这种法律上的缺失阻碍着全民健身体系的发展。因此，建立规范化的相关法律体系，是构建互联网全民健身服务体系重要的政治保障。

从经济环境上来说，我国高度发展的经济环境为全民健身服务体系的建立提供了极大的可能性，根据公共产品理论，只有在经济发展到一定阶段时，公共投资的重点才会着眼于社会服务方面，民众才能享受到一定水平的社会性服务。从宏观方面而言，我国经济一直处于快速增长状态，但经济发展具有明显的地域性，各个地区由于历史、政策等多种因素的影响，经济发展具有不平衡性，全民健身服务体系的构建也需要结合各个地区的实际经济发展情况，通过各种渠道搜集不同信息，做好公共产品的支出规划，既要保障健身服务体系的顺利构建，也要符合当地的经济发展水平。

从运行主体上看，在信息高速发展的新背景下，既要发挥国家、政府的主导作用，也要通过网络招标、实体考察等形式，鼓励非营利性质的企业或者团体参与全民健身服务体系的构建，形成以国家为主体、多种形式共同参与的多元主体新型模式。

从运行程序上看，我国全民健身服务体系的公共产品供给具有层次性，表现出明显的层级结构。要让全民健身服务体系发挥最大效应，必须充分调动基层的主动性，形成以国家体育总局为主导、地方基层为基本的运行程序，应用现代化的信息平台，实现程序的连贯和运行。

三、"全民健身"需要 E 时代解决方案——"全民健身入户工程"

"全民健身"的本质是通过体育为主的"非医疗健康干预"方式，对我国民众进行群体性健康管理的政府公共服务。这种服务的传统方法是通过人对人、面对面的体育健身方法传播，激励民众参与体育健身锻炼。由于这样的服务很难达到"群体性覆盖"，因此在多年努力之后，仍处在"个体性健康公共服务"的水平。同时，人工化的"全民健身服务"也处在低效率运行状态。

民众对健康和体育健身服务在很大程度上可以实现电子信息化，但有些与民众健身相关的需求不能完全实现电子信息化。这种情况在 2007 年开始设计方案时就有明确的认知，因此，有学者提出了"线上＋线下"的概念。当时还没有"O2O"模式，我们把这样的概念命名为"O&E"（Online&Entity）模式，并对这样的模式做出了自己的定义。

这个定义的基本认知是：

①互联网迟早要与实体产业进行对接，而这种对接将引起互联网的新一轮竞争，这种竞争或许是后互联网时代的真正"战争"。

②互联网与实体产业实现对接，基本原则是要明确互联网线上之所能与所不能，也明确线下实体之所能与所不能。然后，整合出"线上＋线下"的超级所能。换句话说，这是一个互联网与线下实体产业进行深度整合后产生的"超能系统"。

现在看来，这个原则正是今天的"互联网＋"的基本概念。对于"互联网＋全民健身"的概念而言，或者对于"互联网＋"的各种产业类型而言，这个模式涉及的不仅是互联网技术与线下实体的简单对接，而是涉及了四个方面的研发要素：

①公共服务供给体制认知与选择。

②专业领域服务和商务规律。

③系统工程与专业领域的结合规律。

④互联网技术与线下业态相加后的"生态模式"。

体现在"互联网＋全民健身"的项目就是"全民健身入户工程"。这个工程不仅将全民健身的知识与课件送入千家万户，送入校园、机构和社区，更重要的是"O&E"模式可以使全民健身相关的各种元素，如政府职能部门、社会体育指导员和指导站点，以及相关的产品、服务等元素，融合成一个多元、多层次、多功能服务与商务有机整合的"生态系统"。这样的系统也是符合 E 时代人类生存背景的新型社会健康服务系统。

四、全民健身城市合作联盟

（一）全民健身城市合作联盟组织创建的必然性

有了"互联网＋全民健身"模式的"全民健身入户工程"，还必须有适合这一新型模式的运营组织。这个组织完全不可能是今天的"行政化管理机构"，而应是去行政化、充分动员社会多种力量组成的"多元共治组织"。

1. 行政治理模式不适应互联网思维

"互联网＋全民健身"的模式不可避免地要尽快提到全民健身战略发展的日程上来，而前期改革的实践过程表明，传统行政管理模式已完全不适应互联网思维与"互联网＋"的模式。

有人认为，行政习惯思维下的"不敢""不能"和"不爱"，可能是所有国营行政管理下的"官方"互联网无法超越民营互联网企业的"基因型痼疾"，这个判断应该是正确的。

"互联网＋全民健身"是一种新服务经济，或新民生工程形态。这种形态包括了服务产品供应链、智能硬件和软系统"线上＋线下"的合作联盟，相关的电子服务与商务、大数据以及共享经济理念，而这样的系统工程运营需要全国各城市的大量参与者。显然，新型互联网时代的大规模民生工程需要创新型社会组织形式来完成。

2. "全民健身城市合作联盟"的性质与我国行政改革的未来趋势

未来我国行政体制改革的必然趋势之一，就是政府通过精兵简政走向"小政府""大社会"模式。只有政府抓大政，才有精力搞好宏观管控。也只有将大量事物回归社会，社会才能更好地发挥积极能动性。这种改革趋势中，除了市场的事回归市场外，民生公共服务也必然会通过新的模式，即"官、民、企合作共治"模式回归社会。而合作共治的基本要求是"民主精神"与"民主制度"的不断完善。同时"官、民、企合作共治"的模式中，政府的责任应是"掌舵"，而不是去"划桨"。"划桨"的责任应由民间组织与企业力量完成。另外，"掌舵者"的方向决策也要通过良好的民主协商，使这个方向更接近民意共识。

3. "全民健身城市合作联盟"是全民健身提升为国家战略目标后的最佳组织应对

全民健身在国家层面的战略目标提升也意味着全民健身在各级城市层面的战略目标提升。以各城市为单元组建官民合作组织，一方面是提升全民健身的战略位置和社会资源配置的必要措施，同时又动员了社会力量广泛参与，其结果不但不会加重地方政府的行政人力资源负担，反而降低了政府人力资源的负担，这是一举多得的社会民生工程组织模式。

4. "全民健身城市合作联盟"符合社会体育公共服务的最新国际潮流——民主化的多元共治公共服务供给模式

这样的模式既体现了政府宏观主导，又在中观、微观层面上调动了社会多元力量参与公共服务，同时有利于政府深入联系民众。体察民情、民心，提升政府"民主协商"模式下的执政效率。从这个层面上讲，"全民健身城市合作联盟"既具有全民健身改革发展的意义，又具备社会行政体制深化改革的意义。

（二）"全民健身城市合作联盟"的优势

"全民健身城市合作联盟"，实际上是在深入分析传统全民健身系统问题后，下决心重构全民健身系统工程体系的最新尝试与努力，即通过"全民健身城市合作联盟"与合作平台，向全国各城市提供新的全民健身运行体制和系统工程的组织模式，这种体制和模式有利于各城市在自组织规律下充分发挥城市个性与能量，并给加入合作联盟的城市带来好处。

好处一：通过全国城市全民健身平台的互联、互通、互动，实现低成本、高效率、全覆盖的全民健身新模式。

在目前 E 时代生存背景下，大多数人明白互联网的重要性，但全民健身系统工程发展中，大多数城市体育职能部门都未找到互联网与全民健身的合理对接模式。原因在于"互联网 +"并非传统互联网模式，并非简单的"O2O"模式。这种模式不仅需要技术研发，更重要的是需要对民众健身服务有很好的专业理解。

好处二：有利于城市全民健身升级换代，降低成本和压缩研发时间。

①避免重复投入。目前，各城市有不少体育行政部门已看到"互联网 +"模式进入全民健身的必要性，有些城市已开始或正准备开始投入开发。

互联网最大的优势在于突破时空限制。因此，地域城市开发的局域化网络投入不少，但未来实现互联互动存在诸多技术困难和推广困难。另外，由地方城市进行全国互通的成本很高。

这件事的责任无疑应由国家体育总局加速实施，并与社会力量共同承担全国联网成本，而且越早越快，越能适应地方发展要求，同时也能避免地方重复投入造成浪费。

②实现低成本、快节奏、广覆盖。规模效应导致高节省化。比如，民众全民健身需要海量内容（一套广播操、几套广场舞、全国 8 个样板戏的时代早已过去，文化与体育系统均不可再发生此类"大一统"的规范化意识），而如果要提供海量教程，其工作量和投入成本就很大。以目前 10 万分钟的健身教程为例：

每分钟的制作成本即使按低标准算也要 500 元以上。

200 元 / 分钟 ×10 万分钟 =5000 万元人民币

问题是即使有 5000 万也不一定马上能拍出这么多的内容。按较快的速度计算，内容研发加制作，10 万分钟的健身教程最快也要三四年。另外，制作"互联网 +"平台不同于传统平台（全民健身入户工程平台目前有五大平台和诸多 APP 及数据库）。这样的研发成本也很高，少则要几千万，而且时间成本也不低。但"全民健身城市合作联盟"可使各城市的系统投入降到千分之几。这样的低成本、高速度与便捷性的好处是显而易见的。因此,群众体育司在深化改革的关键时刻推出"全民健身城市合作联盟"与"全民健身入户工程"十分及时。

好处三:有利于各城市在基础平台和全新模式基础上实现快速整合。

未来全民健身深化改革模式是以电子平台、云数据、内容供应和多层次线下服务支持为依托的"整合发展模式"。从理论上讲,"整合发展模式"是最节省也最快速的模式,但也是最具研发难度的模式,即任何整合发动者必须具备"整合引力",这种引力不是行政权力,而应是给被整合方带来明显好处的元素。

任何单独一个城市的区域化全民健身网络平台都较难满足这样的整合条件,同时要达到目前"全民健身入户工程"平台的条件,也要花费大量的时间成本和人力、财力成本。因此,全国3300个省、地、市、县在现有平台的快速整合,将为任何一个城市在本地域的整合带来巨大影响力,这也是目前我国全民健身实现低成本、高效率整体模式跃迁的最佳途径。

(三)"全民健身城市合作联盟"中的城市表现力

进入"全民健身城市合作联盟"和"全民健身入户工程"的城市,未来能否更好地展现自己的个性魅力呢?

答案是:"一定可以!""全民健身城市合作联盟"平台将为城市个性魅力的充分展现提供前所未有的可能性。因为"联盟"和"全民健身入户工程平台"特别强调系统的"自组织能力",这样的平台和传统的行政层级结构不同。

这就是说,未来的全国全民健身大系统为全国各城市带来的不再是"县看地""地看省""省看国家"的单向行政领导层次关系。在新的"全民健身入户工程"和"全民健身城市合作联盟"平台上,满足民需、民意,将成为系统的核心关注点。而城市在满足民需时的创造力以及在系统中的拓展能力将成为城市真正的软实力。对于开放且互联、互通、互动的全国全民健身系统而言,城市的活跃与能量将使整个系统的协同效应和自组织能力大幅提升。

要使系统达到这样的理想状态,有两个问题十分关键:

首先,全国全民健身系统服务的电子平台应是一个开放的、自由的、不制约城市活力的平台,同时又能帮助引导促进城市活力尽可能放大的平台。这个平台还必须是多关联要素能实现互联、互通、互动的新型"互联网+"模式的超级平台。

其次,推动全国全民健身系统跃迁发展的组织机构必须"去行政化",走向官、民、企合作多元共治组织。这个组织就是国家体育总局群众体育司与北京环球全民健身研究所反复研讨的"全民健身城市合作联盟"。该联盟的宗旨一方面体现了"政府宏观"主导,另一方面又充分让民间力量能极大发挥主观能动性。这是"全民健身城市合作联盟"和电子时代"互联网+"平台上,"全民健身入户工程"最核心的理念。

（四）"全民健身城市合作联盟"的国际化前景

电子时代的文化软实力不是口号，而是一种惠及国民，乃至全球民众的实际行动。

中国通过四十多年改革开放的高速发展，今天已成为经济体量居世界第二的经济大国。未来进一步走向经济强国的过程除了经济的发展外，文化和整体文明的国际影响力已成为越来越重要的元素。

目前，我国在国际交流中表现出的中国式公平、正义、不欺凌弱小、讲信誉，提倡国与国交往的平等、和谐、和平与合作双赢、多赢的东方道义精神日益被世界所认同。以人为本的精神以及民族勤奋的行动能力都正在成为民族文明的软实力象征。而带有公益元素的民众体育健康文化的国际化发展，无疑将很好地呈现出中国公益慈善、和平、和谐、以人为本的人文精神。这种精神和行动表现出的"春雨润物"影响力远胜于政治宣传与口号。

中国的竞技体育曾经从"零的突破"走到 2008 年的奥运会巅峰，这样的成就的确也引来了国人的骄傲和世界的刮目相看。但是竞技大国的成就从"软实力"意义看，远不如我国成为真正的"群众体育大国"重要，其也更受世界各国的尊重。因为真正的"群众体育大国"和"全民健身大国"既是真正的体育文明大国标志，也是政府对人民负责任的直接标志。

一旦中国的"全民健身城市合作联盟"兴起，每个城市与国际友好城市即可快速通过体育词汇和健身语言进行无国界交流，这将是一种和平、和谐、平等、真诚、友好的城市民间交流，也是国家软实力的展现。

五、构建与推广全民健身网络信息系统

（一）全民健身网络信息系统构建建议

应当根据不同地区、不同民族的人民群众的个人需求来建立全民健身网络信息系统，同时，这个系统的建立还要结合中国实际国情。这就要求我们进行实地调研，了解不同地区、不同文化的人民群众的体育需求有何不同。同时，还要了解不同个人的身体状况、家庭情况、社会背景等因素，以为其提供有效的健身指导和服务。

可以利用网络采集民众的建议，并进行有效分析，进而为民众提供具有针对性的社会服务。目前，国外很多地区都建立了一个成熟、完善的全民健身网络系统，中国可以对其进行借鉴，结合中国实际国情，建立起具有中国特色的全民健身网络信息系统，还可以借鉴这些国家的全民健身实施方式，使各个地区的健身资源得到最大化利用。

（二）全民健身网络信息系统推广的建议

一方面，必须有一个健全的体系结构，才可能使全民健身网络信息系统得到长足发展，另一方面，必须要有政府的大力支持和广泛推广，才可能使全民健身网络信息

系统体现出更大价值。目前，我国全民健身网络信息系统的宣传推广形式是非常守旧的，难以在民众之中普及开来。因此，必须要采用更新的推广宣传方法，结合多种宣传形式，进行全面的宣传，使各类人群都能够轻松地从全民健身网络信息系统获得所需的信息。

（三）政府介入主导

要意识到，全民健身网络信息系统的构建人是政府，全民健身网络信息系统的运行不能带有过多的商业色彩，因此，使用其他主体对其进行宣传推广是不恰当的。这就要求政府部门主动介入全民健身网络信息系统的宣传。可以走基层下发通知，通知内容要包括全民健身网络信息系统的功能和使用方法，这样可以尽快使更多的民众加入到全民健身网络信息系统的使用中。而我国全民健身网络信息系统的推广主体是各级体育职能部门，必须要担负起将全民健身网络信息系统这个新兴事物推广开来的责任。

（四）规范化的科学管理

相关政府对全民健身网络信息系统进行推广，有关工作不可说风就是雨，而必须要有一套相应的管理制度来进行协调和监督。宣传全民健身网络信息系统的服务平台必须要以服务作为唯一主要的宣传内容，不可掺入过多的商业广告宣传。同时，要制定相应的管理条例，服务于全民健身网络信息系统的管理，一旦出现任何不法分子利用全民健身网络信息系统来损害公众利益的情况，要及时打击，保证系统切实为全民提供服务，让民众能够真正地通过全民健身网络信息系统，获得自己所需要的准确的体育健身信息。

第三节　全民健身"青岛模式"及其优化

全民健身是健康中国建设的重要基石，没有全民健康，就没有全面小康。在 2016 年 8 月 20 日召开的全国卫生与健康大会上，习近平总书记全面深入阐述了推进健康中国发展战略的重大意义，做出了加快推进健康中国建设的发展战略和总体部署。同年 8 月 26 日，中共中央、国务院印发了《"健康中国 2030"规划纲要》，明确了全民健身的国家战略地位，为有效实施全民健身工程进行了顶层设计。提高国人身体素质，为国民提供全面的医疗保障服务，增进人民健康福祉是国家实施"健康中国"战略的重要内容。全民健身工程是实现"健康中国"战略的有效举措，在为人们提供舒适安全的锻炼场所以及基础设施的同时，也为人们构建了和谐健康的社会环境。青岛市在全国范围内率先开展全民健身工程，并获得了良好的成效，被国家体育总局誉为全民健身"青岛模式"。

一、全民健身"青岛模式"的科学内涵

社区是城市管理的基础细胞，社区的硬件建设和管理水平是关乎市民幸福指数的直接因素，是不断满足人民对健康生活需要的重要保障。"十三五"期间，青岛市形成

了远足登山、健身路径、体育公园"三位一体"的室外健身设施格局。自 2016 年下半年开始，青岛市创新"政府主导、市场参与、长效管理"的模式，全力建设社区室内健身中心，打造室内室外有机结合的市民身边的社区健身中心，实现全民健身风雨无阻。全民健身"青岛模式"受到国家体育总局和全国多地的高度评价，成为未来一个时期内推进全面健康工程的样板和标杆，代表了群众体育的发展方向。

（一）政府主导，编织完备的全民健身网络

2019 年 7 月，国家卫健委印发《健康中国行动（2019—2030 年）》为全民健身行动提出：打造百姓身边"15 分钟健身圈"、推进公共体育设施低收费或免费开放。青岛市不断加大对全民健身设施的投入力度，截止到 2019 年底，共投入 12.6 亿元建成了青岛体育街、黄金海岸健身步道、奥林匹克体育公园、登山基地等大型健身场地和遍布市内各区的"8 分钟健身圈"，形成了完备的室外全民健身网络，让"健身去哪儿"成为"健身在身边"。

由于室外健身设施功能相对单一，受天气因素影响很大，故很难满足群众个性化健身需要，系统健身难以实现。为此，各区均建有一个国家级全民健身中心，采用"政府出资、社区管理、市民受益"的运营模式：政府出资解决健身场地和健身器材，产权归政府所有，设施归社区工作站管理，全天对外开放，做到了普民惠民，实现了全民健身室内室外的风雨无阻。

（二）市场参与，建立长效管理机制

社区健身中心的管理费、维修资金纳入各级政府财政预算，形成制度，年年有预算、年年有增长，解决经费保障的难题。社区健身中心在管理过程中，有一支稳定的队伍是长效管理的基础。青岛市形成了一支以社会体育指导员为基础、以社区志愿者为补充、社区义工积极参与的管理队伍。随着社会主义市场经济的不断发展，在全民健身事业中，商业运行模式作为补充是社会发展的需要。社区健身中心采用经费以物业费的方式筹集，低价位高服务，兼顾公益事业的市场化模式，受到了业主们的欢迎。2019 年底，青岛市体育局携手青岛 11 家健身经营单位推出"你健身，我买单"全民健身消费券派送活动，向市民持续发放 13 周，总额度超过 3.5 亿元的健身消费券用于运动项目体验、购买健身卡和健身服务等。从长远看，社区健身中心采用政府补贴和商业运行相结合的模式将是一种常态化的发展趋势。

（三）打造社区健身中心服务品牌

社区健身中心依托社区党委、社区居委会和社区工作站，采用委、居、站分开、自主管理的模式。青岛市在省内率先设立社区工作站，选派机关副处级干部兼任工作站站长，优秀干部兼任站长助理，承担政府延伸到社区的管理职能，社区居委会全权负责健身中心的管理工作，组织社会体育指导员和健身志愿者指导各类活动的开展和健身知识的传授。实现"两委一站、三位一体、合署办公"的运营模式，极大提高了社区公共服务水平和管理工作效率，如图 12-1 所示。

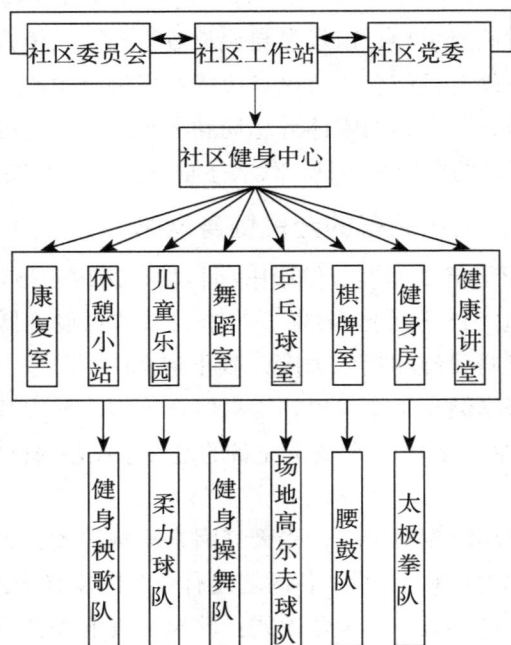

图 12-1　青岛市社区健身中心框架图

社区健身中心全天免费向居民开放，共享各种资源。由健身经营单位（企业）负责健身中心的整体运营，通过收取物业费兼顾公益事业维持运行，让居民通过低价位享受高服务。社区依托健身中心成立了太极拳队、场地高尔夫球队、柔力球队、健身秧歌队等多支社区体育队伍，吸引了越来越多的居民参与其中。社区健身中心通过普及健康知识和开展活动，建立居民健康档案，定期进行健康检查，建立健康促进计划、跟踪干预措施等管理办法，提高了群众的健康意识和健康水平。

二、全民健身"青岛模式"的现状检视

（一）全民健身体育场所和设施建设取得新进展，但开发率低，且分布不均

青岛全民健身设施建设实现重大突破。五年来，市、区两级财政总计投资6亿多元，配建公益性健身设施6800余处、小型健身中心125个，使全市健身设施达到9300余处，形成了比较健全的市级、区级、街道级、居委级四级全民健身设施网络和设施布局（表12-1）。"健康中国行动（2019—2030年）"指出：到2022年和2030年，全国人均体育场地面积分别达到1.9平方米及以上和2.3平方米及以上。截至2019年底，青岛市人均体育场地面积3.5平方米（全国人均体育场地面积1.66平方米）。每周参加一次以上体育锻炼的人数达到57%以上，经常参加体育锻炼的人数占比51.8%（我国城乡居民经常参加体育锻炼的比例为33.9%）。新建或更新健身场地设施570处，人均公共

体育设施用地面积达 0.65 平方米以上（其中市区级公共体育设施达 0.35 平方米以上），基本建成城乡步行"8 分钟健身圈"和农村社区"5 公里体育圈"的全民健身设施格局，实现了全民健身工程网络全覆盖，满足了群众日益增加的健身需求。

表 12-1　青岛市公共体育设施四级配置

级别	项目类别	用地规模（公顷）	服务规模（万人）
市级	体育馆	1.1—2.0	100—300
	体育场	8.6—12.2	100—300
	游泳馆	1.3—1.7	100—300
	大型全民健身中心	2.0—4.0	100—300
	大型体育公园	2.0—4.0	100—300
区级	体育馆	1.0—1.3	30—50
	体育场	5.0—6.3	30—50
	游泳馆	1.3—1.7	30—50
	中型全民健身中心	1.0—2.0	30—50
	中型体育公园	1.0—2.0	30—50
街道级	群众性体育运动场地	1.05—4.0	3.5—10
	片区体育公园	0.6—1.2	3.5—10
居委级	居民健身场所	0.12—0.19	0.6—0.75
	社区体育公园	0.08—0.6	0.6—0.75

重点项目建设得到落实，维修更新设施投入使用。截至 2018 年总投资近 50 亿元的青岛市市民健身中心等 6 处新建大型体育场馆，和 10 处维修改造场馆项目相继建成并投入使用，使青岛市重大体育基础设施布局更加广泛、均衡；从 2015 年到 2019 年，青岛市政府每年投入 3000 万元，在全市建设以笼式足球和多功能场地为主的健身设施达 106 处，为 1000 多个社区建设或更新了体育设施，并实现了体育设施的盘活使用和焕新使用。2020 年底前实现农民体育健身工程"全覆盖"，配合城市品质改善提升，建设时尚运动公园和时尚健身社区，更好地满足群众运动健身的需要。

虽然青岛市基层体育设施增长快，数量足，但是品种较单一，多样化不足；体育设施整体开放率较高，但各类学校及单位附属体育设施的开发率较低，距离"到 2022 年学校体育场地设施开放率超过 70%"的目标还有很大差距（《健康中国行动"2019—2030 年"》）。目前，旧城居住区依旧存在人口密度大，活动空间小，健身场所不足等问题；部分新住宅小区的配套体育设施没有得到充分落实和有效改善；农村的健身场所和设施数量较少而且分布不均。很多行政村不具备场地建设条件，农村体育健身工程难以"全覆盖"。

（二）群众性体育组织体系不断完善，但组织间的活动交流未建立常态机制

截至 2019 年底，青岛地区 140 个乡镇和街道全部组建了体育总会（协会），财政部门每年都安排资金用于扶持体育组织建设，市级单项体育协会已经达到 82 个、健身俱乐部达到 325 个，全民健身基层网络实现全覆盖；各县市区均设有自己的老年体协，

各乡镇普遍建有自己的农民体协和社会体育指导员站等组织，基层体育组织数量达到了 2100 多个。

虽然全市的体育组织和健身平台得到了明显提升，各类体育协会、健身俱乐部和基层组织近几年的数量也在陡增，但体育组织间的各类比赛和交流较少，所以各类体育组织间的互访、比赛和交流没有呈现显著增长。各级各类体育组织和协会之间的对话沟通、互学互鉴的长效机制尚未形成，导致许多资源优势尚未发挥应有作用。

（三）体育赛事带动了全民健身运动，但全民健身服务体系还需进一步健全

青岛是山东省竞技体育的"龙头"，2008 年青岛奥帆赛、2009 年第十一届全运会、2014 年第三届亚大沙排锦标赛、场地高尔夫球全国邀请赛、沿海骑行大奖赛、半程马拉松赛、以及全国航模锦标赛等赛事成功举办。在群众体育和休闲体育方面，2015 年、2019 年两次举办世界休闲体育运动大会，该活动创办于 2003 年，已经成为家喻户晓的全民健身传统品牌。一年一度 30 余万人参与的全民健身登山节等大型赛事，推动了青岛市全民健身运动的发展，在打好"体育惠民"攻坚战和"强基固本"阵地战的同时，增强了人们的幸福感和获得感。据不完全统计，仅 2018 年，青岛市举办市级大型全民健身赛事活动 100 余项，区市级活动 300 余项，社区级活动 1000 余项，直接参与群众近 500 万人。每年青岛马拉松赛事参赛人数都超过 10 万人，青岛马拉松连续两年加入"奔跑中国"马拉松系列赛，展现了青岛的活力和魅力。同时，作为"帆船之都"的青岛，让昔日遥不可及的帆船运动也成为岛城全民健身的特色项目，精彩纷呈、多种多样的各类体育赛事带动了全民健身运动。

青岛市社会体育指导员的数量、质量和服务能力虽然得到了明显提升，但社会体育指导员的培训、考核、评审和晋级等方面需要进一步的完善。全民健身的工作人员基本都是兼职，社会体育指导员的管理和使用制度不完善，部分群众的健身理念和健身方法不科学，对一些健身器材的使用不规范，存在着安全隐患。在受访市民中，48% 的市民健身知识来源于网络、广播和电视等媒体，来源于社会体育指导员等专业人员指导的人数仅占 13%。

三、全民健身"青岛模式"的优化策略

（一）大力推进"体医融合"，开展"运动处方"培训

全民健身是群众体育发展的本质，是"健康中国"战略实现的形式。"体医融合"是"治病于未然"的非医疗手段，有助于小康社会与健康中国全方位的建成，同时也是经济结构战略性调整的重要举措。我国先秦时期著名哲学家、思想家荀子提出："养备而动时，则天下不能病。"意思是说，丰衣足食加上适量的运动，就会远离疾病。这充分说明古人在很早就意识到运动对人体健康的必要性和重要性。我国古代就早已产

生了诸如五禽戏、易筋经、太极拳、八段锦等养生的功法，这些中国传统健身养生功法直到现在还在广泛流传，对人们的健康产生了深远影响。

　　早在 1979 年，美国就把"健康促进"上升为国家意志和国家战略，运动促进健康已成为时代的共识。体医融合共促健康发展，可充分利用省级医院—市级医院—县医院—镇医院—村卫生室近 300 万临床医生这一资源，针对病人、亚健康人群、弱体质人群，主动性地宣讲健身科学知识、针对性地开设运动处方、选择性地进行社会体育指导、有的放矢地进行运动康复，是全民健身落到实处的现实要求和现实策略。树立"运动是良医"的理念，根据不同年龄、生活方式、运动能力制定个体化的运动处方。通过制定科学合理、适量健身的运动处方，打通健身与健康之间的关键桥梁。编制"健康青岛"全民健身行动方案，推广国家体育锻炼标准测验"青岛模式"，推进全民健身与全民健康深度融合。开展运动处方培训，推广使用《青岛市全民健身"运动处方"手册》。从政府规划引导到全民广泛参与，推动健康理念从以"治病为中心"向"以健康为中心"的转变。

（二）优化体育基础设施布局，共享社会优质资源。

　　青岛市的各类体育活动场所均已向公众开放，随着新的体育项目和健身方式的不断涌现，对体育活动场所提出了新的要求。依据体育设施建设的长远战略规划，统筹市、区两级体育设施布局，推进各级各类体育设施均衡配置；完善竞赛设施、训练设施、全民健身设施，因地制宜地开展体育设施规划建设，将全民健身工程的设施建设逐步向有特色、有目的、有依据、有凭借、有效用、有水平的方向推进。在城市社区重点打造笼式足球、健身步道、小篮板等健身场地，在农村地区结合新型社区建设和小城镇建设，重点打造集聚型镇级健身中心、健身俱乐部和乡村文体大院，带动农民开展健身活动。

　　全民健身"青岛模式"的特色主要体现在三个方面，一是"山海"特色，二是足球特色，三是帆船特色。体育设施与文化设施、绿地、公园、广场等开敞空间集中布局，增加体育设施覆盖度，减少到达体育设施的时间和路程。充分利用学校附属体育设施，在保证校园安全的前提下，增加学校内体育场馆开放度和利用率，与学校周边群众错时免费使用，各级政府对向公众开放体育设施的学校给予经费补贴。滨海设置游艇码头、公共自行车租赁点、沙滩背面设置滨海步道。结合广阔的海水资源，体育训练水上运动的场地可对外开放，进一步完善海上活动内容，如运动帆船、摩托艇、冲浪、帆板、游艇等。结合海滨沙滩，设置多处沙滩排球场、沙滩足球场，丰富群众身边的健身活动。依托青岛山体资源，围绕山与海，打造"山海本色"特色健身活动，发展野营、滑雪、登山、徒步、攀岩、海上垂钓、游泳等项目，形成全民健身"一市（区）一品牌，一街一特色"，努力培育区域特色满足群众休闲的需要。

（三）建立健全全民健身组织体系

　　鼓励群众性体育组织健康发展。充分发挥体育产业联合会作用，制定发布行业服务标准，加强行业自律，促进体育产业市场规范健康发展；加强体育产业行业协会建设，扶持和引导基层群众性体育组织发展，健全区市社会体育组织并向乡镇和社区延伸，推进体育行业协会与行政机关脱钩，稳妥开展脱钩试点，将适合由社会组织提供的体育公共服务，委托由社会组织承担。构建完善的体育组织保障体系，创新多元化体育组织管理体系和运行机制，如图 12-2 所示。

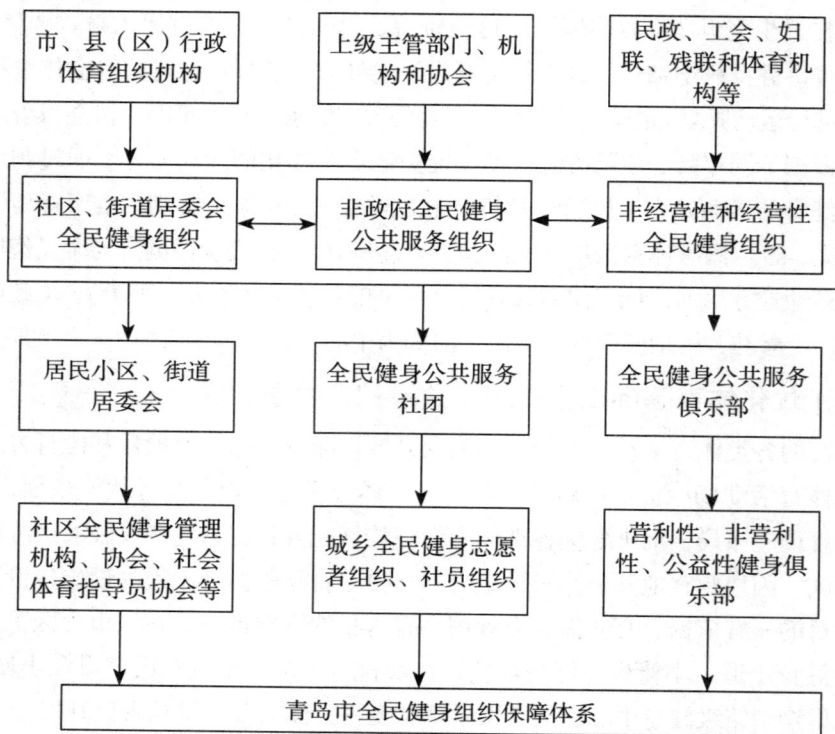

图 12-2　青岛市全民健身组织保障体系结构框架图

（四）全面落实人才保障政策

拓展人才培养渠道，实施人才培养工程。加强社会体育指导员队伍的培训和管理，建立和完善社会体育指导的评审、考核和晋级制度，继续提高社会体育指导员的数量、质量和服务水平。发挥高校学科齐全和人才集聚的优势，鼓励在高校开设相关专业，大力培养体育健身相关专业人才和优秀人才。有侧重性地扩大体育技能型紧缺人才培养规模，有倾向性地强力支持退役运动员从事体育产业和全民健身相关工作，鼓励街道、社区优先聘用体育专业人才从事群众健身指导工作。

建立社会体育指导员数据库。让大量素质较高的社会体育指导员和志愿者参与到社区服务中去，使社区健身活动更加丰富，管理更加规范，社会效益更加突出。通过社会体育指导员与健身群众之间的互动，提高健身群众意识和科学健身水平，使健身群众真正从"全民健身"中收获"全民健康"。

（五）不断探索新的运营机制

全民健身作为一项民生要素，政府要严格按照《全民健身计划（2021-2025年）》的有关规定建设好全民健身工程，充分考虑居民的活动空间和健身需要，使社区的各项功能设施不断完善，探索市场化运作新模式，满足居民不同需求。全面整合社会体育服务资源，按照"政府贴一点，场馆让一点，居民出一点"的原则，构建对市民自主健身消费进行补贴的新模式。

"邻里中心"作为集商业、文化、体育、卫生、教育等于一体的居住区商业中心最早出现在新加坡，主要是围绕群众衣食住行的需要，为百姓提供"一站式"的服务。"邻里中心"模式，是一种创新的、综合类便民服务，鼓励健身中心采用新加坡"邻里中心"的运营模式，由专业公司运营，采用政府补贴、企业捐助和个人负担的方式综合解决经费问题，从而达到长效运营，普惠公众。

（六）推进"互联网＋健身"和智慧化健身领域的创新研发

《全民健身计划（2021—2025年）》中提出提供全民健身智慧化服务。利用互联网技术和融媒体平台，开展全民健身网络赛事活动，"互联网＋健身"打破了传统的健身方式，其智能化、智慧化特点让体育成为一种时尚和潮流。通过"互联网＋健身"开启线上健身课、居家示范直播等。鼓励科学健身专家、社会体育指导员、体育专业大学生、健身教练等积极参与"云"直播，通过远程教学、直播连麦、在线问答等方式进行科学健身、专业训练、体医融合、运动理疗、创伤恢复、体育康养、运动营养等方面的线上指导，满足群众多元化健身需求。

青岛市应秉承"健身智能化、运动娱乐化、管理科学化"的发展思路，建立智慧全民健身平台，促进全民健身网格化、数字化、智慧化发展。推进"互联网＋健身"，丰富线上线下结合的全民体育活动，多渠道普及推广科学健身知识，营造主动锻炼、居家健身的风尚。尽快实现公共体育场馆预约支付功能，将健身中心纳入全民健身地图，实现导航、查询、预约、支付功能。加强智能化健身领域产品的创新研发，如开发智能社区健身中心、智能体育公园、智能健身俱乐部等，真正打造全民健身群体最优体验与管理智能化的完美形态。更好地满足各类群体的多元化需求，推进全民健身智慧化发展。

青岛市全民健身工程需要进一步完善群众身边的体育健身组织，建设群众身边的体育健身设施，丰富群众身边的体育健身活动，支持群众身边的体育健身赛事，加强群众身边的体育健身指导，弘扬群众身边的体育健身文化，提升"双招双引"的考察走访成效，对标先进城市，切实改善民生，以"六个身边工程"为支撑，为青岛经济社会发展贡献体育力量。优化青岛市全民健身工程丰富和完善了全民健身理论体系，也使全民健身体系构建的概念本身有了更为深刻的现实价值和现实意义。青岛市全民健身工程未来发展方向和大势所趋，不仅在于实现理论研究与实践服务结合上的创新与突破，也在于形成覆盖城乡比较健全的全民健身服务体系研究方面取得创新和突破；还在于构建完善的城乡社区体育公共服务体系方面有所创新和突破。

参考文献

[1] 徐金庆，高洪杰. 全民健身的实用路径及保障体系构建 [M]. 北京：中国书籍出版社，2021.

[2] 王哲. 全民健身背景下青少年体质健康与促进研究 [M]. 长春：吉林人民出版社，2021.

[3] 范宏伟，朱最新. 全民健身公共服务法治化广东实践 [M]. 广州：中山大学出版社，2021.

[4] 邱林飞. 体医融合的全民健身模式研究 [M]. 杭州：浙江大学出版社，2021.

[5] 陈华伟. 全民健身公共体育资源配置效率测评理论与实证研究 [M]. 北京：人民体育出版社，2021.

[6] 贾志强. 北京体育大学全民健身少年儿童篮球运动能力等级评定标准 [M]. 北京：北京体育大学出版社，2021.

[7] 徐建荣，刘昌亚. 放飞自我健身走跑运动 [M]. 苏州：苏州大学出版社，2021.

[8] 刘胜，贾鹏，张先松. 健身理论与方法指导 [M]. 武汉：湖北人民出版社，2021.

[9] 宫彩燕. 全民健身体系研究 [M]. 长春：吉林人民出版社，2020.

[10] 李先燕. 天津市全民健身条例的理论与实证研究 [M]. 天津：天津社会科学院出版社，2020.

[11] 毛丰. 全民健身背景下的体育基础知识与健康教育 [M]. 北京：中国纺织出版社有限公司，2020.

[12] 史小强. 全民健身公共服务绩效模型构建与实证研究 [M]. 北京：中国社会科学出版社，2020.

[13] 张雷. 高校体育文化教育与全民健身研究 [M]. 天津：天津科学技术出版社，2020.

[14] 陆阿明，陆勤芳. 科学健身 [M]. 苏州：苏州大学出版社，2020.

[15] 章海晨. 全民健身视域下太极运动的开展研究 [M]. 长春：吉林大学出版社，2019.

[16] 王立刚. 篮球运动文化与全民健身研究 [M]. 现代出版社，2019.

[17] 李良明 . 全民健身规划与管理 [M]. 重庆：重庆出版社，2019.

[18] 赵新世 . 全民健身体系及其实现路径研究 [M]. 北京：中国水利水电出版社，2019.

[19] 赵磊 . 全民健身视角下的休闲健身运动研究 [M]. 延吉：延边大学出版社，2019.

[20] 陶念蕴 . 全民健身视域下大众羽毛球运动的开展研究 [M]. 长春：吉林大学出版社，2019.

[21] 李霖 . 基于健康生活视角下的全民健身研究 [M]. 北京：人民体育出版社，2019.

[22] 廖彦罡 . 全民健身背景下气排球运动的推广与习练方法指导 [M]. 长春：吉林大学出版社，2019.

[23] 刘丽丽 . 高校学术文库体育研究论著丛刊全民健身背景下操舞健身机制与方法研究 [M]. 北京：中国书籍出版社，2019.

[24] 王龙 . 乒乓球运动健身与全民健康促进研究 [M]. 长春：东北师范大学出版社，2019.

[25] 郭立三 . 全民健康推进中的大众体育健身需求与方法探索 [M]. 北京：中国水利水电出版社，2019.

[26] 魏真主 . 全民科学健身运动知识普及读本 [M]. 郑州：河南人民出版社，2019.

[27] 任淑慧 . 全民健身舞 [M]. 西安：陕西人民教育出版社，2019.

[28] 李琛 . 全民健身战略下的快乐体操教学研究 [M]. 北京：中国原子能出版社，2019.

[29] 易锋，刘德华 . 体育健身原理与方法 [M]. 苏州：苏州大学出版社，2019.

[30] 戈俊 . 体育舞蹈大众健身理论与方法指导 [M]. 北京：中国书籍出版社，2019.

[31] 张超 . 健身总动员 [M]. 北京：华语教学出版社，2019.

[32] 蒋薇 . 游泳健身理论与学练研究 [M]. 青岛：中国海洋大学出版社，2019.

[33] 商海伟 . 青岛市广场舞的推广与发展研究 [D]. 济南：山东体育学院，2016.

[34] 李斌 .《"健康中国 2030"规划纲要》辅导读本 [M]. 北京：人民卫生出版社，2017.